中外哲學典籍大全

總主編 李鐵映 王偉光

中國哲學典籍卷

春秋釋例（上）

經部春秋類

〔晉〕杜預 著

徐淵 整理

中國社会科学出版社

圖書在版編目（CIP）數據

春秋釋例：全二册／（晉）杜預著；徐淵整理．—北京：中國社會科學出版社，2021.11
（中外哲學典籍大全．中國哲學典籍卷）
ISBN 978－7－5203－9217－4

Ⅰ.①春…　Ⅱ.①杜…②徐…　Ⅲ.①《春秋》—研究　Ⅳ.①K225.04

中國版本圖書館 CIP 數據核字（2021）第 193112 號

出 版 人　趙劍英
項目統籌　王　茵
責任編輯　宋燕鵬
責任校對　趙　威
責任印製　王　超

出　　版　中國社會科學出版社
社　　址　北京鼓樓西大街甲 158 號
郵　　編　100720
網　　址　http://www.csspw.cn
發 行 部　010－84083685
門 市 部　010－84029450
經　　銷　新華書店及其他書店

印　　刷　北京君昇印刷有限公司
裝　　訂　廊坊市廣陽區廣增裝訂廠
版　　次　2021 年 11 月第 1 版
印　　次　2021 年 11 月第 1 次印刷

開　　本　710×1000　1/16
印　　張　59.5
字　　數　704 千字
定　　價　219.00 元（全二册）

中外哲學典籍大全

「中國哲學典籍卷」

學術委員會

主　任　陳　來　趙汀陽　謝地坤　李存山　王　博

委　員（按姓氏拼音排序）

白　奚　陳壁生　陳　静　陳立勝　陳少明　陳衛平　陳　霞　丁四新　馮顔利

干春松　郭齊勇　郭曉東　景海峰　李景林　李四龍　劉成有　劉　豐　王中江

王立勝　吴　飛　吴根友　吴　震　向世陵　楊國榮　楊立華　張學智　張志强

鄭　開

項目負責人　張志强

提要撰稿主持人　劉　豐　趙金剛

提要英譯主持人　陳　霞

中外哲學典籍大全

總　序

中外哲學典籍大全的編纂，是一項既有時代價值又有歷史意義的重大工程。

中華民族經過了近一百八十年的艱苦奮鬥，迎來了中國近代以來最好的發展時期，迎來了奮力實現中華民族偉大復興的時期。中華民族衹有總結古今中外的一切思想成就，才能並肩世界歷史發展的大勢。爲此，我們須編纂一部匯集中外古今哲學典籍的經典集成，爲中華民族的偉大復興、爲人類命運共同體的建設、爲人類社會的進步，提供哲學思想的精粹。

哲學是思想的花朵，文明的靈魂，精神的王冠。一個國家、民族，要興旺發達，擁有光明的未來，就必須擁有精深的理論思維，擁有自己的哲學。哲學是推動社會變革和發展的理論力量，是激發人的精神砥石。哲學解放思維，净化心靈，照亮前行的道路。偉大的時代需要精邃的哲學。

一　哲學是智慧之學

哲學是什麽？這既是一個古老的問題，又是哲學永恒的話題。追問哲學是什麽，本身就是「哲學」問題。從哲學成爲思維的那一天起，哲學家們就在不停追問中發展、豐富哲學的篇章，給出一個又一個答案。每個時代的哲學家對這個問題都有自己的詮釋。哲學是什麽，是懸疑在人類智慧面前的永恒之問，這正是哲學之爲哲學的基本特點。

哲學是全部世界的觀念形態，精神本質。人類面臨的共同問題，是哲學研究的根本對象。本體論、認識論、世界觀、人生觀、價值觀、實踐論、方法論等，仍是哲學的基本問題和生命力所在！哲學研究的是世界萬物的根本性、本質性問題。人們可以給哲學做出許多具體定義，但我們可以嘗試用「遮詮」的方式描述哲學的一些特點，從而使人們加深對何爲哲學的認識。

哲學不是玄虛之觀。哲學來自人類實踐，關乎人生。哲學對現實存在的一切追根究底、「打破砂鍋問到底」。它不僅是問「是什麽」(being)，而且主要是追問「爲什麽」（why），特別是追問「爲什麽的爲什麽」。它關注整個宇宙，關注整個人類的命運，關注人生。它關心柴米油鹽醬醋茶和人的生命的關係，關心人工智能對人類社會的挑戰。哲學是對一切實踐經驗的理論升華，它關心具體現象背後的根據，關心人類如何會更好。

哲學是在根本層面上追問自然、社會和人本身，以徹底的態度反思已有的觀念和認識，從價值理想出發把握生活的目標和歷史的趨勢，展示了人類理性思維的高度，凝結了民族進步的智慧，寄託了人們熱愛光明、追求真善美的情懷。道不遠人，人能弘道。哲學是把握世界、洞悉未來的學問，是思想解放、自由的大門！

古希臘的哲學家們被稱爲「望天者」，亞里士多德在《形而上學》一书中說，「最初人們通過好奇—驚讚來做哲學」。如果說知識源於好奇的話，那麽産生哲學的好奇心，必須是大好奇心。這種「大好奇心」祇爲一件「大事因緣」而來，所謂大事，就是天地之間一切事物的「爲什麽」。哲學精神，是「家事、國事、天下事，事事要問」，是一種永遠追問的精神。

哲學不祇是思維。哲學將思維本身作爲自己的研究對象，對思想本身進行反思。哲學不是一般的知識體系，而是把知識概念作爲研究的對象，追問「什麼才是知識的真正來源和根據」。哲學的「非對象性」的思想方式，不是「純形式」的推論原則，而有其「非對象性」之對象。哲學之對象乃是不斷追求真理，是一個理論與實踐兼而有之的過程，是認識的精粹。哲學追求真理的過程本身就顯現了哲學的本質。天地之浩瀚，變化之奥妙，正是哲思的玄妙之處。

哲學不是宣示絶對性的教義教條，哲學反對一切形式的絶對。哲學解放束縛，意味著從一切思想教條中解放人類自身。哲學給了我們徹底反思過去的思想自由，給了我們深刻洞察未來的思想能力。哲學就是解放之學，是聖火和利劍。

哲學不是一般的知識。哲學追求「大智慧」。佛教講「轉識成智」，識與智相當於知識與哲學的關係。一般知識是依據於具體認識對象而來的、有所依有所待的「識」，而哲學則是超越於具體對象之上的「智」。

公元前六世紀，中國的老子說，「大方無隅，大器晚成，大音希聲，大象無形，道隱無名。夫唯道，善貸且成」。又說，「反者道之動，弱者道之用。天下萬物生於有，有生於無」。對道的追求就是對有之爲有、無形無名的探究，就是對天地何以如此的探究。這種追求，使得哲學具有了天地之大用，具有了超越有形有名之有限經驗的大智慧。這種大智慧、大用途，超越一切限制的籬笆，達到趨向無限的解放能力。

哲學不是經驗科學，但又與經驗有聯繫。哲學從其作爲學問誕生起，就包含於科學形態之中，是以科學形態出現的。哲學是以理性的方式、概念的方式、論证的方式來思考宇宙人生的根本問題。在亞里士多德那裏，凡是研究實體(ousia)的學問，都叫作「哲學」。而「第一實體」則是存在者中的「第一個」。研究第一實體的學問稱爲「神學」，也就是「形而上學」，這正是後世所謂「哲學」。一般意義上的科學正是從「哲學」最初的意義上贏得自己最原初的規定性的。哲學雖然不是經驗科學，卻爲科學劃定了意義的範圍、指明了方向。哲學最後必定指向宇宙人生的根本問題，大科學家的工作在深層意義上總是具有哲學的意味，牛頓和愛因斯坦就是這樣的典範。

哲學不是自然科學，也不是文學藝術，但在自然科學的前頭，哲學的道路展現了；在文學藝術的山頂，哲學的天梯出現了。哲學不斷地激發人的探索和創造精神，使人在認識世界的過程中，不斷達到新境界，在改造世界中從必然王國到達自由王國。

哲學不斷從最根本的問題再次出發。哲學史在一定意義上就是不斷重構新的世界觀、認識人類自身的歷史。哲學的歷史呈現，正是對哲學的創造本性的最好説明。哲學史上每一位哲學家對根本問題的思考，都在爲哲學添加新思維、新向度，猶如爲天籟山上不斷增添一隻隻黄鸝翠鳥。

如果説哲學是哲學史的連續展現中所具有的統一性特徵，那麽這種「一」是在「多」個哲學的創造中實現的。如果説每一種哲學體系都追求一種體系性的「一」的話，那麽每種「一」的體系之間都存在着千絲相聯、多方組合的關係。這正是哲學史昭示於我們的哲學多樣性的意義。多樣性與統一性的依存關係，正是哲學尋求現象與本質、具體與普遍相統一的辯證之意義。

哲學的追求是人類精神的自然趨向，是精神自由的花朵。哲學是思想的自由，是自由的思想。

中國哲學，是中華民族五千年文明傳統中，最爲内在的、最爲深刻的、最爲持久的精神追求和價值觀表達。中國哲學已經化爲中國人的思維方式、生活態度、道德準則、人生追求、精神境界。中國人的科學技術、倫理道德，小家大國、中醫藥學、詩歌文學、繪畫書法、武術拳法、鄉規民俗，乃至日常生活也都浸潤着中國哲學的精神。華夏文化雖歷經磨難而能够透魄醒神，堅韌屹立，正是來自於中國哲學深邃的思維和創造力。

先秦時代，老子、孔子、莊子、孫子、韓非子等諸子之間的百家争鳴，就是哲學精神在中國的展現，是中國人思想解放的第一次大爆發。兩漢四百多年的思想和制度，是諸子百家思想在争鳴過程中大整合的結果。魏晋之際，玄學的發生，則是儒道冲破各自藩籬，彼此互動互補的結果，形成了儒家獨尊的態勢。隋唐三百年，佛教深入中國文化，又一次帶來了思想的大融合和大解放，禪宗的形成就是這一融合和解放的結果。兩宋三百多年，中國哲學迎來了第三次大解放。儒釋道三教之間的互潤互持日趨深入，朱熹的理學和陸象山的心學，就是這一思想潮流的哲學結晶。

與古希臘哲學强調沉思和理論建構不同，中國哲學的旨趣在於實踐人文關懷，它更關注實踐的義理性意義。中國哲學當中，知與行從未分離，中國哲學有着深厚的實踐觀點和生活觀點，倫理道德觀是中國人的貢獻。馬克思説，「全部社會生活在本質上是實踐的」，實踐的觀點、生活的觀點也正是馬克思主義認識論的基本觀點。這種哲學上的契合性，正是馬克思主義能够在中國扎根並不斷中國化的哲學原因。

「實事求是」是中國的一句古話。今天已成爲深遂的哲理，成爲中國人的思維方式和行爲基準。實事求是就是解放思想，解放思想就是實事求是。實事求是毛澤東思想的精髓，是改革開放的基石。只有解放思想才能實事求是。實事求是就是中國人始終堅持的哲學思想。實事求是就是依靠自己，走自己的道路，反對一切絶對觀念。所謂中國化就是一切從中國實際出發，一切理論必須符合中國實際。

二　哲學的多樣性

實踐是人的存在形式，是哲學之母。實踐是思維的動力、源泉、價值、標準。人們認識世界、探索規律的根本目的是改造世界，完善自己。哲學問題的提出和回答，都離不開實踐。馬克思有句名言：「哲學家們只是用不同的方式解釋世界，而問題在於改變世界！」理論只有成爲人的精神智慧，才能成爲改變世界的力量。

哲學關心人類命運。時代的哲學，必定關心時代的命運。對時代命運的關心就是對人類實踐和命運的關心。人在實踐中產生的一切都具有現實性。哲學的實踐性必定帶來哲學的現實性。哲學的現實性就是强調人在不斷回答實踐中各種問題時應該具有的態度。

哲學作爲一門科學是現實的。哲學是一門回答並解釋現實的學問，哲學是人們聯繫實際、面對現實的思想。可以説哲學是現實的最本質的理論，也是本質的最現實的理論。哲學始終追問現實的發展和變化。哲學存在於實踐中，也必定在現實中發展。哲學的現實性要求我們直面實踐本身。

哲學不是簡單跟在實踐後面，成爲當下實踐的「奴僕」，而是以特有的深邃方式，關注着實踐的發展，提升人的實踐水平，爲社會實踐提供理論支撑。從直接的、急功近利的要求出發來理解和從事哲學，無異於向哲學提出它本身不可能完成的任務。哲學是深沉的反思，厚重的智慧，事物的抽象，理論的把握。哲學是人類把握世界最深邃的理論思維。

哲學是立足人的學問，是人用於理解世界、把握世界、改造世界的智慧之學。「民之所好，好之，民之所惡，惡之。」哲學的目的是爲了人。用哲學理解外在的世界，理解人本身，也是爲了用哲學改造世界、改造人。哲學研究無禁區，無終無界，與宇宙同在，與人類同在。

存在是多樣的，發展是多樣的，這是客觀世界的必然。宇宙萬物本身是多樣的存在，多樣的變化。歷史表明，每一民族的文化都有其獨特的價值。文化的多樣性是自然律，是動力，是生命力。各民族文化之間的相互借鑒，補充浸染，共同推動著人類社會的發展和繁榮，這是規律。對象的多樣性、複雜性，決定了哲學的多樣性；即使對同一事物，人們也會産生不同的哲學認識，形成不同的哲學派别。哲學觀點、思潮、流派及其表現形式上的區别，來自於哲學的時代性、地域性和民族性的差异。世界哲學是不同民族的哲學的薈萃，如中國哲學、西方哲學、阿拉伯哲學等。多樣性構成了世界，百花齊放形成了花園。不同的民族會有不同風格的哲學。恰恰是哲學的民族性，使不同的哲學都可以在世界舞臺上演繹出各種「戲劇」。即使有類似的哲學觀點，在實踐中的表達和運用也會各有特色。

人類的實踐是多方面的，具有多樣性、發展性，大體可以分爲：改造自然界的實踐，改造人類社會的實踐，完善人本身的實踐，提升人的精神世界的精神活動。人是實踐中的人，實踐是人的生命的第一屬性。實踐的社會性决定了哲學的社會性，哲學不是脱離社會現實生活的某種遐想，而是社會現實生活的觀念形態，是文明進步的重要標誌，是人的發展水平的重要維度。哲學的發展狀况，反映着一個社會人的理性成熟程度，反映著這個社會的文明程度。

哲學史實質上是自然史、社會史、人的發展史和人類思維史的總結和概括。自然界是多樣的，社會是多樣的，人類思維是多樣的。所謂哲學的多樣性，就是哲學基本觀念、理論學說、方法的異同，是哲學思維方式上的多姿多彩。哲學的多樣性是哲學的常態，是哲學進步、發展和繁榮的標誌。哲學是人的哲學，哲學是人對事物的自覺，是人對外界和自我認識的學問，也是人把握世界和自我的學問。哲學的多樣性，是哲學的常態和必然，是哲學發展和繁榮的內在動力。一般是普遍性，特色也是普遍性。從單一性到多樣性，從簡單性到複雜性，是哲學思維的一大變革。用一種哲學話語和方法否定另一種哲學話語和方法，這本身就不是哲學的態度。

多樣性並不否定共同性、統一性、普遍性。物質和精神，存在和意識，一切事物都是在運動、變化中的，是哲學的基本問題，也是我們的基本哲學觀點！

當今的世界如此紛繁複雜，哲學多樣性就是世界多樣性的反映。哲學是以觀念形態表現出的現實世界。哲學的多樣性，就是文明多樣性和人類歷史發展多樣性的表達。多樣性是宇宙之道。

哲學的實踐性、多樣性，還體現在哲學的時代性上。哲學總是特定時代精神的精華，是一定歷史條件下人的反思活動的理論形態。在不同的時代，哲學具有不同的內容和形式，哲學的多樣性，也是歷史時代多樣性的表達。哲學的多樣性也會讓我們能夠更科學地理解不同歷史時代，更爲内在地理解歷史發展的道理。多樣性是歷史之道。

哲學之所以能發揮解放思想的作用，在於它始終關注實踐，關注現實的發展；在於它始終關注著科學技術的進步。哲學本身沒有絶對空間，沒有自在的世界，只能是客觀世界的映象，觀念形態。沒有了現實性，哲學就遠離人，就離開了存在。哲學的實踐性，説到底是在説明哲學本質上是人的哲學，是人的思維，是爲了人的科學！哲學的實踐性、多樣性告訴我們，哲學必須百花齊放、百家争鳴。哲學的發展首先要解放自己，解放哲學，就是實現思維、觀念及範式的變革。人類發展也必須多塗並進，交流互鑒，共同繁榮。采百花之粉，才能釀天下之蜜。

三　哲學與當代中國

中國自古以來就有思辨的傳統，中國思想史上的百家争鳴就是哲學繁榮的史象。哲學是歷史發展的號角。中國思想文化的每一次大躍升，都是哲學解放的結果。中國古代賢哲的思想傳承至今，他們的智慧已浸入中國人的精神境界和生命情懷。

中國共産黨人歷來重視哲學，毛澤東在一九三八年，在抗日戰争最困難的條件下，在延安研究哲學，創作了實踐論和矛盾論，推動了中國革命的思想解放，成爲中國人民的精神力量。

中華民族的偉大復興必將迎來中國哲學的新發展。當代中國必須有自己的哲學，當代中國的哲學必須要從根本上講清楚中國道路的哲學道理。中華民族的偉大復興必須要有哲學的思維，必須要有不斷深入的反思。發展的道路，就是哲思的道路，文化的自信，就是哲學思維的自信。哲學是引領者，可謂永恒的「北斗」，哲學是時代的「火焰」，是時代最精緻最深刻的「光芒」。從社會變革的意義上説，任何一次巨大的社會變革，總是以理論思維爲先導。理論的變革，總是以思想觀念的空前解放爲前提，而「吹響」人類思想解放第一聲「號角」的，往往就是代表時代精神精華的哲學。社會實踐對於哲學的需求可謂「迫不及待」，因爲哲學總是「吹響」這個新時代的「號角」。「吹響」中國改革開放之

「號角」的，正是「解放思想」「實踐是檢驗真理的唯一標準」「不改革死路一條」等哲學觀念。「吹響」新時代「號角」的是「中國夢」，「人民對美好生活的向往，就是我們奮鬥的目標」。發展是人類社會永恒的動力，變革是社會解放的永遠的課題，思想解放，解放思想是無盡的哲思。中國正走在理論和實踐的雙重探索之路上，搞探索没有哲學不成！

中國哲學的新發展，必須反映中國與世界最新的實踐成果，必須反映科學的最新成果，必須具有走向未來的思想力量。今天的中國人所面臨的歷史時代，是史無前例的。十三億人齊步邁向現代化，這是怎樣的一幅歷史畫卷！是何等壯麗、令人震撼！不僅中國歷史上亘古未有，在世界歷史上也從未有過。當今中國需要的哲學，是結合天道、地理、人德的哲學，是整合古今中西的哲學，只有這樣的哲學才是中華民族偉大復興的哲學。

當今中國需要的哲學，必須是適合中國的哲學。無論古今中外，再好的東西，也需要再吸收，再消化，必須要經過現代化和中國化，才能成爲今天中國自己的哲學。哲學是解放人的，哲學自身的發展也是一次思想解放，也是人的一个思維升華、羽化的過程。中國人的思想解放，總是隨著歷史不斷進行的。歷史有多長，思想解放的道路就有多長；發展進步是永恒的，思想解放也是永無止境的，思想解放就是哲學的解放。

習近平説，思想工作就是「引導人們更加全面客觀地認識當代中國、看待外部世界」。這就需要我們確立一種「知己知彼」的知識態度和理論立場，而哲學則是對文明價值核心最精練和最集中的深邃性表達，有助於我們認識中國、認識世界。立足中國、認識中國，需要我們審視我們走過的道路，立足中國、認識世界，需要我們觀察和借鑒世界歷史上的不同文化。中國「獨特的文化傳統」、中國「獨特的歷史命運」、中國「獨特的基本國情」，「決定了我們必然要走適合自己特點的發展道路」。一切現實的，存在的社會制度，其形態都是具體的，都是特色的，都必須是符合本國實際的。抽象的制度，普世的制度是不存在的。同時，我們要全面客觀地「看待外部世界」。研究古今中外的哲學，是中國認識世界、認識人類史，認識自己未來發展的必修課。今天中國的發展不僅要讀中國書，還要讀世界書。不僅要學習自然科學、社會科學的經典，更要學習哲學的經典。當前，中國正走在實現「中國夢」的「長征」路上，這也正是一條思想不斷解放的道路！要回答中國的問題，解釋中國的發展，首先需要哲學思維本身的解放。哲學的發展，就是哲學的解放，這是由哲學的實踐性、時代性所決定的。哲學無禁區、無疆界。哲學是關乎宇宙之精神，是關乎人類之思想。哲學將與宇宙、人類同在。

四 哲學典籍

中外哲學典籍大全的編纂，是要讓中國人能研究中外哲學經典，吸收人類精神思想的精華；是要提升我們的思維，讓中國人的思想更加理性、更加科學、更加智慧。

中國有盛世修典的傳統。中國古代有多部典籍類書（如「永樂大典」「四庫全書」等），在新時代編纂中外哲學典籍大全，是我們的歷史使命，是民族復興的重大思想工程。

只有學習和借鑒人類精神思想的成就，才能實現我們自己的發展，走向未來。中外哲學典籍大全的編纂，就是在思維層面上，在智慧境界中，繼承自己的精神文明，學習世界優秀文化。這是我們的必修課。

不同文化之間的交流、合作和友誼，必須達到哲學層面上的相互認同和借鑒。哲學之間的對話和傾聽，才是從心到心的交流。中外哲學典籍大全的編纂，就是在搭建心心相通的橋樑。

我們編纂這套哲學典籍大全，一是中國哲學，整理中國歷史上的思想典籍，濃縮中國思想史上的精華；二是外國哲學，主要是西方哲學，吸收外來，借鑒人類發展的優秀哲學成果；三是馬克思主義哲學，展示馬克思主義哲學中國化的成就；四是中國近現代以來的哲學成果，特別是馬克思主義在中國的發展。

編纂這部典籍大全，是哲學界早有的心願，也是哲學界的一份奉獻。中外哲學典籍大全總結的是書本上的思想，是先哲們的思維，是前人的足迹。我們希望把它們奉獻給後來人，使他們能够站在前人肩膀上，站在歷史岸邊看待自己。

中外哲學典籍大全的編纂，是以「知以藏往」的方式實現「神以知來」；中外哲學典籍大全的編纂，是通過對中外哲學歷史的「原始反終」，從人類共同面臨的根本大問題出發，在哲學生生不息的道路上，綵繪出人類文明進步的盛德大業！

發展的中國，既是一個政治、經濟大國，也是一個文化大國，也必將是一個哲學大國、思想王國。人類的精神文明成果是不分國界的，哲學的邊界是實踐，實踐的永恒性是哲學的永續綫性，打開胸懷擁抱人類文明成就，是一個民族和國家自强自立，始終佇立於人類文明潮頭的根本條件。

擁抱世界，擁抱未來，走向復興，構建中國人的世界觀、人生觀、價值觀、方法論，這是中國人的視野、情懷，也是中國哲學家的願望！

李鐵映

二〇一八年八月

「中國哲學典籍卷」

序

中國古無「哲學」之名，但如近代的王國維所説，「哲學爲中國固有之學」。「哲學」的譯名出自日本啓蒙學者西周，他在一八七四年出版的百一新論中説：「將論明天道人道，兼立教法的philosophy譯名爲哲學。」自「哲學」譯名的成立，「philosophy」或「哲學」就已有了東西方文化交融互鑒的性質。

「philosophy」在古希臘文化中的本義是「愛智」，而「哲學」的「哲」在中國古經書中的字義就是「智」或「大智」。孔子在臨終時慨嘆而歌：「泰山壞乎！梁柱摧乎！哲人萎乎！」（史記孔子世家）「哲人」在中國古經書中釋爲「賢智之人」，而在「哲學」譯名輸入中國後即可稱爲「哲學家」。

哲學是智慧之學，是關於宇宙和人生之根本問題的學問。對此，中西或中外哲學是共同的，因而哲學具有世界人類文化的普遍性。但是，正如世界各民族文化既有世界的普遍性，也有民族的特殊性，所以世界各民族哲學也具有不同的風格和特色。如果説「哲學」是個「共名」或「類稱」，那麽世界各民族哲學就是此類中不同的「特例」。這是哲學的普遍性與多樣性的統一。

在中國哲學中，關於宇宙的根本道理稱爲「天道」，關於人生的根本道理稱爲「人道」，中國哲學的一個貫穿始終的核心問題就是「究天人之際」。一般説來，天人關係問題是中外哲學普遍探索的問題，而中國哲學的「究天人之際」具有自身的特點。

亞里士多德曾説：「古今來人們開始哲學探索，都應起於對自然萬物的驚異……這類學術研究的開始，都在人生的必需品以及使人快樂安適的種種事物幾乎全都獲得了以後。」「這些知識最先出現於人們開始有閒暇的地方。」這是説的古希臘哲學的一個特點，是與當時古希臘的社會歷史發展階段及其貴族階層的生活方式相聯繫的。與此不同，中國哲學是産生於士人在社會大變動中的憂患意識，爲了求得社會的治理和人生的安頓，他們大多「席不暇暖」地周遊列國，宣傳自己的社會主張。這就决定了中國哲學在「究天人之際」

中首重「知人」，在先秦「百家争鳴」中的各主要流派都是「務爲治者也，直所從言之異路，有省不省耳」（史記太史公自序）。

中國哲學與其他民族哲學所不同者，還在於中國數千年文化一直生生不息而未嘗中斷，中國文化在世界歷史的「軸心時期」所實現的哲學突破也是采取了極温和的方式。這主要表現在孔子的「祖述堯舜，憲章文武」，删述六經，對中國上古的文化既有連續性的繼承，又經編纂和詮釋而有哲學思想的突破。因此，由孔子及其後學所編纂和詮釋的上古經書就以「先王之政典」的形式不僅保存下來，而且在此後中國文化的發展中居於統率的地位。

據近期出土的文獻資料，先秦儒家在戰國時期已有對「六經」的排列，「六經」作爲一個著作群受到儒家的高度重視。至漢武帝「罷黜百家，表章六經」，遂使「六經」以及儒家的經學確立了由國家意識形態認可的統率地位。漢書藝文志著録圖書，爲首的是「六藝略」，其次是「諸子略」「詩賦略」「兵書略」「數術略」和「方技略」，這就體現了以「六經」統率諸子學和其他學術。這種圖書分類經幾次調整，到了隋書經籍志乃正式形成「經、史、子、集」的四部分類，此後保持穩定而延續至清。

中國傳統文化有「四部」的圖書分類，也有對「義理之學」「考據之學」「辭章之學」和「經世之學」等的劃分，其中「義理之學」雖然近於「哲學」但並不等同。中國傳統文化没有形成「哲學」以及近現代教育學科體制的分科，但是中國傳統文化確實固有其深邃的哲學思想，它表達了中華民族的世界觀、人生觀，體現了中華民族的思維方式、行爲準則，凝聚了中華民族最深沉、最持久的價值追求。

清代學者戴震説：「天人之道，經之大訓萃焉。」（原善卷上）經書和經學中講「天人之道」的「大訓」，就是中國傳統的哲學；不僅如此，在圖書分類的「子、史、集」中也有講「天人之道」的「大訓」，這些也是中國傳統的哲學。「究天人之際」的哲學主題是在中國文化上下幾千年的發展中，伴隨著歷史的進程而不斷深化、轉陳出新、持續探索的。

中國哲學首重「知人」，在天人關係中是以「知人」爲中心，以「安民」或「爲治」爲宗旨的。在記載中國上古文化的尚書皋陶謨中，就有了「知人則哲，能官人；安民則惠，黎民懷之」的表述。在論語中，「樊遲問仁，子曰：『愛人。』問知（智），子曰：『知人。』」（論語顔淵）「仁者愛人」是孔子思想中的最高道德範疇，其源頭可上溯到中國文化自上古以來就形成的崇尚道德的優秀傳統。孔子説：「未能事人，焉能事鬼？」「未知生，焉知死？」（論語先進）「務民之義，敬鬼神而遠之，可謂知矣。」（論語雍也）「智者知人」，在孔子的思想中雖然保留了對「天」和鬼神的敬畏，但他的主要關注點是現世的人生，是「仁者愛人」「天下有道」的價值取向，由此確立了中國哲學以「知人」爲中心的思想範式。西方現代哲學家雅斯貝爾斯在大哲學家一書中把蘇格拉底、佛陀、孔子和耶穌作爲「思想範式的創造者」，而孔子思想的特點就是「要在世間建立一種人道的秩序」，「在現世的可能性之中」，孔子「希望建立一個新世界」。

中國上古時期把「天」或「上帝」作爲最高的信仰對象，這種信仰也有其宗教的特殊性。如梁啓超所説：「各國之尊天者，常崇之於萬有之外，而中國則常納之於人事之中，此吾中華所特長也。……其尊天也，目的不在天國而在世界，受用不在未來（來世）而在現在（現世）。是故人倫亦稱天倫，人道亦稱天道。記曰：『善言天者必有驗於人。』此所以雖近於宗教，而與他國之宗教自殊科也。」由於中國上古文化所信仰的「天」不是存在於與人世生活相隔絕的「彼岸世界」，而是與地相聯繫（中庸所謂「郊社之禮，所以事上帝也」，朱熹中庸章句注：「郊，祀天；社，祭地。不言后土者，省文也。」），具有道德的、以民爲本的特點（尚書所謂「皇天無親，惟德是輔」，「天視自我民視，天聽自我民聽」，「民之所欲，天必從之」），所以這種特殊的宗教性也長期地影響著中國哲學對天人關係的認識。相傳「人更三聖，世經三古」的易經，其本爲卜筮之書，但經孔子「觀其德義而已」之後，則成爲講天人關係的哲理之書。四庫全书總目易類序說：「聖人覺世牖民，大抵因事以寓教……易則寓於卜筮。故易之爲書，推天道以明人事者也。」不僅易經是如此，而且以後中國哲學的普遍架構就是「推天道以明人事」。

春秋末期，與孔子同時而比他年長的老子，原創性地提出了「有物混成，先天地生」（老子二十五章），天地並非固有的，在天地產生之前有「道」存在，「道」是產生天地萬物的總根源和總根據。「道」内在於天地萬物之中就是「德」，「孔德之容，惟道是從」（老子二十一章），「道」與「德」是統一的。老子説：「道生之，德畜之，物形之，勢成之。是以萬物莫不尊道而貴德。道之尊，德之貴，夫莫之命而常自然。」（老子五十一章）老子的價值主張是「自然無爲」，而「自然無爲」的天道根據就是「道生之，德畜之……是以萬物莫不尊道而貴德」。老子所講的「德」實即相當於「性」，孔子所罕言的「性與天道」，在老子哲學中就是講「道」與「德」的形而上學。實際上，老子哲學確立了中國哲學「性與天道合一」的思想，而他從「道」與「德」推出「自然無爲」的價值主張，這就成爲以後中國哲學「推天道以明人事」普遍架構的一個典範。雅斯貝爾斯在大哲學家一書中把老子列入「原創性形而上學家」，他說：「從世界歷史來看，老子的偉大是同中國的精神結合在一起的。」他評價孔、老關係時說：「雖然兩位大師放眼於相反的方向，但他們實際上立足於同一基礎之上。兩者間的統一在中國的偉大人物身上則一再得到體現……」這裏所謂「中國的精神」「立足於同一基礎之上」，就是說孔子和老子的哲學都是爲了解決現實生活中的問題，都是「務爲治者也」。

在老子哲學之後，中庸說：「天命之謂性」，「思知人，不可以不知天」。孟子說：「盡其心者知其性也，知其性則知天矣。」（孟子盡心上）此後的中國哲學家雖然對天道和人性有不同的認識，但大抵都是講人性源於天道，知天是爲了知人。一直到宋明理學家講「天者理也」，「性即理也」，「性與天道合一存乎誠」。作爲宋明理學之開山著作的周敦頤太極圖説，是從「無極而太極」講起，至「形既生矣，神發知矣，五性感動而善惡分，萬事出矣」，這就是從天道講到人事，而其歸結爲「聖人定之以中正仁義而主静，立人極焉」，這就是從天道、人性推出人事應該如何，「立人極」就是要確立人事的價值準則。可以説，中國哲學的「推天道以明人事」最終指向的是人生的價值觀，這也就是要「爲天地立心，爲生民立命，爲往聖繼絶學，爲萬世開太平」。在作爲中國哲學主流的儒家哲學中，價值觀又是與道德修養的工夫論和道德境界相聯繫。因此，天人合一、真善合一、知行合一成爲中國哲學的主要特點。

中國哲學經歷了不同的歷史發展階段，從先秦時期的諸子百家争鳴，到漢代以後的儒家經學獨尊，而實際上是儒道互補，至魏晋玄學乃是儒道互補的一個結晶；在南北朝時期逐漸形成儒、釋、道三教鼎立，從印度傳來的佛教逐漸適應中國文化的生態環境，至隋唐時期完成中國化的過程而成爲中國文化的一個有機組成部分；宋明理學則是吸收了佛、道二教的思想因素，返而歸於「六經」，又創建了論語孟子大學中庸的「四書」體系，建構了以「理、氣、心、性」爲核心範疇的新儒學。因此，中國哲學不僅具有自身的特點，而且具有不同發展階段和不同學派思想内容的豐富性。

一八四〇年之後，中國面臨着「數千年未有之變局」，中國文化進入了近現代轉型的時期。在甲午戰敗之後的一八九五年，「哲學」的譯名出現在黄遵憲的日本國志和鄭觀應的盛世危言（十四卷本）中。此後，「哲學」以一個學科的形式，以哲學的「獨立之精神，自由之思想」推動了中華民族的思想解放和改革開放，中、外哲學會聚於中國，中、外哲學的交流互鑒使中國哲學的發展呈現出新的形態，馬克思主義哲學在與中國的歷史文化傳統、中國具體的革命和建設實踐相結合的過程中不斷中國化而產生新的理論成果。中華民族的偉大復興必將迎來中國哲學的新發展，在此之際，編纂中外哲學典籍大全，中國哲學典籍第一次與外國哲學典籍會聚於此大全中，這是中國盛世修典史上的一個首創，對於今後中國哲學的發展、對於中華民族的偉大復興具有重要的意義。

李存山

二〇一八年八月

「中國哲學典籍卷」

出版前言

社會的發展需要哲學智慧的指引。在中國浩如煙海的文獻中，哲學典籍占據著重要地位，指引著中華民族在歷史的浪潮中前行。這些凝練著古聖先賢智慧的哲學典籍，在新時代仍然熠熠生輝。

收入我社「中國哲學典籍卷」的書目，是最新整理成果的首次發布，按照内容和年代分爲以下幾類：先秦子書類、两漢魏晋隋唐哲學類、佛道教哲學類、宋元明清哲學類、近現代哲學類、經部（易類、書類、禮類、春秋類、孝經類）等，其中以經學類占多數。本次整理皆選取各書存世的善本爲底本，制訂校勘記撰寫的基本原則以確保校勘品質。全套書采用繁體竪排加專名綫的古籍版式，嚴守古籍整理出版規範，並請相關領域專家多次審稿，整理者反復修訂完善，旨在匯集保存中國哲學典籍文獻，同時也爲古籍研究者和愛好者提供研習的文本。

文化自信是一個國家、一個民族發展中更基本、更深沉、更持久的力量。對中國哲學典籍進行整理出版，是文化創新的題中應有之義。中國社會科學出版社秉持「傳文明薪火，發時代先聲」的發展理念，歷來重視中華優秀傳統文化的研究和出版。「中國哲學典籍卷」樣稿已在二〇一八年世界哲學大會、二〇一九年北京國際書展等重要圖書會展亮相，贏得了與會學者的高度讚賞和期待。

點校者、審稿專家、編校人員等爲叢書的出版付出了大量的時間與精力，在此一並致謝。由於水準有限，書中難免有一些不當之處，敬請讀者批評指正。

趙劍英

二〇二〇年八月

點校説明

春秋釋例十五卷，西晉杜預撰。杜預（222—285），字元凱，京兆杜陵（今陝西西安東南）人，曹魏至西晉時期著名的政治家、軍事家和學者。杜預以「博學多通，明於興廢之道」聞名於當時，常自述其志説：「德不可以企及，立功立言可庶幾也。」

杜預出身官宦世家。祖父杜畿，字伯侯，曹魏時官拜尚書僕射，爲文帝曹丕試船，遇難於孟津。追贈爲太僕，謚曰「戴侯」。父杜恕，字務伯，爲人清正。明帝曹叡時爲散騎黄門侍郎，在朝中不結交朋黨，不攀援上司，所發議論皆切中要害，誠懇率直。後歷任弘農太守、河東太守、淮北督護軍、御史中丞、幽州刺史等職。由於不能與同朝中人和諧相處，屢遭外放。後因遭征北將軍程喜彈劾，被免官廢爲庶民，流放至幽州彰武郡（今河北省中部）。不久，司馬懿發動「高平陵之變」，控制了曹魏政權。由於杜恕與司馬懿關係並不融洽，終未得赦，嘉平四年（252），卒於貶所。

司馬昭時代，杜預受到司馬氏重用，與司馬昭之妹高陸公主成親。參與鍾會伐蜀戰爭，任鎮西長史之職。鍾會滅蜀之後，聯合蜀將姜維，反叛曹魏，魏軍佐僚皆遇害，唯獨杜預「以智免」。

杜預在政事和軍事上頗具才能，曾協助車騎將軍賈充等制定晉律，杜預爲之作注，該律於泰始四年（268）頒行。又歷任河南尹、安西軍司、秦州刺史領東羌校尉、支度尚書等職。杜預尚書任上七年，曾向晉武帝司馬炎提出「立籍田、建安邊、作人排新器、興常平倉、定穀價、較鹽運、制課調」等五十多項治國治軍重大政策建議，均被武帝采納。杜預曾據儀禮喪服，議論晉武帝皇后楊艷喪禮服制，反對既葬即行變除而用吉祭，建議「皇太子宜復古典，以諒闇終制」，變通三年之喪的古制，其主張亦被朝廷采納。杜預又因當時通行的曆法不合晷度，舛差頗大，經過推算，重新訂出二元乾度曆，奏請朝廷，獲准頒行。洛陽交通要道孟津，行船渡河非常艱險，常有覆滅之患，杜預力排衆議，在富平津（孟津东北）建黄河大橋，武帝贊曰：「非君，此橋不立也。」咸寧四年（278），天降淫雨，蝗蟲大起，杜預上疏陳述農事的重要方針，晉書食貨志多有記載。杜預又成功製做人排新器，並復製出久已失傳的欹器，促進了農業生產及科技發展。七年中，杜預參與革新事項不可勝數，朝野皆稱其美，並贈外號「杜武庫」，形容其才略智謀「無所不有」。

晉武帝司馬炎制定了滅亡孫吴的戰略，朝中衆臣多不贊同，唯有杜預、羊祜、張華支持武帝的計策。因此羊祜患病後，推舉杜預代其統兵。杜預由此成爲西晉滅吴的主要謀劃者，官拜鎮南大將軍、都督荆州諸軍事等職。咸寧四年，杜預攻襲吴國西陵督名將張政，大破之。又離間吴主孫皓與張政，促使武昌監劉憲取代張政。太康元年（280）正月，武帝發起滅吴戰争，陳兵二十萬，分爲六路，大舉進攻吴國。杜預任西綫指揮，包圍江陵，奇襲江南樂鄉，活捉吴軍都督孫歆。取得江陵之後，進而佔據荆州，順勢東進聯合攻打孫吴國都建鄴。晉武帝滅吴終告成功，杜預以軍功進爵「當陽縣侯」。

杜預與人物接觸，與朋友結交，謙恭而有禮。別人求教，杜預往往「問無所隱，誨人不倦」，又「敏於事而慎於言」。杜預本身武藝不强，史稱其「身不跨馬，射不穿札」，但朝廷每有軍事行動，杜預常居將帥之列。平定孫吴之後，杜預以其家族世代文吏爲業，武事非其所長，故向武帝請退。武帝不許。平吴立功之後，杜預從容悠閑而無所從事，於是沉溺耽思於經籍，修著春秋左氏經傳集解。又參考各家宗族世系，撰成春秋釋例一書。又撰寫會盟圖、春秋長曆等書，遂成一家之學，至老方告完成。

晉書杜預傳稱當時人評論杜預「文義質直」，並不看重杜預的著述，唯有秘書監摯虞欣賞杜預，认爲「左丘明本爲春秋作傳，而左傳遂自孤行；釋例本爲傳設，而所發明何但左傳，故亦孤行。」給與釋例極高的評價。據稽含著南方草木狀一書所載，武帝曾賜給杜預密香紙萬番，用以寫春秋釋例及春秋左氏經傳集解，説明時人是看重杜書的。晉書稱「世人未之重」，未必可信。當時，王濟有相馬的本領，又極其愛馬，和嶠喜歡斂聚錢財，杜預常説：「王濟有馬癖，和嶠有錢癖」。武帝聽聞後，問杜預：「卿有何癖？」杜預答：「臣有左傳癖。」「左傳癖」遂傳爲佳話。

太康五年（284）閏十二月，杜預被徵，任司隸校尉，行至鄧縣，突然病故，終年六十三歲。武帝司馬炎爲之悼痛，追贈征南大將軍、開府儀同三司，謚號「成侯」。杜預對於後世的名聲很看重，常説「高岸爲谷，深谷爲陵」，並刻成兩塊石碑，以記録自己的功續。一塊石碑埋在萬山之下，一塊石碑立在峴山之上（萬山、峴山皆在今湖北襄陽南）。

春秋釋例與春秋左傳集解二書，一經一緯，互爲表裏。左氏春秋集解自序云：「又别集諸例及地名、譜第、曆數，相與爲部，凡四十部，十五卷，皆顯其異同，從而釋之，名曰釋例。將令學者觀其所聚異同之説，釋例詳之也。」杜預認爲春秋經的條理應以左傳爲準繩，左傳的義例當以「凡例」爲旨歸。左傳稱「凡」的一共五十例，其中不同的有四十九例，這些都是周公留下的文法，是魯國舊史遺存的舊章。孔子根據這些凡例而删削春秋，從而使得春秋成爲上下條貫、微言大義的通代之典。左傳中稱述的「書」「不書」「先書」「故書」「不言」「不稱」「書曰」之類，都是用來引出與魯史書法不同的新文例，發覆春秋大義的語辭，所以稱之爲「變例」。另有魯史没有加以記録，但合於孔子之意的事例，左傳也記録下來，以此發明孔子的旨義。如果不是通過文例的互相比較，就無法明白孔子寓於春秋文辭之間的褒貶。

春秋釋例的體例是先臚列春秋中的經、傳數條，以此來包舉其他同例的經、傳，然後以傳文所述的「凡例」繫於其後，再申述杜預本人的意見。在對春秋凡例臚列説明之後，杜預將春秋地名、譜第、曆數，按部接續在釋例之後。釋例的地名部分以泰始郡國圖爲藍本，世族譜部分則以劉向的世本爲藍本。盟會圖、長歴本來都是春秋釋例中的一篇，晉書杜預傳認爲盟會圖、長曆獨立成書，恐怕並不可信。

春秋釋例的撰稿應當在西晉之前，釋例土地名説「孫氏僭號於吴，故江表所記特略」，因此土地名的寫作不會早於太康元年平吴之前。並且在土地名中，杜預用於解釋春秋地名的郡縣稱謂，多用兩漢、三國之郡縣，與晉時不盡相合，這也説明春秋釋例的撰寫很早就開始了。

經典釋文序録著録春秋釋例十五卷，四十篇。隋書經籍志著録春秋釋例十五卷。自隋書經籍志著録之後，釋例一直被著録於各家公私目録，且均注明爲十五卷。舊唐書經籍志著録「春秋左氏釋例十五卷」，崇文總目著録「春秋釋例十五卷，凡五十三例」，晁公武郡齋讀書志著録「春秋釋例十五卷，凡四十部」，陳振孫直齋書録解題云：「春秋釋例十五卷……唐劉蕡爲之序」，宋史藝文志著録「春秋釋例十五卷」，止有元吴萊爲春秋釋例所作後序稱釋例爲「四十卷」。明以來，春秋釋例亡佚不傳，是書僅存於永樂大典，尚有三十篇，並有唐劉蕡序。永樂大典本三十篇中，六篇有釋例而無經、傳，其餘的文本脱漏也很多。清代四庫館臣根據永樂大典本，取孔穎達春秋左傳正義及其他諸書所引釋例之文對其書進行編排補充，並校勘其中錯謬，析爲二十七篇，仍依據舊著録分爲十五卷，以存春秋釋例的舊貌。元代吴萊的後序，一併附在書後。

春秋釋例由四庫館臣最早從永樂大典中撮抄而出，並以己意重新編叙校釋，因此四庫本爲今存春秋釋例輯本的最早祖本。除四庫全書本外，尚有嘉慶二年（1797）莊氏刊本，孫星衍刻岱南閣叢書本，掃葉山房重刊本及古經解匯函本等傳世。民國時期，商務印書館王雲五主編的叢書集成初編亦收録此書，並對春秋釋例做了句讀整理。商務本以武英殿聚珍版叢書中所收春秋釋例爲底本，與孫星衍岱南閣叢書本進行校勘，成校勘記兩卷。由於四庫全書本春秋釋例成書最早，本書整理時仍以四庫本春秋釋例爲底本，以孫星衍岱南閣叢書本爲對校本，參考商務印書館叢書集成初編本所收校勘記，對春秋釋例以現代標點形式進行重新整理，篇目次序一仍四庫本之舊。

本書點校凡例如下：

一、本次整理工作包括標點、文字處理、校勘、編次、標注專名號與書名號和補入其他研究者的輯録成果。

二、本次整理工作中的標點根據現行標點符號用法，結合古籍整理標點的通例，對全書進行規範的標點。

三、本書不使用破折號、省略號、著重號、間隔符號。省略文字依底本作「云云」以示省略。

四、本書所用漢字形體，以國家語言文字工作委員會、新聞出版署一九八八年發佈的現代漢語通用字表規定的規範字形爲標準，不使用舊字形。通假字、異體字保持原樣不變。原稿中避諱清帝名諱之字改回本字，如「玄」字避諱康熙帝之名改爲「元」字，本次整理一律改回「玄」字。原文中作者避其當朝帝王名諱之字不改回。

五、本次整理將商務印書館叢書集成初編本所收校勘記全部編入正文，以〔〕表示補入内容，並在腳注中加以説明。

六、本次整理中四庫館臣所加案語，均以【】加以標明，并以「案」「又案」作爲起始標誌。

七、本次整理將所有校勘説明置於當頁。校勘記的序號置於被校勘的字、詞或句的末字之後，以〔一〕〔二〕〔三〕加以標注。

八、本次整理中對春秋左傳的經、傳，對杜預集解（即注文）、孔穎達正義（即疏文），對劉歆、服虔、穎容、許慎舊注、程公説春秋分記等以「某人云」「某書云」起始加以引用的内容，以「」標注所引内容的起止範圍。

九、本次整理中對漢書地理志、續漢書郡國志、晉書地理志、水經注、春秋土地名、杜佑通典、新唐書地理志等未以「某書云」起始加以引用的内容，不以「」標注所引内容的起止範圍。

徐淵

二〇一八年七月

目録

春秋釋例卷二

春秋釋例卷三

春秋釋例卷四……一八七

春秋釋例卷五……二四〇

春秋釋例卷八

春秋釋例卷九

唐劉蕡春秋釋例序

聖人文乎魯史，志乎周道，筆削隱顯，有權有義，一正于周制而已。權焉，故有諱國惡，避世禍，矯事以變文也；義焉，故有例典禮，貶僭亂，尊王以行法也。彰明五始，上稟班朔、布象之本，則公旦禮經，列國羣史悉得書之矣；詳畧一字，下救衰俗、强臣之漸，則仲尼志蘊，異代鮮克究其極焉。

有晉大儒杜預，皓首春秋，深明權義，乃謂學者未可與權，必先講義，義之通明，槩有宗本，舉一則推萬可知，計源則衆流畢會。是以禮經言「凡」者，謂其統之有宗也；志在可例者，謂其會之有元也。厥初寄辭史法，假蹟霸政，其事著于桓、文，其道窮于魯、衛。且諸侯專而宗周微，三家盛而公室削。道不克振，事得以書。由是立經舉「元」，後世非以例義求之，則莫能一而貫也。

范甯有言：「左氏失誣，公羊失俗，穀梁失短」，斯皆謂偏執空文而昧乎變例者也夫。然釋例之作，宗本于舊章，非元凱獨斷而然也，實包括三傳，同歸于聖經之奧歟。且曰：八公書「即位」，而四公發傳，雖以「不書」、「不稱」爲文，其義則一也。昭、定、哀，薨皆不書「公」，言權在三家也；襄公在楚，每月以不朝告于廟，特于「正月」釋之者，人理所自新也。諸侯雖有九伐之法，必禀命于天子，可以執，不可輒殺也。考之數條，足以見天歷人謀，相與用舍，一權一義，始終詳焉。

始于平王東遷，謂「魯秉周禮，尚可興之乎？」終于哀公西狩，謂「叔孫專政魯，其不可爲矣。」嗚呼！夾谷之後，使仲由毁三桓城，收其甲兵。不克，孔子之衛。至十一年，自衛反魯。聖經修成，後二年，泰山其頹。三桓勝魯，聖人斯文于是乎掃地矣。漢興，帝制立賢良文學之士，率以春秋治天下。晉主中國，元凱以春秋爲安危，故述兹凡例，意欲安中國而御四夷，釋權義以正禮經。後儒有以知可例者，文也；可釋者，志也；善言春秋者，不以文害志，故志定而後斷物，物得其斷，則例可得焉，例可忘焉，故序。

劉蕡序。

元吴萊春秋釋例後序

春秋左氏，漢初本無傳者。劉子駿始建明之，欲立學官，諸儒莫應，然傳之者亦已衆多。賈景伯、服子慎並爲訓解。及晉，而杜元凱又作經傳集解三十卷、釋例四十卷，且歷詆劉、賈之違，獨不言服氏，豈或不見服氏書乎？亦不應不見也。世族譜本之劉向世本，地志本之泰始郡國圖，長歷本之劉洪乾象歷。世多言其天文星歷爲長，然説經多依違以就傳，似不得爲左氏忠臣者。南北分裂，館陶趙世業家有服氏春秋，是晉永嘉舊寫。華陰徐生往讀之，遂撰春秋義章，以教學者。是永嘉時猶未尚杜氏。青州刺史杜坦及其弟驥，世傳其業，故齊地亦多習之。坦，元凱之玄孫也。姚文安、秦道静初亦學服氏，後更兼講杜説。劉蘭、張吾貴之徒，則又隱括兩家同異，義例無窮。嗚呼！漢初習經者專門，而今河洛習傳者，宗服子慎；

江左，尚杜元凱矣。晉劉兆始取公、穀及左氏說作春秋調人。而今蘭吾貴又會服、杜之說矣。聖人之道，不自是而愈散哉？自唐孔穎達春秋正義，一用杜氏，非徒劉、賈之說不存，服義亦不盡見。固不若兩存之，以見服、杜之爲孰愈也？

今釋例具在，有劉蕡序。蕡太和中對賢良策，譏切人主，斥罵宦者，文極激，其學一本春秋，與漢董生天人三策相爲上下。蕡亦自擬董生，且曰：「昔董仲舒爲漢武帝言之未盡者，今臣復爲陛下言之。」壯哉！蕡乎。至爲此序，獨不類，唐文之衰，至此極矣。

吴萊序。

四庫總目提要·卷二十六·經部二十六·春秋類一

臣等謹案，春秋釋例十五卷，晉杜預撰。預事迹詳晉書本傳。是書以經之條貫必出於傳，傳之義例總歸於「凡」。左傳稱「凡」者五十，其別四十有九，皆周公之垂法，史書之舊章。仲尼因而修之，以成一經之通體。諸稱「書」、「不書」、「先書」、「故書」、「不言」、「不稱」、「書曰」之類，皆所以起新緒〔一〕，發大義，謂之變例。亦有舊史所不書，適合仲尼之意者，仲尼即以爲義。非互相比較，則褒貶不明。故別集諸例及地名、譜第、

〔一〕欽定四庫全書總目卷二十六，「舊」作「緒」。

歷數，相與爲部。先列經、傳數條，以包通其餘，而傳所述之「凡」繫焉，更以己意申之，名曰釋例。地名本之泰始郡國圖，世族譜本之劉向世本。與集解一經一緯，相爲表裏。晉書稱：「預自平吴後，從容無事，乃著集解，又參考衆家譜第，謂之釋例。又作盟會圖、春秋長歷，備成一家之學，比老乃成。」今考土地名篇，稱「孫氏僭號於吴，故江表所記特略」，則其屬稿實在平吴以前，故所列多兩漢、三國之郡縣，與晉時不盡合。至盟會圖、長歷，則皆書中之一篇，非别爲一書，觀預所作集解序，可見史所言者未詳。晉書又稱：「當時論者，謂預文義質直，世人未之重。惟秘書監摯虞賞之。」考稽含南方草木狀，稱晉武帝賜杜預密香紙萬番，寫春秋釋例及經傳集解，則當時固重其書。史所言者，亦未盡確也。其書自隋書經籍志而後，並著於録，均止十五卷，惟元吴萊作後序，云「四十卷」。豈元時所行之本，卷次獨分析乎？自明以來，是書久佚。惟永樂大典中尚存三十篇，並有唐劉蕡原序。其六篇有釋例而無經、傳，餘亦多有脱〔二〕文。謹隨篇掇拾，取孔穎達正義及諸書所引釋例之文補之，校其訛謬，釐爲二十七篇。仍分十五卷，以還其

〔二〕「闕」，浙、粵本作「脱」。

舊，吴萊後序，亦併附焉。

按預集解序云：「釋例凡四十部」，崇文總目云：「凡五十三例」，而孔穎達正義則云：「釋例事同則爲部，小異則附出。孤經不及例者，聚於終篇。四十部次第，從隱即位爲首，先有其事，則先次之。世族、土地，事既非例，故退之於終篇之前。土地名起於『宋、衛遇於垂』，世族譜起於『無駭卒』，『無駭卒』在『遇垂』之後，故地名在世族前。」今是書原目不可考，故因孔氏所述之大指，推而廣之，取其事之見經先後爲序。長歷一篇，則次之土地名、世族譜後，以集解序述歷數在地名、譜第後也。土地名篇釋例云：「據今天下郡國縣邑之名，山川道涂[一]之實，爰及四表，皆圖而備之。然後以春秋諸國邑、盟會地名附列之，名曰古今書春秋盟會圖，别集疏一卷，附之。」「釋例所畫圖，本依官司空圖，據泰始之初郡國爲正。孫氏初平江表，十四郡皆貢圖籍，荆、揚、徐三州皆改從今爲正，不復依用司空圖。」則是書應有圖，而今已佚。又有附盟會圖疏，臚載郡縣，皆是元魏、隋、唐建置地名，非晉初所有。而「陽城」一條，且記唐武后事，當是預本書

〔一〕「道涂」，底本作「涂道」，據浙本、粤本及原文改。

已佚，而唐人補輯。又土地名所釋，亦有後人增益之語。今仍録原文，而各加辨證於下方。考預書雖〔一〕有曲從左氏之失，而用心周密，後人無以復加。其例亦皆參考經文，得其體要，非公、穀二家穿鑿月日者比。摯虞謂「左丘明爲本春秋作傳，而左傳遂自孤行。釋例本爲傳設，而所發明何但左傳，故亦孤行。」【案：「故」字文義未明，疑爲「當」字之訛，以晉書原本如是，姑仍其舊文。】良非虚美。且永樂大典所載，猶宋時古本。觀夫人内女歸寧例一篇，末云：「凡若干字，經、傳若干字，釋例若干字。」當時校讎精當，概可想見。如長歷載：「文公四年，十有二月壬寅，夫人風氏薨」，杜云：「十二月庚午朔，無壬寅。」近刻注疏本，並作「十有一月」。按十一月庚子朔，三日得壬寅，不可謂無壬寅也。又襄公六年，經文本云：「十有二月，齊侯滅萊」，而近刻左傳本，前則曰：「十有一月，齊侯滅萊，萊恃謀也」，後則曰：「晏弱圍棠。十一月丙辰，而滅之。」今考長歷，十一月丁丑朔，是月無丙辰。十二月丁未朔，十日得丙辰。杜預係此日於十二月下，不言日月有誤，可見今本傳文兩言「十一月」，皆「十二月」之訛也。如此之類，可

〔一〕「頗」，浙、粵本作「雖」。

以校訂舛訛者，不可縷數。春秋以左傳爲根本，左傳以杜解爲門徑，集解又以是書爲羽翼。緣是以求筆削之旨，亦可云考古之津梁，窮經之淵藪矣。

乾隆四十九年十月恭校上

總纂官　臣紀昀　臣陸錫熊　臣孫士毅

總校官　臣陸費墀

清孫星衍重刊春秋釋例序

春秋釋例三十篇，竝劉蕡序，存永樂大典中。國朝四庫書据孔氏左傳正義，增訂爲十五卷，以符隋經籍志舊數。内府祕書，學者或未窺見，因與莊大令述祖，商付梨版，以廣流傳，仍序觕略，謹附提要之後。

春秋左氏之學，自賈、服舊注散佚不傳，惟杜氏撰著，多存古説。不若唐時啖助、趙匡，好以臆解攻擊前儒義訓。杜氏既注左氏，又有釋例專行。据晉書本傳云：「參考衆家譜第，謂之釋例。又作盟會圖、春秋長歷」，是明其有所本也。唐劉蕡序，以爲宗本舊章，非元凱獨斷而然。元吴萊序云：「世族譜本之劉向世本，地志本之泰始郡國圖，長歷本之劉向乾象歷」，是爲預之知己矣。預時去古未遠，漢人説經之書具在，其釋例援据經、傳，以類相從，得比事屬辭之旨，是非不謬於聖人。異乎後人舍傳求經，其弊且至疑經也。其土地名，則合於班固地理志所採周地圖書古文，及桑欽禹貢山水澤地之説。劉昭注郡國志，多取其言。雖杜注所缺，攷之京相璠、酈道元，不無可補。即其大别不在安豐，亦由襲臣瓚之誤，其長固不可及也。其世族譜，足補世本、風俗通、姓苑諸書亡佚之文。惟云「堯則舜之從高祖，而妻以女」，此史記之可疑者，見文十八年正義。如杜氏之通達，不知同姓爲婚之禁，始自周時，此其失檢。又以蔿艾獵爲孫叔敖，襄十五年正義與世本以蔿艾獵爲孫叔敖之兄異説。是杜所採非一家之言，亦未可以此爲病。其長歷則稱「自古以來諸論春秋者，多違謬」，而斥黄帝以來諸歷、三統歷、劉、賈諸儒説之不合經、傳，云「各據其學以推春秋，無異度己之迹而欲削他人之足也」，又云「雖未必得天，蓋是春秋當時之歷也。」案今世人据後世算法，推測尚書、月令。春秋天文星度，其有乖異，反謂古術之疏，竊嘗非之。三百年斗歷改憲，古天文法，具在緯書。淮南天文訓諸書，會通其説，乃可證經。杜氏此書，獨攷乾象歷十歷，以定春秋當時之歷，而二百四十年甲子朔閏不爽毫髮矣。世之蔽者，以爲春秋閏月在歲終。今考襄二十七年傳「十一月乙亥朔，日有食之。辰在申，司歷過也」，辰即斗建，杜氏云：「閏月無中氣，斗建斜指兩辰之間，斗建在申，乃是周家九月也。此不在歲終之證。書中閏月，或在六月或在八月，不能悉數。前人不見此書，故爲異義耳。又夏、殷、周、魯歷，皆無預推日食法。今世測春秋，以魯歷頻食爲疏，亦信今不信古之過也。古今術士，以方技爲進身之路，故好抵古法以炫其長。不有杜氏此編，春秋歷法，不可上推。古人歷術，亦不傳矣。

明已來雖有此書，以在祕府，士夫所學科舉之業，未能搜討古籍。近世顧氏棟高、朱氏彝尊，亦皆疑其已佚。今出自熙朝稽古考文之世，俾絶學微言，燦然得傳於後。豈非一代之祕笈，古歷之淵原，世有通經學而兼涉疇人之術者，庶其研核於斯，毋致自貽鑿枘云爾。

嘉慶七年七月十二日。孫星衍撰。

清孫星華校勘記二卷識語

按杜氏春秋釋例一書，自明以來，久經散佚。乾隆時，四庫館臣從永樂大典中搜輯，得三十篇。並取孔穎達正義等書補其缺脱，校其譌謬，仍照隋書經籍志分爲十五卷，用聚珍板印行，即此本也。嘉慶間，陽湖孫淵如觀察星衍，曾取閣本刻入岱南閣叢書。近日，粤中有刻古經解彙函者，復取孫本翻雕。星華昔歲嘗用聚珍本與孫本對勘，因字句間詳略異同甚夥，爰逐條録於書眉。大約聚珍本先出，故採掇考訂尚有未備。而孫氏重雕之本，或係當時館中又經覆勘而後定者，是以較爲詳密。惟卷三「王侯夫人出奔」例，其釋例内「夫子以爲姜氏罪」句下，尚有「不與弒于莊公」云云八百餘字。又有夾注按語兩條，聚珍本完然具備，孫本不知何以全數脱佚。是否閣本亦然，抑孫氏重刻時偶爾漏落歟？兹既校修是書，因將舊校各條，録成二卷，附刻於後。其於讀是書者，或亦不無稍資參攷乎？

光緒二十年，歲在甲午，清祀之月，會稽孫星華子宜識。

春秋釋例卷一

公即位例第一【案：此篇見永樂大典，其篇目亦存。】

隱元年

春王正月。

傳曰：不書「即位」，攝也。

桓元年

春王正月，公即位。

莊元年

春王正月。

傳曰：不稱「即位」，文姜出故也。

閔元年

春王正月。

傳曰：不書「即位」，亂故也。

僖元年

春王正月。

傳曰：不稱「即位」，公出故也。

文元年

春王正月，公即位。

宣元年

春王正月，公即位。

成元年

春王正月，公即位。

襄元年

春王正月，公即位。

昭元年

春王正月，公即位。

定元年

夏六月癸亥，公之喪至自乾侯。戊辰，公即位。

哀元年

春王正月，公即位。

右公即位凡八。

襄二十九年

春王正月，公在楚。

傳曰：春王正月，公在楚，釋不朝正于廟也。

昭三十年

春王正月，公在乾侯。

傳曰：春王正月，公在乾侯，不先書鄆與乾侯，非公，且徵過也。

〔昭〕三十一年

春王正月，公在乾侯。

傳曰：春王正月，公在乾侯，言不能外内也。

〔昭〕三十二年

春王正月，公在乾侯。

傳曰：春王正月，公在乾侯，言不能外内，又不能用其人也。

釋例曰：

凡有國有家者，必審别嫡庶，以明正統。君薨之日，嗣子之位國已定也。尚書顧命即是天子在殯之遺制也。推此，亦足以準諸侯之禮矣。天子、諸侯喪制與士不同，國史每備而録其得失。嗣子位定于初喪，而改元必須踰年者，繼父之業，成父之志，不忍有變于中年也。遭喪繼立者，每新年正月，必改元正位，百官以序。故國史皆書即位于策以表之。隱既繼室之子，于第應立，而尋父娶仲子之意，委位以讓桓。天子既已定之，諸侯既已正之，國人既已君之，而隱終有讓國授桓之心，所以不行即位之禮也。隱、莊、閔、僖雖居君位，或有故而不修即位之禮，或讓而不爲，或痛而不忍，或亂而不得，禮廢事異。國史固無所書，非行其禮而不書于文也。【案：「遭喪繼立者」以下，永樂大典無之，從隱元年正義所引釋例補入。】

文公、成公，先君之喪未葬，而書「即位」，因三正之始，明繼嗣之正，表朝儀以固百姓之心。此乃國君明分制之大禮。譬周康王麻冕黼裳以行事，事畢然後反喪服也。雖踰年行即位之禮，名通于國内，必須既葬卒哭乃免喪，古之制也。【案：「文公、成公」以下永樂大典無之，從文元年正義所引釋例補入。】

癸亥，公之喪至自乾侯。戊辰，公即位。喪在外踰年而〔一〕入，故因五日改殯之節，國史用元年即位之禮，因以此年爲元年也。然則正月之時未有公矣。公未即位，元必不改。而于春夏即稱「元年」者，公未即位，必未改元。未改之日，必乘前君之年，于時春夏當名此年爲昭公三十三年，及六月既改之後，方以元年紀事。及史官定策，須有一統，不可半年從前，半年從後，雖則年初，亦通〔二〕此歲。故入年即稱「元年」也，古法既然，故漢魏以來，雖于秋冬改元，史于春夏即以「元年」冠之，是有因于古也。【案：「癸亥」以下，永樂大典無之，從定元年正義所引釋例補入。】

襄二十九年，經書「春王正月，公在楚。」傳曰：「釋不朝正。」凡公之行，始則書所如，還則書「公至」。今復書「在楚」者。〔三〕【案：此句襄二十九年正義引釋例，作「今中復書『公

〔一〕「而」，正義引釋例作「乃」。
〔二〕「通」，正義引釋例作「統」。
〔三〕孫氏星衍本，「今」下多「其」字。

在楚』者」。】，明國之守臣，每月亦以公不朝之故告于廟也。每月必告，而特于正月釋之者。蓋歲之正也，月之正也，日之正也。三始之正，嘉禮所重，人理所以自新，故特顯所以通他月也〔二〕。公之在外，所以闕朝正之禮甚多。唯書此一年、釋此一事者，斯禮有常，非義例所急，故因公遠出踰年，存此一事以示法也。魯之羣公以疾不視朔多矣，亦因齊事而見。【案：文〔三〕十六年正義引釋例，此句作「因有事而見」。】亦釋不朝正之義也。

昭公之孫，每正月必書者，以孫告廟也。昭二十五年始出居鄆及乾侯，累歲居外，而仲尼不書于經，故傳曰：「不先書鄆與乾侯，非公，且徵過也。」既以非責公之妄，且明過謬之可掩，故不顯書其在外，使若在國然也。自三十年至于終歿，則皆顯書所在之地〔三〕，傳皆隨年而互言其事，明罪之在公，非復過誤也。【案：昭三十年正義引釋例，誤作「謬」。】三代封建，自上及下，降殺以兩。君不亢高，臣不極卑，强弱相參，衆力相須，賢愚相厠，故雖有昏亂之君，必有忠賢之輔。【案：昭三十年正義引釋例，「必」作「亦」。】我周東遷，晉鄭

〔一〕孫本「通」作「釋」。
〔二〕「六」，孫本作「文」。
〔三〕孫本「書」下多「其」字。

是依。無知之亂，實獲小白。驪姬之妖，重耳以興。天下雖瓦解，而不土崩，海内雖糜沸，而不甕溢。【案：昭三十年正義引釋例，此句作「海内雖鼎沸而不盆溢」。】天生季氏，以貳魯侯，季氏未有簒奪之惡，公雖失志，亦無抽筋倒懸之急。聽用隸豎僥倖之私，既不能强，又不能弱，所以身死于外，見貶于春秋也。

凡新君即位，必書元以明年首。稱王以壹紀統，年之四節，雖或無事，必在于事難時也。傳各言其所感而已，穎氏説，以爲魯十二公，國史盡書即位，仲尼修之，乃有所不書。若實即位，則爲隱公無讓。若實有讓，則史無緣虚書也。又賈氏云：「不書隱即位，所以惡桓之簒」，然則僖不簒閔，閔不簒莊，而此三君皆不書即位，復以何惡？隱公傳則以「攝」爲文，莊公傳則以「姜出」爲文，閔公傳則以「亂」爲文，僖公傳則以「公出」爲文，此皆是實，不假文託義也。丘明于四公發傳，以「不書」、「不稱」起文，其義一也。【案：「丘明」三句永樂大典無之，從隱元年正義所引釋例增入。】劉、賈、穎又欲〔二〕爲傳文生例，云：「恩深不忍，則傳言『不稱』；恩淺可忍，則傳言『不書』」。【案：此四句，永樂大典誤

〔二〕孫本「穎」下脱「又欲」二字。

作「恩深不忍，傳言『不書』」，從隱元年正義所引釋例改正。】博據傳詞，殊多不通。案，殺欒盈則云「不言『大夫』」；【案：永樂大典無「案」字，從隱元年正義所引釋例增。】殺良霄則云「不稱『大夫』」；君氏卒則云「不曰『薨』」、「不言『葬』」、「不書姓」；鄭伯克段則云「稱『鄭伯』」。【案：「鄭伯克段」六字，永樂大典脱去，從隱元年正義所引釋例增入。】，此皆同意而别文之驗也。傳本意在解經，非曲文以生例也【案：「曲」字，永樂大典誤作「由」。】，若當盡錯綜傳辭以生義類，則不可通，苟説此一兩事，雖欲槩觀，終必泯焉。

會盟朝聘例第二【案：此篇見永樂大典，惟篇目佚，今補。】

隱十年

春王二月，公會齊侯、鄭伯于中丘。

傳曰：春王正月，公會齊侯、鄭伯于中丘。癸丑，盟于鄧，爲師期。

桓二年

春，云云，三月，公會齊侯、陳侯、鄭伯于稷，以成宋亂。

傳曰：會于稷，以成宋亂，爲賂故，立華氏也。

〔桓〕十四年

春正月，公會鄭伯于曹。

傳曰：春，會于曹。曹人致餼禮也。

僖元年

秋，云云，八月，公會齊侯、宋公、鄭伯、曹伯、邾人于檉。

傳曰：盟于犖，謀救鄭也。

〔僖〕五年

夏，云云，公及齊侯、宋公、陳侯、衛侯、鄭伯、許男、曹伯會王世子于首止。

傳曰：會于首止，會王太子鄭，謀寧周也。

〔僖〕九年

夏，公會宰周公、齊侯、宋子、衛侯、鄭伯、許男、曹伯于葵丘。

傳曰：夏，會于葵丘。尋盟，且修好，禮也。

〔僖〕二十一年

秋，宋公、楚子、陳侯、蔡侯、鄭伯、許男、曹伯會于盂。執宋公以伐宋。

傳曰：秋，諸侯會宋公于盂。子魚曰：「禍其在此乎！君欲已甚，其何以堪之？」于是楚執宋公以伐宋。

文十七年

夏，云云，六月，諸侯會于扈。

傳曰：晉侯蒐于黃父，遂復合諸侯于扈，平宋也。公不與會，齊難故也。書曰「諸侯」，無功也。

宣七年

冬，公會晉侯、宋公、衛侯、鄭伯、曹伯于黑壤。

傳曰：晉侯之立也，公不朝焉，又不使大夫聘，晉人止公于會。盟于黃父，公不與盟。以賂免。故黑壤之盟不書，諱之也。

襄五年

秋，云云，公會晉侯、宋公、陳侯、衛侯、鄭伯、曹伯、莒子、邾子、滕子、薛伯、齊世子光、吴人、鄫人于戚。傳曰：九月丙午，盟于戚。會吴，且命戍陳也。穆叔以屬鄫爲不利，使鄫大夫聽命于會。

〔襄〕八年

夏，云云，季孫宿會晉侯、鄭伯、齊人、宋人、衛人、邾人于邢丘。傳曰：五月甲辰，會于邢丘，以命朝聘之數，使諸侯之大夫聽命。季孫宿、齊高厚、宋向戌、衛甯殖、邾大夫會之。鄭伯獻捷于會，故親聽命。大夫不書，尊晉侯〔二〕也。

〔襄〕十四年

春王正月，季孫宿、叔老會晉士匄、齊人、宋人、衛人、鄭公孫蠆、曹人、莒人、邾人、滕人、薛人、杞人、小邾人會吴于向。

〔二〕「諸侯」，正義作「晉侯」。

傳曰：春，吳告敗于晉。會于向，爲吳謀楚故也。夏，傳曰：于是齊崔杼、宋華閱、仲江會伐秦。不書，惰也。向之會亦如之，衛北宮括不書于向，書于伐秦，攝也。

〔襄〕十六年

春，云云，二月〔一〕公會晉侯、宋公、衛侯、鄭伯、曹伯、莒子、邾子、薛伯、杞伯、小邾子于溴梁。

傳曰：晉侯與諸侯宴于温，使諸大夫舞，曰：「歌詩必類。」齊高厚之詩不類，荀偃怒，且曰：「諸侯有異志矣。」使諸大夫盟高厚，高厚逃歸。于是叔孫豹、晉荀偃、宋向戌、衛甯殖、鄭公孫蠆、小邾之大夫盟，曰：「同討不庭。」

夏，云云，叔老會鄭伯、晉荀偃、衛甯殖、宋人伐許。

傳曰：書曰「會鄭伯」，爲夷故也。

〔一〕「二月」，正義作「三月」。

〔襄〕二十六年

夏，云云，公會晉人、鄭良霄、宋人、曹人于澶淵。

傳曰：六月公會晉趙武、宋向戌、鄭良霄、曹人于澶淵，以討衛，疆戚田。云云，趙武不書，尊公也。向戌不書，後也。鄭先宋，不失所也。

〔襄〕二十七年

夏，叔孫豹會晉趙武、楚屈建、蔡公孫歸生、衛石惡、陳孔奂、鄭良霄、許人、曹人于宋。

傳曰：宋向戌善于趙文子，又善于令尹子木，欲弭諸侯之兵以爲名。

〔襄〕三十年

冬十月，云云，晉人、齊人、宋人、衛人、鄭人、曹人、莒人、邾人、滕人、薛人、杞人、小邾人會于澶淵，宋災故。

傳曰：爲宋災故，諸侯之大夫會，以謀歸宋財。冬十月，叔孫豹會晉趙武、齊公孫蠆、宋向戌、衛北宫佗、鄭罕虎及小邾之大夫會于澶淵。既而無歸于宋，故不書其人。君子曰：「信其不可不慎乎！澶淵之會，卿不書，不信也。夫諸侯之上卿，會而不信，寵、名皆棄，不信之不可也如是。詩曰：『文王陟降，在帝左右』，信之謂也。又曰：『淑慎爾止，無載爾僞』，不信之謂也。」書曰：「某人某人會于澶淵，宋災故」，尤之也。不書魯大夫，諱之也

定十年

夏，公會齊侯于夾谷。

傳曰：公會齊侯于祝其，實夾谷。孔丘相，犂彌言于齊侯曰：「孔丘知禮而無勇，若使萊人以兵劫魯侯，必得志焉。」齊侯從之。孔丘以公退，云云，齊侯聞之，遽辟之。將盟，齊人加于載書曰：「齊師出境而不以甲車三百乘從我者，有如此盟！」孔丘使兹無還

揖對，曰：「而不反我汶陽之田，吾以共命者，亦如之！」齊侯將享公。孔丘謂梁丘據曰：「齊、魯之故，吾子何不聞焉？事既成矣，而又享之，是勤執事也。且犧、象不出門，嘉樂不野合。饗而既具，是棄禮也；若其不具，用秕稗也。用秕稗，君辱；棄禮，名惡。子盍圖之！夫享，所以昭德也。不昭，不如其已也。」乃不果享。齊人來歸鄆、讙、龜陰之田。

哀七年

夏，公會吴于鄫。

傳曰：夏，公會吴于鄫。吴來徵百牢。云云，邾茅夷鴻以束帛乘韋自請救于吴，曰，云云，若夏盟于鄫衍，秋而盡〔一〕背之，云云。

〔一〕正義無「盡」字。

〔哀〕十二年

夏，云云，公會吴于橐皋。

傳曰：會吴于橐皋，吴使太宰嚭請尋盟。公不欲，使子貢對，云云，乃不尋盟。

秋，公會衛侯、宋皇瑗于鄖。

傳曰：秋，衛侯會吴于鄖。公及衛侯、宋皇瑗盟，而卒辭吴盟。

〔哀〕十三年

夏，云云，公會晉侯及吴子于黄池。

傳曰：夏，公會單平公、晉定公、吴夫差于黄池。云云，秋七月辛丑，盟，吴、晉争先，云云，乃先晉人。

釋例曰：

傳曰：「朝以正班爵之義，率長幼之序；會以訓上下之則，制財用之節」，「明王之制，使諸侯歲聘以志業，間朝以講禮，再朝而會以示威，再會而盟以顯昭明。」古之制也。春秋之世，文襄之伯，其務不煩，更制三年而聘，五年而朝，有事而會，不協而盟。足以昭禮命事謀闕而已，雖備此制，迫于事難，君臣交馳，相繼于時。或以拜朝，或以殷聘，初聘報聘來，謂使而來見。疏數之節，無復常制，皆書有禮者，亦時之所宜也。將求于人，必先下之，故公孫夏謝晉不敏，君子稱「善事大國」也。稱朝者，兩君相見，揖讓于兩楹之間；聘者使問于鄰國，必皆使卿，尊君命也；會者，講禮示威；遇者，草次相見，二國君各簡其禮，若道路相逢遇也。盟者【案：永樂大典無「者」字，從隱元年傳正義所引釋例增入。】，殺牲載書，大國制其言，小國尸其事，珠槃玉敦以承流血而同歃。【案：隱元年傳正義所引釋例，「承」字作「奉」。】地主致餼，侯伯致禮于其國都，則主人與于盟可知，故稱客而不復稱主，盟于齊，盟于宋是也。

天子畿内封爵，各無明據，禮記又是後儒所集。【案：隱元年正義引釋例，此句作「禮記後人所作」。】，亦不正與春秋同。今案春秋以考之，居三公六卿之位者，皆以伯爵子爵居位，而別食采邑，經自因氏以爲文。其稱「公」者，皆三公，非五等之公也；稱「伯」稱「子」皆爵稱也，通經傳既無稱「侯」，又無稱「男」者，天子之制，本不以此爵賜畿内也。毛凡之等，始以列國入爲公卿。世事天朝，而本封絶滅者，若滅虢鄶之等。或畿内諸侯，據其本封，兼仕王朝者也。

王之公卿皆書爵，祭伯、凡伯是也；大夫稱字，【案：永樂大典句首有「卿」字，從隱元年正義所引釋例删。】，南季、榮叔是也；元士中士稱名，劉夏、石尚是也；下士稱「人」，「公會王人于洮」，是也。其或稱祭公，舉官而言也；單伯或稱「子」，時王降爵也；附庸稱名，郳犁來是也。

魯之叔孫父兄再命，而書于經，晉之司空亞旅一命，而經不書，推此，知諸侯之卿大夫，再命以上，皆書于經；自一命已〔二〕下、大夫及士，經皆稱人，名字不得見也。【案：昭十二年正義引釋例，「字」作「氏」。】

王之世子不名，諸侯之世子則名，「會王世子于首止」，「曹世子射姑來朝」是也。附

〔二〕「已」，正義引釋例作「以」。

庸世子稱「人」，「邾人牟人葛人來朝」是也。此皆典策之正文也。至于夫子治春秋，則因事以示臧否。王官之宰，當以才授位，而渠伯糾攝父之職，出聘列國〔一〕，故去字稱名，蓋姓渠名伯糾也。仍叔之子，王以恩使，故稱「父」以譏幼弱。嘉陳之好，故不名其卿；賤穀伯鄧侯，故以名繫爵；貶杞伯，貴儀父，諸此謂夫子之變例也。名重于字，故君父之前自名，朋友之接自字，是以春秋之義，貶責，書其名，斥所重也；褒厚，顯其字，避所諱也。傳「滅」「入」例，「衛侯燬滅邢」，同姓，故名。又云：「穀伯綏、鄧侯吾離來朝」，名，賤之也。又云：不書蔡、許之君，乘楚車故也，謂之失位。此皆貶諸侯之例，例不稱人也。【案：此二句永樂大典作「此皆褒貶之例，例有不稱人也」，從莊十四年正義所引釋例改正。】諸侯在事，【案：永樂大典「諸侯」下衍一「故」字，從莊十四年正義所引釋例删。】，傳有明文，而經稱「人」者，凡有十二條。【案：莊十四年正義引釋例，作「十一條」。】丘明不示其義，而諸儒皆據案生意，原無所出。貶諸侯而絀爵稱「人」【案：「絀爵」，莊十四年正義引釋例，作「去爵」。】，是爲君臣同文，非正等差之謂也。又澶淵，大夫之會，傳曰：「不書其人」，案

〔一〕孫本「列」作「隣」。

經皆去名稱「人」。至諸侯親城緣陵【案：「至」字、「親」字，永樂大典脱，從莊十四年正義所引釋例增。】，傳亦曰：「不書其人」，而經總稱諸侯，此大夫及諸侯經傳所以爲别也。通校春秋，自宣公五年以下，百數十年，諸侯之咎甚多，而皆無貶稱「人」者，益明。此等當時告命記注之異，非仲尼所以爲例故也。

楚之君臣，最多混錯，舊説亦隨文强生善惡之狀，混瀆無已。其不能得辭，則皆言惡蠻夷得志。然當齊桓之盛，而經以屈完敵之。若此，必有褒貶，非抑楚也。此乃楚之初興，猶未閑周之典禮，告命之書，【案：「書」字，莊二十三年正義引釋例，作「禮」字。】自生同異。猶秦之僻陋，不與中國準，故春秋亦未〔一〕以存例也。楚之熊繹，始封于楚，僻在荆山，篳路藍縷，以處草莽〔二〕。及武王熊達〔三〕，始居江漢之間，然猶未能自同于列國。故經稱「荆敗蔡師」，「荆人來聘」，「楚人使宜申來獻捷」，從其所居之稱而總其君臣。至于魯僖，始稱

〔一〕「亦未」，正義引釋例作「抑秦」。孫本「故」下作「成二年以上，春秋抑秦以存例也」，與此互異。
〔二〕「處草莽」，正義引釋例作「居俗裔」。
〔三〕「達」，正義引釋例作「違」。

楚人，而班次在于蔡下。僖二十一年，當楚成王之世，能遂其業，同公、侯會于盂〔一〕。【案：此句成二年正義引釋例，作「内列于公、侯會于盂」。】楚之君爵始與中國列。然其臣名氏猶多差錯。【案：「差錯」，成二年正義引釋例，作「參錯」。】至魯成二年，楚公子嬰齊始乃具列。傳曰：「卿不書，匱盟也。」兼爲楚臣示例也。自此以上，春秋未以入例。自此以下，褒貶之義，可得而詳。【案：成二年正義引釋例此句，作「可得而論之也」。】吴晚通上國，故其君臣朝會不同于例，亦隨楚之初始也。【案：「隨」字，襄二十九年正義引釋例，作「猶」。】

莊三十二年，慶父既殺子般，國人不與，懼而適齊。時魯無君，其行无辞，蓋假赴告之禮而出也云。

介葛盧，東夷之國也，實以朝來，故傳書其「朝」，不能備儀，故經但稱「來」也。郤犨、文子交盟會〔二〕魯、晉之君，其意一也。故唯書「來」、「盟」，舉重者也。

〔一〕孫本「同」下有「列于」二字。
〔二〕孫本「盟會」作「會盟」。

周禮，諸侯之適子，誓于天子，則下其君禮一等；未誓，則以皮帛繼子、男。此謂公、侯、伯、子、男之世子出會朝聘之儀也。誓者，告于天子，正以爲世子，受天子報命者也。未誓，謂在國正之，而未告天子者也。曹之世子，未誓而來，故賓之以上卿，謂比于諸侯之上卿也，繼子、男之末，命數相準故也。齊世子光，光之立也，聞于諸侯，則亦是未誓天子之文，于次亦當賓之以上卿，繼子、男之末。晉侯嘉其先至，故特進之，令在滕、薛之上，此謂霸主臨時之宜，非常例也。

鄫之國君既正，屬役于魯，則降比附庸，不得復在諸侯本例。故世子從豹如晉，經不書及，傳曰：比諸魯大夫也。胥命于蒲，本無嫌隙，申約言以相繼。故傳曰「不盟也」。而「鄭人來渝平」、「公及齊侯平莒及郯」之屬，皆棄惡從好，盟要以成信，不歃血也。而「宋人及楚平」、「暨齊平」，時實盟，而書「平」者，從赴辭也。

昭六年冬，「齊侯伐北燕」，七年春而「平」，冬春相接，其間無異事，省文，故不重言燕。猶桓五年冬，「州公如曹」，六年春，因曰「實來」也。【案：「曰」字，昭七年正義引釋例作「書」。】傳以其不分明，故超見齊、燕平之月以正之也。【案：「超見」，昭七年正義引釋例，

作「起見」。】

盟于鄧，盟于犨，盟于戚，公既在會，而不書其盟者，以理推之，會在盟前，知非後盟也。蓋公還告會而不告盟也。

諸侯畏晉而竊與楚盟，故書盟而貶其卿，此所以成晉爲盟主也。吴之强大，始于會鄫，終于黄池。凡三會、三伐、三盟，唯書「會」、「伐」而不書「盟」者，吴以盟主自居，而行其夷禮。禮儀不典，則神明不蠲，非所以結信義，昭明德，故不録其盟，不與其成爲盟主也。既不與吴之爲盟主，則宋、魯、衛三國私盟可許，故無貶文〔二〕也。

稷之會，經稱「成宋亂」。「成」，猶「平」也。桓公受賂立華氏，貪縱之甚也。惡其指斥，故遠言始與三國爲會之本意也。「璧假」，易田而謂之「假」，皆所以諱國惡也。「公子結媵陳人之婦于鄄，遂及齊侯、宋公盟。」經備其事，而傳無釋文。公羊、穀梁蓋以爲從魯女媵陳國之婦于鄄，聞齊、宋有亂，遂權事之宜，以成二君之好，一人而二事，得失先見于當時，故但「遂」之而已也。

〔二〕「文」，正義引釋例作「责」。

襄仲既受命聘周，未發，又兼受命聘晉，故傳云：「將聘于周，遂初適晉也。」入自春秋九十餘歲，魯大夫于是始聘晉國，故云「初聘」也。齊仲孫之來，發于省魯之難，故不言「聘」。不稱其名，故曰「嘉之」。高子盟，不稱使，得遂之宜，亦其義也。祭叔來聘，傳無明文。穀梁以爲祭叔爲祭公來聘，天子内臣不得外交，故不言「使」，不與其得外聘也。魯受其聘，行其禮，故書「聘」也。

盟者，假神明以要不信，故載辭或稱同，以服異爲言也。未有臣而盟君，臣而盟君，是子可盟父。【案：「可」字，永樂大典脱，從僖五年正義所引釋例增。】故春秋王世子以下會諸侯者，皆同會而不同盟。洮之盟，王室有子帶之難，襄王懼不得立，告難于齊。遣王人與諸侯盟，故傳釋之曰：「謀王室」，以明王室勑〔二〕其來盟。非諸侯所敢與也。踐土之盟，王子虎臨會諸侯，而不同歃，故經唯列諸侯，【案：「唯」字，襄三年正義引釋例，作「但」。】，而傳具載其實。此實聖賢之垂意，以爲將來之永法也。一年之間，諸侯輯睦，翼戴天子。而翟泉之盟，子虎在列，君子以爲非天子之命，虧上下常節，故不存魯侯，而人子虎，以示篤

〔二〕孫本「勑」作「敕」。

戒也。諸在盟者，經皆奪其寵名，傳既見所加罪，又重明不會公侯之法，明兼有二闕也。雞澤之會，單子與盟，亦王所命也。【案：孔穎達襄三年正義云：「杜言『王使盟』者，傳無其文，正以經無貶責，知是命使盟也。」】

大國之卿，當小國之君。是以得會伯、子、男也。傳稱：「叔老會鄭伯」，「爲夷故」。此其義也。衛叔武稱「子」，見喪稱例。會以訓上下之則，盟以申舊要之言。雖一時之事，所用禮殊。在會列衆國〔一〕之名，則在盟總曰「諸侯」，因事約文。臯鼬之盟，魯侯重見，會盟異處也。

若夫會盟，名列未彰，總曰「諸侯」者，或會而無功，或功不及其事也。不書其會後者，通謂君臣相會，不及會所，故總書其國，而不見地，所以避不敏也。

若戰陣之事，則皆列諸侯，唯不書戰地。

處父爲晉正卿，動不以禮〔二〕，而親與公盟，故貶其族。族去則非卿，故以微人常稱爲

〔一〕　孫本「在」下有「王」字。

〔二〕　孫本作「不能匡君以禮」。

耦也。以直厭不直，而隨比稱「人」〔一〕，則所罪之名不彰，故特書處父也。【案：孔穎達文二年正義云：「春秋，卿則書名氏，賤者則稱『人』。外卿之貶，例皆稱『人』。魯卿之貶，乃去其族。去族與稱人相類，即是不爲卿也。處父爲晉正卿，不能匡君以禮，君使盟魯，即從君命，故貶去其族。若言處父是晉之賤人，故不復書『公』，直言『及晉處父盟』，若魯之賤人往與之盟也。賤人不合書名，舉其所爲之事而已。以微人常稱與處父爲耦，若處父亦賤人也。魯以微人敵微人，直也。晉以卿敵公，不直也。經以魯之直厭晉之不直也。不貶處父稱『人』者，稱『人』則惡名不見，貶其族，留其名，所以惡處父也。」】

君于守臣〔二〕，受命不受辭，出疆有可以利社稷者，【案：文八年正義引釋例，「出疆」作「出竟」。】，專之可也。故襄仲始盟趙盾，遂會盟伊洛之戎〔三〕。四日之間，經再書「公子」，不可以遂事常辭顯之也。

〔一〕孫本「以」上有「若」字，「稱」作「常」。又此段「故特書處父也」下，館臣夾注案語内「若魯之賤人」句，孫本「若」下有「言」字。又「經以魯之直」句，孫本「經」上多「如此書」三字，「經」下多「者」字。又「不貶處父稱人者」句，孫本「不」上有「然則」二字。

〔二〕孫本無「君于」二字，「守」作「人」。

〔三〕孫本無「會」字。又此段「而華椒亦受虛謬之貶也」下夾注案語内，「而宋討」之句，孫本「討」作「伐」。又「故伐陳」句，孫本「陳」下多「衛人救之」四字。

古之盟會，必備禮儀，示等威，明貴賤，各以成禮爲節。節制兼備，則名位不愆。華孫居擾攘之世，而能率由古典，所以敬事而自重也。使自重而事敬，則魯尊而禮篤，故貴之也。至于宴會追稱先人之罪爲己謙辭。謙以失辭，故傳云：「魯人以爲敏」，明君子之所不與也。

宋伐陳之貳，而受楚之討，可謂守清丘盟信也。諸侯背宋不救，故傳云：「不實其言」。華椒奉君命以結信，當徵言以成利者也。而承羣僞之言以誤其國，故宋可爲守信，而華椒亦受虚謬之貶也。【案：孔穎達宣十二年正義云：「傳云：『盟曰「恤病討貳」』。陳貳于楚，而宋討之，衛救陳，不討貳也。楚伐宋，而晉、衛不救，不恤病也。是晉、衛背盟，故貶其大夫而稱「人」。』曹是小國，貶與不貶，俱當稱『人』，故不言曹也。明年傳稱：『君子曰：清丘之盟，唯宋可以免。』則宋不違盟，而亦貶宋卿者，彼晉、衛、曹並皆僞妄。華椒承羣僞之言，以謀其國，致使宋爲盟故伐陳，楚人討之，伐陳怒楚，被伐無救。宋雖有守信之善，爲諸國失信而累及椒也。」】

袁僑後至。禮不敵諸侯。故以大夫盟大夫，禮之正也。溴梁之盟，總稱「大夫」〔二〕，

〔二〕孫本「稱」下有「曰」字。

文異于雞澤者，記事者異〔一〕，非傳例也。邢丘之會，晉悼霸功就，德立刑行，其務不煩諸侯。故別遣魯公，而約以大夫聽命。是時鄭伯獻捷而親于會，則諸侯、大夫雖在列，不爲敵公、侯。公、侯之名，無所加尊，故春秋特貶四國大夫，所以尊崇晉德，明示來世。尊晉侯者，明罪在大夫，猶尊秦謂之崇德也。蜀之盟，蔡侯、許君之參會，故嬰齊無譏。澶淵之會，趙武、向戌、良霄以大夫而會魯公，【案：「公」字，襄二十六年正義引釋例，作「侯」。】，違古禮之制，其罪一也。戌加後會之尤，霄有不失所之進，文不得並言「卿不書」罪之。故特言「尊公」〔二〕，則非三人之所敵，三人之罪既正，而二人獨以他義別序也〔三〕。

季氏專魯，禄之去公室三世矣。制命出于私門，非國所知也。叔孫豹，魯之賢臣，欲匡難以矯時，故季孫憚之，不敢以己意，假公命以敦叔孫，釋己而依順也。邾、滕之班，不列于會，豹不登朝固請，受命而行。臨會，邾、滕降次事。非機危，既不馳請，又不辭會，而師意改命，【案：「師意」，襄二十七年正義引釋例，作「率意」。】，失命之甚。君飽食于深宮

〔一〕孫本「者」下有「之」字。
〔二〕孫本「公」下又有「明尊公」三字。
〔三〕孫本「序」作「敍」。

〔二〕，今一出命，恭命之使，所宜崇長，雖有小失，遂而申之。國内固知我君之命不可以違，則季氏有懼，而義士生心，君子以謂豹不倚順以顯弱命之君，而辨小是以自從。故以違命貶之也。

蔡、許之君，附乘于楚，謂之失位。諸侯之卿，在于盟誓，一言之違，寵名皆喪。此則仲尼之微意，而明將來之刑罰也。衛北宫括惰于會向，攝于伐秦。一年之中興廢隨事，過而能改，不遠復，無祇悔之義也。

凡此三百七十餘條，劉、賈、許君曲爲辭義，來盟細碎，既非經、傳本體，又諸無傳者，或有直辭，不須傳文絶落。而諸儒皆妄爲生義，趨于不窮。今諸經無傳，非直辭者，皆從闕文也。

夾谷之會，齊侯劫公，孔丘以義叱之，以兵威之。將盟，又使兹無還責侵田，距齊之享。屈强國，正典儀，此聖人之大司也。【案：「司」字有訛誤。】徒以二君雖會，而兵刃相

〔二〕孫本「君」上有「其」字，「飽」作「眠」。

要，二國微臣，共終盟事。故賤而不書，非所諱也。舊説以同于黑壤之辱，爲負仲尼也〔一〕。【案：孔穎達定十年正義云：「賈逵云：『不書「盟」，諱以三百乘從齊師。』其意以宣七年盟于黑壤，而不書經。傳言『晉侯之立也，公不朝，又不使大夫聘。晉人止公于會。公不與盟，不書「盟」，諱之也。』緣彼有諱，謂此亦諱。案此會，孔子相，反汶陽之田以共齊命，孔子意也。得其三邑，而以三百乘從之，爲相當矣。于魯不爲負，何以諱其盟？即以三邑田少，不足以當三百乘，孔子不應惟令反此而已。今令反此共命，必其足以相當，何以諱其從齊也？若三百乘從齊必是可諱，孔子爲相，義不能拒，何貴乎聖人也？故杜以爲：『于是孔子以公退，賤者終其事。要盟不潔，故略不書。』」】

「遇」者，倉卒簡儀，若道路相逢遇者耳。于禮【案：此句隱四年正義引釋例，作「周禮」】，諸侯冬見天子曰「遇」，劉氏因此名以説春秋，自上與傳違〔二〕。案禮，春曰「朝」，夏曰「宗」，秋曰「覲」，冬曰「遇」，此四時之名，今春秋不皆同，又〔三〕于禮〔四〕。【案：「又」

〔一〕此段「爲負仲尼也」下夾注案語内，「義不能拒」句，孫本「拒」下有「則孔某爲有罪矣」七字。
〔二〕孫本無「上」字。
〔三〕正義「又」作「之」，「又于禮」三字屬上讀，應據改。
〔四〕孫本「今」下多「者」字。

字，隱四年正義引釋例，作「之」。】冬見天子，當是百官備物之時，而云遇禮簡易；經書「季姬、鄫子遇于防〔一〕」，此婦呼夫共朝，豈用見天子之禮〔二〕？于理皆違。

戰敗例第三【案：此篇永樂大典全闕。】

釋例曰：

長勺之役，雖俱陳，而鼓音不齊。檇李之役，越人患吴之整，以死士亂吴，雖皆已陳，猶以獨克爲文者，舉其權詐也。【莊十年正義引釋例。】魯敗宋、莒，再發未陳之例者，嫌君臣有異也。【莊十一年正義引釋例。案：莊十一年「公敗宋師于鄑」，傳曰：「凡師，敵未陳，曰『敗某師』。」昭五年「叔弓敗莒師于蚡泉」，傳曰：「莒未陳也，是再發例也。」以上釋傳例「敵未陳，曰『敗某師』」句。】

桓十三年，戰不書所。所者，期戰所在之，地也。公會戰而後其期，猶及諸侯，共其成

〔一〕孫本「姬」下有「及」字。
〔二〕孫本「豈」下有「當復」二字。

敗。故備書諸國而不書地。成十六年傳曰：「戰之日，齊國佐至于師」，此其類也。然則諸戰書日者，日即從月，計此經當云：「二月己巳，公會紀侯、鄭伯。」今退己巳于鄭伯之下者，春秋之例，公之出會，例多以月。要盟戰敗，例多以日。故己巳之文，在公會紀侯、鄭伯之下。「十二年十二月，及鄭師伐宋。丁未，戰于宋」，亦其類也。【桓十三年正義引釋例。】

令狐之役，晉人潛師夜起，而書「戰」者，晉諱背其前意而夜薄秦師，以戰告也。河曲之戰，秦晉交綏。長岸之戰，吳楚兩敗，交綏並退，軍士未憖，吳楚俱病，莫肯以告，故皆書「戰」而不書「敗」也。邲之戰，上軍先陳，林父乃敗，故書「戰」又書「敗」也。【莊十一年正義引釋例。】楚之囊瓦，貪佩馬以致討。稱「人」，罪賤之也。【定四年正義引釋例。案：以上釋傳例「皆陳曰『戰』」句。】

鄢陵之戰，楚師徒未大崩，楚子傷目而退，故指事而言也。言楚子身敗，非師敗也。故言楚子「敗績」。僖十五年〔二〕，晉侯戎馬還濘而止，爲秦所獲，師不大崩，故不言「敗」也。【莊十一年正義引釋例。案：以上釋傳例「大奔曰『敗績』」句。】

〔二〕孫本「年」下有「晉侯及秦伯戰于韓，獲晉侯。其君被獲，而不書敗者」，共二十字，此本脱，應據補。

若太叔段之比，才力足以服衆，威權足以自固，進不成爲外寇强敵，退復狡壯，有二君之難，而實非二君。克而勝之，則不言彼敗績，但書所克之名。【案：此係莊十一年集解之文，正義謂釋例與此盡同。又案：以上釋傳例「得儁曰『克』」句。】

「覆」者，謂威力兼備。若羅網之所掩覆，一軍皆所禽制，故以取爲文，專制之辭也。【哀九年正義引釋例。案：此釋傳例「覆而敗之，曰『取某師』」句。】

母弟例第四【案：此篇見永樂大典，其篇目亦存。】

隱元年

夏五月，鄭伯克段于鄢。

傳曰：公子呂曰：「國不堪貳，云云」，公曰：「無庸，將自及。云云」，太叔完、聚，繕甲、兵，具卒、乘，將襲鄭，夫人將啓之。公聞其期，曰：「可矣。」命子封帥車二百乘以伐京。京叛太叔段。段入于鄢。公伐諸鄢。五月辛丑，太叔出奔共。書曰：「鄭伯克段于鄢。」段不弟，故不言「弟」；如二君，故曰「克」；稱「鄭伯」，譏失教也，謂之鄭志。不言「出奔」，難之也。

〔隱〕七年

夏，云云，齊侯使其弟年來聘。

傳曰：齊侯使夷仲年來聘，結艾之盟也。

桓三年

冬，齊侯使其弟年來聘。

傳曰：冬，齊仲年來聘，致夫人也。

〔桓〕十四年

夏五，鄭伯使其弟語來盟。

傳曰：夏，鄭子人來尋盟，且修曹之會。

宣十七年

冬十一月壬午，公弟叔肸卒。

傳曰：冬，公弟叔肸卒，公母弟也。傳例曰：凡太子之母弟，公在曰「公子」，不在曰「弟」。凡稱「弟」，皆母弟也。

成十年

春，衛侯之弟黑背帥師侵鄭。

傳曰：衛子叔黑背侵鄭，晉命也。

襄二十年

秋，云云，陳侯之弟黄出奔楚。

傳曰：陳慶虎、慶寅畏公子黄之偪，愬諸楚曰：「與蔡司馬同謀。」楚人以爲討。書曰「云云，陳侯之弟黄出奔楚」，言非其罪也。

〔襄〕二十三年

夏，陳侯之弟黄自楚歸于陳。

傳曰：楚人納公子黄。

〔襄〕二十七年

夏，云云，衛侯之弟鱄出奔晉。

傳曰：殺甯喜，云云，子鮮曰：「逐我者出，納我者死。賞罰無章，云云，遂出奔晉。云云，公使止之，不可。及河，又使止之，止使者而盟于河。託于木門，不嚮衛國而坐。

〔襄〕三十年

夏五月，云云，天王殺其弟佞夫。

傳曰：儋括欲立王子佞夫。佞夫弗知。戊子，儋括圍蔿，逐成愆。成愆奔平時。五月癸巳，尹言多、劉毅、單蔑、甘過、鞏成殺佞夫。括、瑕、廖奔晉。書曰「天王殺其弟佞夫」，罪在王也。

昭元年

夏，秦伯之弟鍼出奔晉。

傳曰：秦后子有寵于桓，如二君于景。其母曰：「弗去，懼選。」癸卯，鍼適晉，其車千乘。書曰「秦伯之弟鍼出奔晉」，罪秦伯也。

〔昭〕八年

春，陳侯之弟招殺陳世子偃師。

傳曰：哀公有廢疾，三月甲申，公子招、公子過殺悼太子偃師而立公子留，云云，書曰「陳侯之弟招殺陳世子偃師」，罪在招也。

定十年

冬，云云，宋公之弟辰暨仲佗、石彄出奔陳。

傳曰：宋公子地嬖蘧富獵，云云，地出奔陳，公弗止。辰爲之請，不聽。辰曰：「是我迋吾兄也。吾以國人出，君誰與處？」冬，母弟辰暨仲佗、石彄出奔陳。

〔定〕十一年

春，宋公之弟辰及仲佗、石彄、公子地自陳入于蕭以叛。

傳曰：春，宋公母弟辰暨仲佗、石彄、公子地入于蕭以叛。秋，樂大心從之，大爲宋患，寵向魋故也。

〔定〕十四年

秋，云云，宋公之弟辰自蕭來奔。

釋例曰：

母弟之寵，異于衆弟，蓋緣自然之情，以養母氏之志。公在雖俱稱「公子」，其兄爲君，則特稱「弟」。殊而異之，親而睦之，既異隆友于之恩〔一〕，亦以將爲人弟之敬〔二〕，成相親之益也。通庶子爲君，故不言「夫人之子」，而曰「母弟」。「母弟」之見于經者二十，而傳之所發者六條而已。

凡稱「弟」皆母弟，此策書之通例也。庶弟不得稱「弟」，而母弟得稱「公子」。【案：「得」，莊公二十五年正義引釋例，作「獨」。】故傳之所發，隨釋而稱。【案：宣十七年正義引釋例此句，作「隨而釋之」。】諸稱「弟」者，親不言「母」，皆必稱「弟」也。秦伯之弟鍼適晉，女叔齊曰：「秦公子必歸。」此公子亦國之常言，得兩通之證也。仲尼因「母弟」之例，據例以興義，鄭伯懷害弟之心，天王縱羣臣而殺弟〔三〕。【案：「而」字，宣十七年正義引釋

〔一〕孫本「異」作「以」。
〔二〕孫本「將」作「獎」。
〔三〕孫本「下」有「其」字。

例，作「以」字。】夫子故探書其志〔一〕而顯稱二「兄」以首惡〔二〕。佞夫稱「弟」，不聞反謀也。鄭段去「弟」，身爲謀首也。【案：此四句二「也」字，永樂大典無之，從隱元年正義所引釋例增入。】然則兄害弟者，【案：隱元年、莊二十五年，正義引釋例，「兄」字下有「而」字。】，則稱「弟」以彰兄罪，弟又害兄，則去「弟」以罪弟身也。推此以觀其餘，秦伯之弟鍼、陳侯之弟黄、衛侯之弟鱄出奔，皆是兄害其弟者也。秦伯有千乘之國，而不能容其母弟。傳曰：「罪秦伯也」，歸罪秦伯，見鍼罪輕也〔三〕。陳侯不能制禦羣臣，【案：「羣臣」，宣十七年正義引釋例，作「臣下」。】使逐其弟。傳曰：「言非其罪也。」非黄之罪，則罪在陳侯，此互舉之文也。至于陳招殺兄之子，宋辰率羣卿以背宗國，披大邑以成叛逆，然不推刃于其兄，故以首惡，稱「弟」稱名，從兩下相殺也。統論其義，兄弟二人交相殺害，各有曲直，存「弟」則示兄曲也。【案：襄二十七年正義引釋例，「存」作「書」，「示」作「是」。】鄭伯既云失教，

〔一〕孫本無「故」字。
〔二〕孫本「而」作「故」，「稱」作「書」。
〔三〕孫本「見」作「則」。

若于例存「弟」，【案：隱元年正義引釋例，「于」作「依」。】則嫌善段也〔一〕，故特去「弟」而兩見其義也。若夫朝聘盟會嘉好之事，此乃兄弟之篤睦，非義例之所興。故仍因舊史之策，或稱「弟」，或稱「公子」。踐土之盟，叔武不稱「弟」，此其義也。莒挐非卿，非卿則不應書，【案：永樂大典脱「非卿」二字，從僖元年正義所引釋例補入。】今嘉獲，故特書之〔二〕。特書猶不稱「弟」，明諸書「弟」者皆卿也。經書「公子慶父伐于餘丘」，而公羊以爲莊公母弟。計其年歲，既未能統軍，又無晉悼、王孫滿幼知之文。【案：「知」字，永樂大典誤「稚」字，從莊二年正義所引釋例改正。】此蓋公羊之妄，而先儒曾不覺悟，取以爲左氏義。今推案傳之上下，羽父之弑隱公，皆「諮」謀于桓公，然則〔三〕桓公已成人〔四〕也。傳云：「生桓公，而惠公薨」，指明仲子唯有此男，非謂生在薨年也。桓公已成人而弑隱公，公即位乃娶于齊，

〔一〕孫本脱「也」字。

〔二〕孫本脱「之」字。

〔三〕孫本無「然」字。

〔四〕孫本脱「公」字。又此段「此明證也」下夾注案語内，「然經稱仲孫」句，孫本「然」下多「而」字。又「春秋之例」句，孫本「例」下有「皆傳言實，而經順其意」，共九字。

自應有長庶，故氏曰孟氏，此明證也。【案：孔穎達莊二年正義云：「氏曰孟氏，傳文實然。經稱仲孫，杜無明釋。八年傳稱『仲慶父』，其舉謚稱之，則謂之『共仲』。蓋慶父雖爲庶長，而以『仲』爲字。其後子孫以字爲氏，是以經書『仲孫』。時人以其庶長稱『孟』，故傳稱『孟孫』，其以謚配字而謂之『共仲』，猶臧僖伯、管敬仲之類也。劉炫云：『蓋慶父自稱「仲」，欲同于正適。言己少次莊公，爲三家之長，故以莊公爲伯，而自稱「仲」。春秋之例，經稱當時之事，書其自稱之辭，其人自稱『仲孫』，不得不書爲『仲』。傳序已往之事，舉其時人之語，時人呼爲『孟氏』，不得不以『孟』録。論語云：『孟孫問孝于我』，是時人呼云『孟氏』也。楚公子棄疾弑君取國，改名爲『居』，經『楚子居卒』，是從其自稱也。」】公疾，問嗣于叔牙。【案：「問嗣」，莊二年正義引釋例，作「問後」。】叔牙稱慶父材，疑是同母弟也。傳稱「季友，文姜之愛子」，與公同生，故以死奉般。情義相推，考之左氏，有若符契也。今先儒説母弟善惡褒貶，既多相錯涉，又云「稱『弟』，皆謂公子不爲大夫者，非得以君爲尊。」案傳：莒挐非卿，乃法所不書。書而不言「弟」，非得以君爲尊也。凡聘、享、嘉、好之事，于是使卿，故夷仲年來聘等【案：此句宣十七年正義引釋例，作「故夷仲年之聘」】皆以卿稱「弟」而行。此例所謂凡稱「弟」皆母弟，左氏傳〔二〕明文，而自違之。穎氏又曰：「臣無

〔二〕孫本脱「氏」字。

境外之交，故去『弟』以貶季友，子招樂憂，故去『弟』以懲過〔二〕」，「鄭段去『弟』，唯以名通，故謂之貶。」今此二人皆書「公子」，公子者，名號之美稱，又非所貶也。

弔贈葬例第五【案：此篇見永樂大典，其篇目亦存。】

隱元年

秋七月，天王使宰咺來歸惠公、仲子之賵。

傳曰：天王使宰咺來歸惠公、仲子之賵。緩，且子氏未薨，故名。天子七月而葬，同軌畢至；諸侯五月，同盟至；大夫三月，同位至；士踰月，外姻至。贈死不及尸〔三〕，弔生不及哀，預凶事，非禮也。

〔二〕孫本「懲」作「徵」。
〔三〕孫本「尸」下多「也」字。

〔隱〕三年

秋，武氏子來求賻。

傳曰：武氏子來求賻，王未葬也。

〔隱〕五年

夏四月，葬衛桓公。

傳曰：葬衛桓公。衛亂，是以緩。

桓十七年

秋八月，云云，癸巳，葬蔡桓侯。

莊三年

夏，云云，五月，葬桓王。

傳曰：夏五月，葬桓王，緩也。

閔元年

夏六月辛酉，葬我君莊公。

傳曰：夏六月，葬莊公。亂故，是以緩。

文五年

春王正月，王使榮叔歸含，且賵。三月，云云，王使召伯來會葬。

傳曰：王使榮叔來含且賵，召昭公來會葬，禮也。

〔文〕六年

冬十月，公子遂如晉。葬晉襄公。

傳曰：襄仲如晉葬襄公。

〔文〕八年

冬十月，云云，公孫敖如京師。

傳曰：穆伯如周弔喪。

〔文〕九年

春，毛伯來求金。

傳曰：毛伯衛來求金，非禮也。不書王命，未葬也。

冬，云云，秦人來歸僖公、成風之襚。

傳曰：秦人來歸僖公、成風之襚，禮也。諸侯相弔賀也，雖不當事，苟有禮焉，書也，以無忘舊好。

宣十年

夏四月，云云，公如齊。

傳曰：公如齊奔喪。

成十年

秋七月，公如晉。

傳曰：秋，公如晉。晉人止公，使送葬。云云，冬，葬晉景公。公送葬，諸侯莫在。魯人辱之，故不書，諱之也。

〔成〕十八年

冬，云云，十有二月丁未，葬我君成公。

傳曰：葬我君成公，書，順也。

襄三十年

冬十月，葬蔡景公。

昭六年

春王正月，云云，葬秦景公。

傳曰：大夫如秦，葬景公，禮也。

〔昭〕十三年

冬十月，葬蔡靈公。

傳曰：葬蔡靈公，禮也。

定十五年

秋，云云，九月，云云，丁巳，葬我君定公，雨，不克葬。戊午，日下昃，乃克葬。

傳曰：葬定公，雨，不克襄事，禮也。

右内外葬一百有二，弔贈、會葬、求賻、拜葬二十六，錯綜其十八以包通之。

釋例曰：

天子七月而葬，同軌畢至；諸侯五月，同盟至；大夫三月，同位至；士踰月，外姻至。各以赴弔遠近爲差等，所以通意叙事。周典，四方諸侯，各自以其方會盟，虞書，肆覲東后，他如岱禮。皆不施于異方遠盟，故諸侯必以五月爲斷。夫哀死送終，臣子之所盡禮，是以未及期而葬，謂之「不懷」；過期而不葬，謂之「緩慢」，以示譏也。春秋從實而書，以示是非。衛桓公十四月而葬，傳稱「亂，是以緩」，不以責衛臣子之辭也。周室雖亂，桓王七年乃葬，亦由怠慢，故傳稱「緩」以示譏。

召伯來會葬，傳謂之得「禮」。宰咺歸賵，但譏其緩，此天子使接諸侯之禮。先王之制，諸侯之喪，士弔，大夫送葬。及其失也，禮過于重。文襄之伯，因而抑之。諸侯之喪，大夫弔，卿共葬事；夫人之喪，士弔，大夫送葬，猶過古制。故公子遂如晉葬晉襄公，傳不言「禮」；葬秦景公，傳曰「大夫如秦，葬景公」，特稱「禮」也。一以示古制，二以示書他國之葬必須魯會，三以示奉使非卿則不得書于經，此皆丘明之微文也。

萬國之數至衆，封疆之守至重，故天子之喪，諸侯不得越境而奔，修服于其國，卿供弔送之禮。【案：「弔送」，隱元年正義引釋例，作「弔喪」。】訖葬，卒哭而除喪。【案：文九年正義引釋例，此句作「既葬，卒哭而除凶。」】文八年，襄王崩，魯侯無故，而穆伯如周弔，叔孫得臣會葬。此天子崩，諸侯遣卿供弔葬之經傳。

葬贈之幣，【案：「葬贈」，隱元年正義引釋例，作「喪贈」。】車馬曰賵，貨財曰賻，衣服曰禭，珠玉曰含，然而總謂之「贈」，故傳曰：「贈死不及尸。」

秦之于魯，本非方嶽同盟，魯薨不赴秦，秦不賵魯，自是其常也〔二〕。僖、穆二公，雖有同盟之義，二君已卒，則二子亦非得用同盟之禮也。【案：「亦非」二字，文九年正義引釋例，作「不字」。】今秦康公遠慕諸華，欲通敬于魯，無以爲辭，因狄泉有盟，追贈僖公，並及成風，假弔禮而行，故曰「禮也」。送死不及尸，故謂不當其事。書者，書之于策，垂之子孫，以示過厚之好也。

魯君薨葬，多不順制，唯成公薨于路寢，五月而葬，國家安靜，世嫡承嗣。故傳見莊

〔二〕孫本脱「也」字。

之緩，舉成「書順」以包之也。

諸侯之葬，書經者甚多，至于葬蔡靈公，傳獨云得「禮」，以明存亡繼絶。滅絶雖久，義不得廢也。送終之式，必有定期，以雨後期，既非怠慢。禮成于備，故傳稱「禮」以明之。毛伯求金，亦但稱「非禮」；武氏子來，但言未葬，所以示人君既葬訖乃得行成君之制宜。非仲尼所改之例，故傳禮以居之，因成文以示義也。

凡「崩」、「薨」、「卒」者，見經一百五十。不書「葬」者四十八。或魯慢而不往，或亂而不葬，或諱而見隱，或喪而不成，直言時事之詳畧，無較例也。

吳、楚之葬，僭而不典，故絶而不書，以懲求名之僞也。周禮，太史氏掌喪事，考其德行而賜之謚。及周之衰，天子不能帥禮，則臣子亦自奉謚。皆因葬而成其禮，故葬乃稱謚。

自卒而外赴者，皆正爵而稱名，慎始考終，不敢違大典也。書「葬」者，皆從主人私稱，客主之敬，各有本末，謙敬各得其所，而後二國之禮制成也。賈、潁云：「君弒不書葬，賊不討也。」案蔡世子般弒其君，國人不討，而書「葬」；宋長萬弒君，國人醢之，而不書「葬」，此違經傳者也。薨、葬蔡桓侯獨不稱公，劉、賈、許曰：「桓卒而季歸，無臣子之辭也。蔡侯無子，以弟承位，羣臣無廢主，社稷不乏祀，故傳稱『蔡人』嘉之，非所貶也。」杞伯稱『子』，傳爲三發，蔡侯有貶，傳亦宜說，史書謬誤〔二〕，疑在闕文也。

凡公所出朝聘奔喪葬，皆止書〔三〕「如」，不言其事，此春秋之常。宣十年，「公如齊」，劉、賈、許曰：「不書奔喪，諱過也。」于「聘」例既不宜獨生此義，又諱過之意。欲依成十年「公如晉」，所諱在于不書「晉侯葬」，亦復不同也。

大夫卒例第六【案：此篇見永樂大典，惟篇目佚今，從本書第十四篇「崩薨卒例」補。】

隱元年

冬十有二月，云云，公子益師卒。

〔二〕孫本「史書」作「既久」。

〔三〕孫本「止」作「正」。

傳曰：衆父卒。公不與小斂，故不書日。

〔隱〕五年

冬十有二月辛巳，公子彄卒。

傳曰：冬十有二月辛巳，臧僖伯卒。公曰：「叔父有憾于寡人，寡人弗敢忘。」葬之加一等。

文十四年

秋，云云，九月甲申，公孫敖卒于齊。

傳曰：穆伯請重賂以求復。惠叔以爲請，許之。將來，九月，卒于齊。告喪，請葬，弗許。

〔文〕十五年

夏，云云，齊人歸公孫敖之喪。

傳曰：齊人或爲孟氏謀，曰：「魯，爾親也，飾棺寘諸堂阜，魯必取之。」從之。卞人以告。惠叔猶毀以爲請，立于朝以待命。許之。取而殯之。齊人送之。書曰「齊人歸公孫敖之喪」，爲孟氏，且國故也。葬視共仲。

宣八年

夏六月，公子遂如齊，至黄乃復。辛巳，有事于太廟，仲遂卒于垂。壬午，猶繹。萬入，去籥。

傳曰：有事于太廟，襄仲卒而繹，非禮也。

襄五年

冬，云云，十有二月，云云，辛未，季孫行父卒。

傳曰：季文子卒。大夫入斂，公在位。宰庀家器爲葬備。

昭十五年

春，云云，二月癸酉，有事于武宫。籥入，叔弓卒。去樂，卒事。

傳曰：禘。叔弓涖事，籥入而卒。去樂，卒事，禮也。

定五年

夏，云云，六月丙申，季孫意如卒。

傳曰：季平子行東野。還，未至，丙申，卒于房。

右大夫卒三十一，錯綜其七以包通之。

釋例曰：

君之卿佐，是謂股肱。股肱或虧，何痛如之！疾則親問焉，死則親其小斂、大斂，

【案：隱元年傳正義引釋例，「死」作「喪」，「其」作「與」。】慎終歸厚之義也。故仲尼修春秋，卿

佐之喪，公不與小斂、大斂〔二〕，則不書日，示薄厚，戒將來也。【案：永樂大典，「也」字作「之心」二字，從隱元年正義所引釋例改正。】即親新死小斂爲文，【案：「親」字，隱元年正義引釋例，作「以」。】則但臨大斂，及不臨其喪，亦同不書日也。公子彄、季文子，經皆書日，傳又因事以見恩厚，此皆丘明所以申尋二例，互相起發之意也。

公孫敖縱情棄命，既已絶位，非大夫也。而備書于經者，惠叔毀請于朝，感子以赦父，敦公族之恩，崇仁孝之教，故傳曰「爲孟氏，且國故也。」

仲遂、叔弓皆遇祭事而卒，得失之義，存于所書之辭，各如其事。故傳得直言舉禮以正之也。傳稱「朝聘而終，以尸將事」，又有朝聘而已遭喪之禮，今仲遂至黄而復，道死于垂，明不以尸將事也。垂實齊地，故書之。魯大夫卒其境内，則不書地。傳稱「季平子行東野，卒于房」，是也。

其或公疾在外，大夫不卒于國，【案：「不」字，永樂大典脱，從隱元年正義所引釋例增。】而猶存其日者，君子不責人以所不得備，非不欲臨也。【案：「備」字以下六字，永樂大典無之，從隱

〔二〕正義無「大殮」二字，應據改。

元年正義所引釋例增入。】

其生見經、傳，死而不書「卒」者，皆不得以卿禮終也。凡日月者，所以紀遠近，明先後，蓋記事之常，録各隨事，而存其日月，不有闕也。國史集而書于策，則簡其精麤，合其同異，率意以約文。案春秋朝聘、侵伐、執殺大夫、土功之屬，或時或月，皆不書日。要盟、戰敗、崩薨、卒葬之屬，亦不皆同，然已頗多書日。自文公已上，書日者二百四十九；宣公已下，亦俱六公，書日者四百三十二。計年數略同，而日數加倍，此則久遠遺落，不與近同也；承他國之告，既有詳略，且魯國故典，亦又參差。去其日月，則或害事之先後；備其日月，則古史有所不載，故春秋皆不以日月爲例。唯卿佐之喪，獨託日以見例者，事之得失，既未足襃貶人君，然亦非死者之罪，無辭可以寄文。而人臣輕賤，死日可略，故特假日以見義。

日食傳曰「不書『朔』與日，官失之也。」甲乙者，歷之紀也；晦朔者，日月之會也。日食不可以不存晦朔，晦朔須甲乙而可推，故日食必以書朔日爲例。

于大夫之卒，唯以不存甲乙爲義。丘明之傳，月無徵文，日之爲例者，二事而已，其餘詳略皆無義例也。而諸儒溺，于公羊、穀梁之説，横爲左氏造日月褒貶之例。經、傳久遠，本有其異義者，猶尚難通，况以他書驅合左氏，引二條之例，以施諸日無例之月？妄以生義，此所以乖誤而謬戾也。

僖三十三年「冬十二月，公至自齊」，「乙巳，公薨于小寢」，「隕霜不殺草，李梅實」，「晉人、陳人、鄭人伐許」，凡四事，皆當共繫十二月。賈氏唯以二事繫月，云月者，爲公薨不憂，隕霜，李、梅實也。然則假設不憂，即不得書月，不得書月，則無緣知霜不殺草之月。又告至伐許在何月，爲可去，此亂註記，詭惑後世也。温之會，有日而無月，賈氏云：「欲上月，則嫌異會；欲下月，則嫌異月。故但書日。」即如賈氏例，本自可書月而懸屬下事，奚獨于有日而無月者十四處未聞所解説，此一事而復自違？邾文公卒，公使弔焉，不敬。因云「弔有闕，故不書日」。杞伯益姑卒，經亦不書日，而傳曰「弔如同盟，禮也」，復不申解。公孫敖出奔，賈氏曰：「日者，以罪廢命，大討也。」公子慶父弑君出奔，應在大討，而經不書日，何以又不説？盟之見經，百有三事，其五十三不書日，五十書日，賈氏、許氏曰：「盟載詳者日月備，易者日月略。」詳易之别，殊無其證。清丘之盟，恤病討貳也。溴梁之盟，同討不庭。辭無詳易，而溴梁書日，清丘不書日，此比甚多，皆散他例。略因此論，舉數事焉。先世通儒而乖妄若此者，由于左氏與公羊、穀梁闕。闕者，謂左氏不傳。春秋世無盟主，聽斷可惑，假取二傳以救當時之事，然亦後進君子所當悟思也。

春秋釋例卷二

滅取入例第七【案：此篇見永樂大典，惟篇目佚，今補。】

莊十年

冬十月，齊師滅譚，譚子奔莒。

傳曰：齊侯之出也，過譚，譚不禮焉。及其入也，諸侯皆賀，譚又不至。冬，齊師滅譚，譚無禮也。譚子奔莒，同盟故也。

閔二年

冬，云云，十二月，狄入衛。

傳曰：冬十二月，狄人伐衛，云云，衛懿公，云云，及狄人戰于熒澤。衛師敗績，遂滅衛。衛侯不去其旗，是以甚敗。云云，狄入衛。

僖十年

春王正月，云云，狄滅温，温子奔衛。

傳曰：春，狄滅温，蘇子無信也。蘇子叛王即狄，又不能于狄，狄人伐之，王不救，故滅。蘇子奔衛。

〔僖〕十二年

夏，楚人滅黄。

傳曰：黄人恃諸侯之睦于齊也，不共楚職，曰：「自郢及我九百里，焉能害我？」夏，楚滅黄。

〔僖〕十九年

冬，云云，梁亡。

傳曰：梁亡，不書其主，自取之也。初，梁伯好土功，亟城而弗處，民罷而弗堪，則曰「某寇將至」。乃溝公宫，曰：「秦將襲我。」民懼而潰，秦遂取梁。

〔僖〕二十二年

春，公伐邾，取須句。

二十一年傳曰：邾人滅須句。須句子來奔，因成風也。成風爲之言于公曰：「崇明祀，保小寡，周禮也；蠻夷滑夏，周禍也。若封須句，是崇皞、濟而修祀、紓禍也。」

二十二年傳曰：春，伐邾，取須句，而反其君焉，禮也。

〔僖〕二十五年

春王正月丙午，衛侯燬滅邢。

傳曰：正月丙午，衛侯燬滅邢。同姓也，故名。

〔僖〕二十六年

秋，楚人滅夔，以夔子歸。

傳曰：夔子不祀祝融與鬻熊，楚人讓之。對曰：「我先王熊摯有疾，鬼神弗赦，而自竄于夔，吾是以失楚，又何祀焉？」秋，楚成得臣、鬭宜申帥師滅夔，以夔子歸。

文五年

秋，楚人滅六。

傳曰：六人叛楚即東夷。楚成大心、仲歸帥師滅六。云云，臧文仲聞六與蓼滅，曰：「臯陶、庭堅不祀忽諸。德之不建，民之無援，哀哉！」

〔文〕七年

春，公伐邾。三月甲戌，取須句。

傳曰：春，公伐邾，間晉難也。三月甲戌，取須句，寘文公子焉，非禮也。

〔文〕十五年

夏，云云，六月，云云，晉郤缺帥師伐蔡。戊申，入蔡。

傳曰：新城之盟，蔡人不與。晉郤缺以上軍、下軍伐蔡，曰：「君弱，不可以怠。」戊申，入蔡，以城下之盟而還。傳例曰：凡勝國，曰滅之；獲大城焉，曰入之。

宣九年

秋，取根牟。

傳曰：秋，取根牟，言易也。

〔宣〕十五年

夏，云云，六月癸卯，晉師滅赤狄潞氏，以潞子嬰兒歸。

傳曰：潞子嬰兒之夫人，晉景公之姊也。酆舒爲政而殺之，又傷潞子之目。晉侯將伐之，云云，六月癸卯，晉荀林父敗赤狄于曲梁，辛亥，滅潞。

〔宣〕十六年

春王正月，晉人滅赤狄甲氏及留吁。

傳曰：春，晉士會帥師滅赤狄甲氏及留吁鐸辰。

成六年

春，云云，取鄟。

傳曰：取鄟，言易也。

襄六年

冬，云云，十二月，齊侯滅萊。

傳曰：十一月，齊侯滅萊，萊恃謀也。

〔襄〕十年

夏五月甲午，遂滅偪陽。

傳曰：夏四月戊午，會于柤，云云，晉荀偃、士匄帥卒攻偪陽，親受矢、石。甲午，滅之。書曰「遂滅偪陽」，言自會也。

〔襄〕十三年

夏，取邿。

傳曰：夏，邿亂，分爲三。師救邿，遂取之。傳例曰：凡書「取」，言易也；用大師焉曰「滅」，弗地曰「入」。

昭四年

秋，云云，九月，取鄫。

傳曰：九月，取鄟，言易也。莒亂，著丘公立而不撫鄟，鄟叛而來，故曰「取」。傳例曰：凡克邑，不用師徒曰「取」。

哀八年

春王正月，宋公入曹，以曹伯陽歸。

傳曰：春，宋公伐曹，將還，褚師子肥殿。曹人詬之，不行。師待之。公聞之，怒，命反之，遂滅曹，執曹伯陽及司城彊以歸，殺之。

釋例曰：

先王之命，天子之地一圻，列國一同，自是以衰。故九服之内，有萬國焉。聞諸前史，周之興也，姬姓之國五十有五。興廢繼絶，仍有舊封者千有八百。其後，禮樂征伐，自諸侯出，大侵小，衆暴寡。漢陽諸姬，楚實盡之；霍陽虞、虢，滅而入晉。故春秋見于經、傳，通及古國、附庸、蠻夷無爵而爲國者，凡百四十五而已。定、哀之末，又存者大半。

【案：自「先王之命」以下，永樂大典無之，從敬鉉續明三傳例説略補入。】

夫興滅繼絶，帝王之遠典也。勤而撫之，五伯之所以役王命也。兄弟甥舅，侵敗王略，王命伐之，則有征討之事。兵之所加，不可細舉，故策書之典，以例而言。用大師，起大衆，重力以陷敵，因而有之，故名「勝國」，通以「滅」爲文也。【案：「名字」，僖三年正義引釋例，作「曰」字。】以成師重力，雖獲大城，得而弗有，故直以「出入」爲辭，曰「入之」而已。城不苞地，國不苞邑，滅邑必主大師，故再發例。

「取」者，乘其衰亂，或受其潰叛，或用少師而不頓兵勞力，則直言「取」。如取如攜，言其易也。傳四發「取」例者，邿以師「取」，【案：襄十三年正義引釋例，「取」作「徒」。】鄫以叛而「來」，根牟、東夷、鄟，附庸國名，各不同故也。邿爲小國，非邑非夷，故以凡例附之。

譚、黄、萊、六之滅，傳但見四國之咎有以取之，非所以解「滅」例也。狄滅而書「入」者〔二〕，狄無文告。衛之君臣死盡，齊桓存之，以告諸侯，言狄已去，不能有其土地也。蘇子叛王即狄，又不能于狄，狄滅而居之，此中國之狄也。

〔二〕孫本「滅」下有「衛」字。

作事不時，則怨讟動于民。彼梁伯者，虛興無虞之功，詐稱無害之寇，環溝其宮【案：「環溝」，僖十九年正義引釋例，作「遂溝」。】，以盪百姓之心，開大國之志，是妖興之先徵，自亡之實應，故不言「秦滅梁」，而以自亡爲辭也。【案：「爲辭」，僖十九年正義引釋例，作「爲文」。】衛侯滅邢，無異罪，同姓，故名。夔子承祝融、鬻熊之胤，世紹其祀，而欲移之于楚，見責又不以禮服。罪狀由于不祀，宜在見罪，故無異譏。晉侯滅虞，而修虞祀，供其職貢，傳稱罪虞，且言易，亦其義也。狄有五罪，伐之，正也。不書林父、士會〔一〕，從告辭也。會以訓上下，叙德刑。「遂滅偪陽」，言滅生于會，非本意也。曹人背晉而奸宋，是以致討。宋公既還，而不忍諸師之詬，怒而反兵，一舉滅曹，滅非本志，故以入告也。

氏族例第八【案：此篇永樂大典全闕。】

釋例曰：

〔一〕孫本「會」下有「者」字。

別而稱之謂之「氏」，合而言之謂之「族」。子孫繁衍，枝布葉分，始承其本，末取其別，故其流至于百姓萬姓。【隱八年正義引釋例。】

尋按春秋諸氏族之稱，甚多參差，而先儒皆以爲例。欲托之于外赴，則患有人身自來者，例不可合，因以僻陋未賜族爲説。

弑君不書族者四事。州吁、無知不稱「公子」「公孫」，賈氏以爲「弑君取國，故以國言之」，按公子商人亦弑君取國，而獨稱「公子」。宋督，賈氏以爲「督有無君之心，故去氏」，按傳自以先書「弑君」見義，不在于氏也。宋萬，賈氏以爲「未賜族」，按傳稱南宫長萬則爲已氏南宫，不得爲未賜族也。

執殺大夫不書族者二事。楚殺得臣與宜申，賈氏皆以爲「陋」，按楚殺大夫公子側、大夫成熊之等六七人，皆稱氏族，無爲獨于此二人陋也。欲以爲通例，則有若此之錯；欲以爲無義例，則傳曰「嘉之，故不名」；「書曰『仲孫』，嘉之」；「書曰『崔氏』，非其罪」；翬、溺帥師，皆曰「疾之」；「稱族，尊君命」；「舍族，尊夫人」；尊晉罪己之文，炳然著明。以此推之，知亦非仲尼所遺也。斯蓋非史策舊法，故無凡例。當時諸國，以意而赴，其或自來聘使者，辭有詳略。仲尼修春秋，因采以示義。義之所起，則刊而定正之；否，則即因而示之，不皆刊正也。故蔡人嘉赴，而經從稱「季」，傳曰「蔡人嘉之」；書「崔氏」，傳亦曰「且告以族」，明皆從其本也。書「司馬華孫來盟」，亦無他比，知非大例也。然則總而推之，春秋之義，諸侯之卿，當以名氏備書于經。其加貶損，則直稱人；若有褒異，則或稱官，或但稱氏。若内卿有貶，則特稱名，文不言魯人，故異于外也。若無褒無貶，傳所不發者，則皆就舊文，或未賜族，或時有詳略也。推尋經文，自莊公以上，諸弑君者皆不書氏；閔公以下，皆書氏，亦足以明時史之異同，非仲尼所皆刊也。【隱四年正義引釋例。】

舊説以爲大夫有功德者則生賜族，非也。至于鄭祭仲爲祭封人，後升爲卿，經書「祭仲」，以生賜族」者，檢傳既無同華氏之文，則「祭」者是仲之舊氏也。【隱八年正義引釋例。】

傳云「公子遂如齊逆女，尊君命也。遂以夫人婦姜至自齊。尊夫人也。」叔孫僑如逆女，則往曰稱族，還曰舍族。然則公子、公孫，繫公之常言，非族也。【宣元年正義引釋例。】

禍福不告則不書，然則國之大事見告，則皆承告而書，貴賤各以所告爲文也。福莫大于享國有家，禍莫甚于骨肉相殘，故公子取國及爲亂見殺者，亦皆書之。不必繫于爲卿，故子糾、意恢以公子見書于經也。【莊九年正義引釋例。】

爵命例第九【案：此篇永樂大典全闕。】

釋例曰：

天子錫命，其詳未聞。諸侯或即位而見錫，或歷年乃加錫，或已薨而追錫。魯桓薨後見錫，則亦衛襄之比也。魯文即位見錫，則亦晉惠之比也。魯成八年、齊靈二十四年乃見錫，隨恩所加，得失存乎其事。【莊元年正義引釋例。】

周官，王之五路，及卿大夫士服車各有名。又有良車、散車，不在等者，其用無常。【襄十九年正義引釋例。】

先路者，革路若木路。或云先，或云次，蓋以就數爲差。其受之于王則稱大。【成二年正義引釋例。】

公、侯、伯、子、男及其卿、大夫、士命數，周官具有等差。當春秋時，漸已變改，是以仲尼、丘明據時之宜，仍其行事，從而然之，不復與周官同也〔一〕。而先儒考合周官、禮記，各致異端，今詳推經、傳，國之大小，皆據當時土地人民，不復依爵。故書齊、楚之卿，而略于滕、薛也。諸侯大國之卿，皆必有命，固無所疑，其總名亦曰「大夫」也。故經、傳「卿」、「大夫」之文相涉，晉殺三卿，而經書「大夫」；邢丘之會，傳稱「大夫」，亦皆卿也。蜀之盟，齊國之大夫；溴梁之盟，小邾之大夫，此不命一命之大夫，故不書也。命者，謂其君正爵命之于朝，其宫室、車旗、衣服、禮儀，各如其命數，則皆以卿禮書之于經。衛之于晉，不得比次國，則邾、莒、杞、鄫之屬，固已微矣。此等諸國，當時附隨大國，不得列于會者甚多。及其得列，上不能自通于天子，下無暇于備禮成制。故與于會盟戰伐甚多，唯曹之公子首，得見于經，其餘或命而禮儀不備，或未加命數，故皆不書之也。邾畀我之等，其奔亡亦多，所書唯數人而已，知其合制者少也。又邾庶其等，傳皆言「非卿，以地來，雖賤必書」。紀裂繻來逆女，傳曰「卿爲君逆」，知此等微

〔一〕孫本脱「也」字。

國，亦應有卿，有卿則應書于經。徒以卑陋，制不合禮，失禮之例。杞降爲夷，華耦具官，君子貴之。至于此等卿而不備禮〔二〕，亦所以見其略賤也。諸儒以爲邾、莒無命卿，既自違傳。劉、賈又云：「春秋之序，三命以上，乃書于經。」潁氏以爲，再命稱「人」。傳曰：「叔孫昭子三命，踰父兄。」昭公十年，昭子始加三命，而先此叔孫皆自見經，知所書皆再命也。【襄二十一年正義引釋例。】

内外君臣逆女例第十【案：此篇見永樂大典，惟篇目佚，今補。】

隱二年

秋，云云，九月紀裂繻來逆女。

傳曰：紀裂繻來逆女，卿爲君逆也。

〔二〕孫本無「而」字。

〔隱〕七年

春王三月，叔姬歸于紀。

桓三年

秋七月，云云，公子翬如齊逆女。

傳曰：公子翬如齊逆女。修先君之好，故曰「公子」。

九月，齊侯送姜氏于讙。

傳曰：齊侯送姜氏于讙，非禮也。傳例曰：凡公女，嫁于敵國，姊妹，則上卿送之，以禮于先君；公子，則下卿送之。於大國，雖公子，亦上卿送之。於天子，則諸卿皆行，公不自送。於小國，則上大夫送之。

夫人姜氏至自齊。冬，齊侯使其弟年來聘。

傳曰：齊仲年來聘，致夫人也。

〔桓〕八年

冬十月，云云，祭公來，遂逆王后于紀。

傳曰：祭公來，遂逆王后于紀，禮也。

〔桓〕九年

春，紀季姜歸于京師。

傳曰：紀季姜歸于京師。傳例曰：凡諸侯之女行，唯王后書。

莊元年

夏，單伯送王姬。

〔莊〕二十二年

冬，公如齊納幣。

〔莊〕二十四年

夏，公如齊逆女。

秋，公至自齊。

八月丁丑，夫人姜氏入。

戊寅，大夫宗婦覿，用幣。

傳曰：秋，哀姜至，公使宗婦覿，用幣，非禮也。

僖五年

夏，公孫兹如牟。

傳曰：夏，公孫兹如牟，娶焉。

〔僖〕二十五年

夏四月，云云，宋蕩伯姬來逆婦。

〔僖〕三十一年

冬，杞伯姬來求婦。

文二年

冬，云云，公子遂如齊納幣。

傳曰：襄仲如齊納幣，禮也。傳例曰：凡君即位，好舅甥，修婚姻，娶元妃以奉粢盛，孝也。孝，禮之始也。

〔文〕四年

夏，逆婦姜于齊。

傳曰：逆婦姜于齊，卿不行，非禮也。君子是以知出姜之不允于魯也，曰：「貴聘而賤逆之，君而卑之，立而廢之，棄信而壞其主，在國必亂，在家必亡。不允宜哉！詩曰：「畏天之威，于時保之」，敬主之謂也。

宣元年

春王正月，云云，公子遂如齊逆女。

傳曰：公子遂如齊逆女。尊君命也。

三月，遂以夫人婦姜至自齊。

傳曰：遂以夫人婦姜至自齊。尊夫人也。

〔宣〕五年

秋九月，齊高固來逆叔姬。

傳曰：齊高固來逆女，自爲也。故書曰「逆叔姬」，卿自逆也。

成八年

春，云云，宋公使華元來聘。

傳曰：宋華元來聘，聘共姬也。

夏，宋公使公孫壽來納幣。

傳曰：宋公使公孫壽來納幣，禮也。

冬十月，云云，衛人來媵。

傳曰：衛人來媵共姬，禮也。傳例曰：凡諸侯嫁女，同姓媵之，異姓則否。

〔成〕九年

春，云云，二月，伯姬歸于宋。

夏，季孫行父如宋致女。晉人來媵。

傳曰：晉人來媵，禮也。

〔成〕十年

夏，云云，五月，云云，齊人來媵。

〔成〕十四年

秋，叔孫僑如如齊逆女。

傳曰：宣伯如齊逆女。稱族，尊君命也。

九月，僑如以夫人婦姜氏至自齊。

傳曰：僑如以夫人婦姜氏至自齊。舍族，尊夫人也。君子曰：「春秋之稱，微而顯，志而晦，婉而成章，盡而不汙，懲惡而勸善，非聖人，誰能修之？」

襄十五年

春，云云，劉夏逆王后于齊。

傳曰：官師從單靖公逆王后于齊。卿不行，非禮也。

釋例曰：

凡稱君即位，修婚姻，娶元妃，謂諒陰既終，嘉好之事，通于內外。內外之禮始備，此除凶之即位也。

古者諸侯之娶，嫡夫人及左右媵各有姪娣，皆同姓之國，國三人，凡九女。參骨肉至親，所以息陰訟。息陰訟，【案：隱元年傳正義引釋例，此句作「陰訟息」。】所以廣繼嗣也。當時雖無其人，必待年長而送之，所以絶淫逸，【案：「淫逸」，成八年正義引釋例，作「望求」。】塞非常也。辭稱舂愚不教，故遣大夫隨之，而亦謂之媵臣，所以將謙敬之實也。夫人薨，不更聘，必以姪娣媵繼室，一與之醮，則終身不二，所以重婚姻之禮，固人倫之義。人倫之義既固，上足以奉宗廟，下足以繼後世[二]，此夫婦之義也。

天子至尊無敵，則上卿親迎而上公臨之。【案：襄十五年「劉夏逆王后于齊」，傳云：「官師從單靖公逆王后于齊，卿不行，非禮也。」孔穎達正義云：「此公既行矣，唯譏卿之不行，不譏王不親逆，是知于禮天子不親昏，使上卿逆而公臨之，故唯言『卿不行，非禮也』。釋例據此傳知天子當使公卿，不親迎也。」】諸侯若有故不得親迎，必使宗親上大夫爲介。凡內外君臣逆十六，傳所以發義例有四。

[二] 孫本兩「足」字俱作「可」。

「紀裂繻來逆女」，傳曰「卿爲君逆也」；「齊高固來逆叔姬」，傳曰「書逆叔姬，卿自逆也」，此外君臣來逆女之異文也；「公子遂如齊逆女」，傳曰「尊君命也」；「公孫茲如牟」，傳曰「娶焉」，此内君臣出逆女之異文也。「祭公逆王后于紀」，傳曰「禮也」，此天子之異文也。「逆婦姜于齊」，傳曰「卿不行，非禮也」；「劉夏逆王后于齊」，傳曰「官師從單靖公，卿不行，非禮也」，知祭公如紀，時亦有卿，卿不書，舉重略輕。猶鞌、邲之戰，唯書郤克、林父，此又天子及諸侯使公卿之文也。

國君之娶，必卜鄰國之吉。人臣亦卜國内之耦，所以美祚胤也。臣若有故而外婚，則稱使以出，不得稱婚，卿非君命不越境也。婚禮雖奉時君之命，其言必稱先君以爲禮辭。故公子翬逆女，傳稱「修先君之好」；「公子遂逆女」，傳曰「尊君命」，互發其義也。往必稱族以示其重，還雖在途，必舍族以替之，所以成小君之尊也。禮，父母逆女不下堂，著外成之節，委之于迎者也。齊侯送姜氏，經指事而書，傳亦隨文而釋，以見其非也。婚禮，卿納幣而君親逆。君有故，即使卿逆之，則書卿名。以夫人至父母之國，又遣使致女，所以進貞女，成大禮也。桓公不書納幣，而遣公子翬逆女。逆女踰月，翬未反，而公會齊侯于讙。本非親迎，因接夫人，直稱「夫人至」者，爲失禮不斥言之文也。莊公顧割臂之盟，崇寵孟任，故即位二十三年，乃娶元妃。雖丹楹刻桷，身自納幣，而有孟任之嫌。故與姜氏俱反而異入，經所以不以至禮書也。文公既不親迎，又不使卿，君而卑之，立而廢之，故不稱「逆女」，皆國史敘事之宜也。天子娶，則稱「逆王后」，卿爲君逆女，則稱「逆女」，其自爲逆，則稱所迎之字，【案：隱二年正義引釋例，「迎」作「逆」。】尊卑之別也。逆稱「王后」，而逆之曰「季姜」，伸父母之尊也。

天子嫁女于諸侯，必使諸侯同姓者〔二〕主之；諸侯嫁女于大夫，必使大夫同姓者主之，尊卑不得交禮也。魯諸公納幣，或在即位之前；成公娶夫人而不納幣，此經文闕也。貴聘而賤逆，失之微者，傳猶詳之。言其不終，若實不納幣，非所略也。諸侯婚禮久亡，以士婚禮準之，不得唯止于納幣、逆女。逆女、納幣二事，皆必使卿行，卿行則書之。他禮非卿，則不書也。宋公使華元來聘，聘不應使卿，故傳俱言「聘共姬也」；「使公孫壽來納幣」，納幣應使卿，故傳明言其得「禮」也。魯君之婚，亦唯存納幣、逆女，此其義也。

〔二〕孫本「必」作「則」。

魯自惠已上，世娶于宋，自桓已下娶于齊，及春秋之末，襄、昭、定、哀四公，皆違其舊。三桓執政，欲以削公室外援，成己之私。故哀公將因越人以去三桓，越人請妻之，于是季孫賂太宰嚭以絶其計。哀公不能自固，出奔而死，禄之去公室，亦難以禮論也。杞、蕩二伯姬，皆自爲子來，迎之與求雖異，然其實一也。文公、宣公、成公夫人皆稱婦，各有姑之辭也。宣公納幣，雖或在即位之前，據爲喪娶，不須貶責而自明，故無譏文也。成公逆女，及夫人至，最爲得禮，故詳其文。丘明謂之微而顯，婉而成章也。宋公之娶伯姬，幣、聘兩備，晉、衛爲媵，蓋古婚之道，故傳每爲之發「伯姬以賤逆婦」，「齊人來媵」，皆非所應，故傳亦無文也。「叔姬歸于紀」，此待年之女，年滿特行，故書其歸。「公子翬如齊逆女」，此經正文，而賈氏云：「使翬逆女，兼修艾之盟。」婚姻，禮之大事，方遣逆女，無緣兼修盟會。若實如此，經當變文，不得以逆女爲使，而更以修盟爲實也。又此年春，公已會齊侯而成婚，豈復須逆女之臣以申久要？斯不然矣。「夫人孫于齊」，傳云「不稱『姜氏』，絶不爲親」，止釋「孫」例也。至于喪婚，則或稱「姜」而不言氏，或稱氏而不言「姜」。丘明不發其例，斯蓋經、傳闕也。

内女夫人卒葬例第十一【案：此篇見永樂大典，其篇目亦存。】〔一〕

隱二年

冬，云云，十二月乙卯，夫人子氏薨。

〔隱〕三年

夏四月辛卯，君氏卒。

傳曰：夏，君氏卒。——聲子也。不赴于諸侯，不反哭于寢，不祔于姑，故不曰「薨」。不稱「夫人」，故不言葬，不書姓。爲公故，曰「君氏」。

〔一〕孫本存下有「作第四」三字。

僖元年

秋七月戊辰，夫人姜氏薨于夷，齊人以歸。

閔二年傳曰：閔公之死也，哀姜與知之，故孫于邾。齊人取而殺之于夷，以其尸歸。僖公請而葬之。

冬，云云，十有二月丁巳，夫人氏之喪至自齊。

傳曰：夫人氏之喪至自齊。君子以齊人之殺哀姜也爲已甚矣。女子，從人者也。

文四年

冬十有一月壬寅，夫人風氏薨。

〔文〕五年

春，云云，三月辛亥，葬我小君成風。

傳曰：春，王使榮叔來含且賵，召昭公來會葬[一]，禮也。

〔文〕十七年

夏四月癸亥，葬我小君聲姜。

傳曰：葬聲姜，有齊難，是以緩。

宣八年

冬十月己丑，葬我小君敬嬴。雨，不克葬。庚寅，日中而克葬。

傳曰：葬敬嬴，旱，無麻，始用葛茀。雨，不克葬，禮也。禮，卜葬，先遠日，避不懷也。

襄四年

秋七月戊子，夫人姒氏薨。

〔一〕孫本脱「來」字。

傳曰：定姒薨，不殯于廟，無櫬，不虞。匠慶謂季文子曰：「子爲正卿，而小君之喪不成，不終君也。君長，誰受其咎？」初，季孫爲已樹六檟于蒲圃東門之外，匠慶請木，季孫曰：「略」。匠慶用蒲圃之檟，季孫不御。君子曰：「志所謂『多行無禮，必自及也』，其是之謂乎！」

秋，云云，八月辛亥，葬我小君定姒。

定十五年

秋七月壬申，姒氏卒。

傳曰：姒氏卒。不稱「夫人」，不赴，且不祔也。

九月，云云，辛巳，葬定姒。

傳曰：葬定姒，不稱「小君」，不成喪也。

哀十二年

夏五月甲辰，孟子卒。

傳曰：夏五月，昭夫人孟子卒。昭公娶于吴，故不書姓。死不赴，故不稱「夫人」。不反哭，故不言「葬小君」。

右夫人卒、葬。

莊二年

秋七月，齊王姬卒。

〔莊〕四年

夏，云云，六月乙丑，齊侯葬紀伯姬。

〔莊〕二十九年

冬十有二月，紀叔姬卒。

〔莊〕三十年

秋，云云，八月癸亥，葬紀叔姬。

僖九年

秋七月乙酉，伯姬卒。

文十二年

春，云云，二月庚子，子叔姬卒。

傳曰：叔姬卒。不言「杞」，絶也。書「叔姬」，言非女也。

成八年

冬十月癸卯，杞叔姬卒。

傳曰：杞叔姬卒。來歸自杞，故書。

〔成〕九年

春王正月，杞伯來逆〔二〕叔姬之喪以歸。

傳曰：杞桓公來逆叔姬之喪，請之也。杞叔姬卒，爲杞故也。逆叔姬，爲我也。

襄三十年

夏，云云，五月甲午，宋災，宋伯姬卒。

傳曰：甲午，宋大災。宋伯姬卒，待姆也。君子謂宋共姬：「女而不婦。女待人，婦義事也。」

秋七月，叔弓如宋，葬宋共姬。

傳曰：叔弓如宋，葬共姬也。

〔二〕四庫本作「迎」，左傳成公九年作「逆」，據改。

右内女卒、葬，夫人卒、葬二十四。内女卒十二，錯綜其二十三以包通之。

釋例曰：

夫人喪禮有三，薨則赴于同盟之國。既葬，日中自墓反，虞于正寢，所謂反哭于寢也。卒哭而祔于祖姑，皆然，則書曰「夫人某氏薨」、「葬我小君某氏」，此備禮之文也。「姒氏卒」，傳曰「不稱夫人，不赴，且不祔也。「葬定姒」，不稱「小君」，不成喪也。然則夫人子氏赴而不反哭，故不書「葬」。定姒則反哭而不赴，故書「葬」而不言「小君」。若昭之孟子者，以同姓爲諱。【案：「諱」字，哀十二年正義引釋例，作「闕」。】生革其姓〔二〕，過而知晦也〔三〕。然吴之太伯，下及魯昭公，于親遠矣，所諱在于名義而已。居夫人之位，籍小君之尊，已三世矣。季氏當國而不爲之服，至令仲尼釋己之絰，國朝不成其喪，以世嫡夫人亦不書于策，此季氏之咎也。

〔二〕孫本「生」上有「男女」二字。
〔三〕孫本「晦」作「悔」，無「也」字。

凡妾子爲君，其母猶爲夫人，雖先君不命其母，母以子貴。其嫡夫人薨，則尊得加于臣子，而内外之禮皆如夫人矣。故姒氏之喪，責以小君不成。【案：此句永樂大典誤作「貴以小君」，今從隱三年正義所引釋例改正。】成風之喪，王使來會葬，傳曰「禮也」。隱公以讓攝位【案：此句，隱三年正義引釋例，作「隱以讓桓攝位」。】，故不成禮于聲子，假稱「君氏」，以别妾媵〔一〕。蓋是一時之宜，隱之至義〔二〕。

凡夫人薨，失所則書地，明失常也。哀姜不書姓，經闕文也。夫人姒氏，薨葬皆以禮備爲文，明季文子雖議從略賤，【案：襄四年傳「定姒薨，匠慶請木。季孫曰：『略。』」杜預集解：「不以道取爲『略』。」孔穎達正義云：「釋例以『略』爲『略賤』。」自是解「略」字，正義與集解别也。】聞匠慶之言〔三〕，懼而備禮，殯葬無闕也。齊王姬卒，魯爲主，比内女也。

紀侯大去其國，令弟納邑附齊，齊侯嘉而愍之，恩及伯姬。伯姬，魯女也，故以來告，大夫會葬，故書「齊侯葬紀伯姬」也。叔姬繼伯姬之後，紀侯既卒，依紀季居酅，貞義守

〔一〕孫本「别」下多「凡」字。
〔二〕孫本「義」下有「也是其辟仲子之意也」，共九字。
〔三〕孫本「聞」上有「既」字。

節，嘉而愍之，故亦存弔葬之禮也。

「子叔姬卒」，傳曰：「不言『杞』，絶也。書『叔姬』，言非女也。」出棄之女，反在父母之室，則與既笄成人者同，故亦書「卒」也。

昭三年傳曰：「昔文襄之伯，君薨，大夫弔，卿共葬事。夫人，士弔，大夫送葬。」宋伯姬之卒，宋人義其待姆，魯嘉其事貞節，使卿送葬，舉謚成禮。君子嫌其敬過于節，故以女而不婦示義。經文仍舊，非仲尼所變，故亦不嫌書日，以示別之。蓋丘明道達聖旨，扶春秋之義也。内女唯諸侯夫人卒乃書，恩成于敵體，其所嘉愍，乃遣弔喪，又簡于文、襄之法也。其非適諸侯，則略之，以服制相準也。生書其「來」，而死不録其「卒」，從外大夫之比也。

「伯姬卒」，未適人，故不稱國，既笄成人，故書。經書「孟子卒」，傳曰「昭公娶于吴」，故不書姓，此爲昭公加諱，不復繫吴，改其姓號，經、傳因而不革也。論語謂之「吴孟子」，蓋時人常言，非經、傳正文也。而賈氏以謂言「孟子」，若言吴之長女。稱吴長女，既不異于同姓之長女，且娶同姓，長之與少，未聞其異，無所爲别也。又「齊侯葬紀伯姬」，不書謚者，蓋亡國之婦，夫妻皆降，莫爲之謚也。而賈、許方以諸侯禮説，又失之也。禮，公子爲其母，練冠縓緣。既葬，除之。及其嗣位爲君，非復公子。嫡母薨，則伸其母尊。而先儒同之公子，亦繆矣。

侵伐襲例第十二【案：此篇見永樂大典，惟篇目佚，今補。】

釋例曰：

侵、伐、襲者，師旅討罪之名也。鳴鐘鼓以聲其過曰「伐」，寢鐘鼓以入其境曰「侵」，掩其不備曰「襲」，此所以别興師用兵之狀也。其但稱「圍」、「救」，舉實而言也。周禮，萬二千五百人爲軍，二千五百人爲師，五百人爲旅。傳曰：「君以軍行，祓社釁鼓」，又曰：「嘉好之事，君行師從，卿行旅從」。然春秋不書「師旅」，一皆曰「師」，從衆辭也[二]。大夫將，滿師稱「師」，不滿，稱「人」而已。卿將，滿稱「師」，【案：此

[二] 孫本「辭」下有「是其義」三字。

句隱二年正義引釋例，作「卿將，滿師則兩書」，與永樂大典異。】不滿，則直書名氏。君將不言「帥師」；卿將不言「師旅」。此史策記注之常也。【案：隱二年正義云：「此用公羊之說。」】翬之伐鄭，溺之伐衛，固請專命。王命伐宋，羽父不待君以速進，【案：待字隱十年正義引釋例作匡】而先會二國，自以爲名，故皆貶去其族。齊爲侯伯，鄭伯又爲王卿士，二君奉王命以討宋，惡羽父之專進，故使與微者同伐。動而無功，故無成敗也。老桃之會，而不同伐，公既獨敗宋師，鄭乃尋其末蹤，事同一時，故不重告于廟也。齊侯、衛侯、鄭伯來戰于郎，夫子善魯人之秉周班，惡三國之伐有禮，故正王爵以表周制，去「侵」、「伐」以見無罪。此聖人之所以扶奬王室，敦崇大教，故改常例以特見也。

衛孔達爲政不恭，背盟主〔一〕，興兵于鄰國，受討喪邑，窘而告陳。雖從陳之謀，僅得自定，以謀而濟，故君子但明言合古，而不釋其尤也。

秦伯終用孟明而致敗，敗而罪己，救其闕而養其志。孟明增修其德，以霸西戎。夫子嘉之，故于伐秦之役，貶四國大夫。四國大夫奉君命而行，今以一義變例，故稱尊秦，謂

〔一〕孫本「恭」作「共」，脱「背」字。

之崇德，明罪不在四國大夫也。傳稱「秦伯伐晉」，既嘉孟明以善稱穆公，又曰「遂伯西戎」。而經書「秦人」，知稱「人」非諸侯之襃貶也。

鄭受楚命伐宋，大敗宋師，獲其上卿，【案：「上」字，宣元年正義引釋例，作「二」字。】此晉之不競也。晉于是申命衆國，大起其衆，將以雪宋之恥，取威定霸。趙盾爲政，而畏鬭椒之威，【案：宣二年正義引釋例，此句作「而畏越椒之盛」。】不敢遂其所志，託辭班師，失宋之心，孤諸侯之望。楚之囊瓦，爲吴所誘，以喪軍師，皆所以致貶也。

子重興鐘鼓以救彭城，而實使輕軍與鄭人侵之，故經以實事稱「人」書「侵」。而傳本其始發言「伐」也。諸經、傳異文而非例所及者，其義皆然。

陳、蔡，楚之與國。鄭欲求親于晉，故伐而入之。晉士莊伯詰其侵小，且問陳之罪，子産答以東門之役，故免于譏。及其侵蔡，既無晉命，【案：「命」字，襄八年正義引釋例，作「令」。】又無直辭，君死主少，興師以求媚于晉，義取亂略，不能以德懷親，又不能以直報怨，故二大夫異于子産也。陳之見伐，本以助晉，晉不逆勞，而以法詰之，得盟主道理。故仲尼曰：「晉爲伯，鄭入陳，非文辭不爲功，善之也。」

戎之侵魯，魯人不知，去而遠追，又無其獲〔一〕。邊境不備，侯不在疆，所以爲諱也。諱此君之闕，亦所以示戒于將來之君也。

楚人棄君助臣，取宋彭城以封叛者，削正興僞。雖非復宋地，故追書繫宋，不與楚人之所得入也。

虎牢，鄭之郊境，晉人既有之矣，又城而居之，將以脅鄭。鄭畏偪而强服。遇楚而復叛，八年之間，一南一北，至于數四。晉悼慮其未已，故大城置戍，先以示威，鄭服之日，釋戍以歸之。【案：襄十五年正義引釋例，「以」作「而」。】德立刑行，故能終有鄭國。春秋探書其本意，【案：襄十年正義引釋例，「意」作「心」。】善之也。

三都强盛，以奪三家之權，陪臣執政，下凌上替，故仲由隳之，而仲尼弗禁。帥師登臺，僅不相克。【案：此句定十二年正義引釋例，作「僅而皆克」。】直隨事而書，以示三家之彊，無義例也。

晉伐鮮虞，文無主帥，既例所不及。麻隧實戰，而但書「伐」，欲以爲不告，則時公

〔一〕孫本脱「其」字。

在師；欲以爲諱伐無罪，則秦直晉曲；欲以爲無功諱負，則秦師敗績。此皆經文闕漏，傳文獨存也〔一〕。賈氏以「晉直秦曲，無辭不得敵有辭，故不書『戰』」，而韓之戰，秦直晉曲；宋之戰，魯義而宋不信，亦皆書「戰」，事類甚多。此既不安，又師者是人衆之通言，取而復爲義云。

諸經稱「師」，皆以明用師之義〔二〕。晉師滅潞，則曰「得用師之道」；楚師滅陳，則曰「失用師之道」，文體適同，一善一惡。諸稱「師」者百六十四，患不能通，則但爲稱「師」，而不見將帥之主數條生義，此爲更在將帥與不復在師也〔三〕。俱是戰伐之事，亦俱稱「師」，其人存，其事顯，則所責明；其人没，而但稱「師」，則所責隱。仲尼曷爲舍此而明彼，言左氏不明義例，不以爲義例，則異同詳畧，皆本史也。而諸君區區溺意于亂文，欲于無義之中求義，無異施綿緼以爲縑絹，用櫛比于氈毛也。

〔一〕孫本「傳」上有「而」字。
〔二〕孫本「義」作「道」。
〔三〕孫本無「復」字。

春秋釋例卷三

災異例第十三【案：此篇永樂大典全闕。】

釋例曰：

物者，雜而言之，則昆蟲草木之類也。大而言之，則歲、時、日月、星辰之謂也。歲者，水旱饑饉也。時者，寒暑、風雨、雷電、雪霜也。日月者，薄食夜明也。星辰者，彗孛霣錯失其次也。山崩地震者，陽伏而不能出，陰迫而不能升也。凡天反其時，地反其物，以害其物性，皆爲妖災。【宣十五年，正義引釋例。】

天人之際，或異而無感，或感而不可知。沙鹿崩，固謂「期年必有大咎」。梁山崩，則云「山有朽壤而自崩」，此皆聖賢之讜言，達者所宜先識。【僖十四年，正義引釋例。】

陳既已滅，降爲楚縣，而書「陳災」者，猶晉之梁山、沙鹿崩不書「晉」也。災害係于所災所害，故以所在爲名。【僖十四年正義引釋例。案：宣十五年傳「民反德爲亂。」正義云：「民，謂人也。感動天地，皆是人君感之，非庶民也。昭七年傳曰『國無政，不用善，則自取謫于日月之災』，言以政取謫。是其由君不由民。以『民』表『人』，故釋例引此。即改『民』爲『人』，是其民謂人也。」今無從攷釋例全文，附録于此。】

崩薨卒例第十四【案：此篇見永樂大典，惟篇目佚，今補。】

隱十一年

冬十有一月壬辰，公薨。

傳曰：壬辰，羽父使賊弑公于寪氏，不書「葬」，不成喪也。

桓十八年

夏四月丙子，公薨于齊。

傳曰：公會齊侯于濼，遂及文姜如齊。齊侯通焉。公謫之。以告。夏四月丙子，享公。使公子彭生乘公，公薨于車。

閔二年

秋八月辛丑，公薨。

傳曰：秋八月辛丑，共仲使卜齮賊公于武闈。

僖三十三年

冬十有二月，云云，乙巳，公薨于小寢。

傳曰：冬，云云，公薨于小寢，即安也。

成十八年

秋，云云，八月，云云，己丑，公薨于路寢。

傳曰：「己丑，公薨于路寢」，言道也。

昭三十二年

冬，云云，十有二月己未，公薨于乾侯。

傳曰：己未，公薨，云云，書曰「公薨于乾侯」，言失其所也。

隱七年

春王三月，云云，滕侯卒。

傳曰：春，滕侯卒。不書名，未同盟也。傳例曰：凡諸侯同盟，于是稱名，故薨則赴以名，告終、稱嗣也。以繼好息民，謂之禮經。

桓五年

春正月甲戌、己丑，陳侯鮑卒

傳曰：春正月甲戌、己丑，陳侯鮑卒。再赴也。于是陳亂，文公子佗殺太子免而代之。公疾病而亂作，國人分散，故再赴。

僖四年

夏，許男新臣卒。

傳曰：許穆公卒于師，葬之以侯，禮也。傳例曰：凡諸侯薨于朝、會，加一等；死王事，加二等。于是有以袞斂。

〔僖〕二十三年

冬十有一月，杞子卒。

傳曰：杞成公卒。書曰「子」，杞，夷也。不書名，未同盟也。傳例曰：凡諸侯同盟，死則赴以名，禮也。赴以名，則亦書之，不然則否，避不敏也。

〔僖〕二十七年

夏六月庚寅，齊侯昭卒。

傳曰：夏，齊孝公卒，有齊怨，不廢喪紀，禮也。

文三年

夏五月，王子虎卒。

傳曰：夏四月乙亥，王叔文公卒。來赴，弔如同盟，禮也。

成十三年

夏五月，云云，曹伯廬卒于師。

傳曰：公會晉侯伐秦，云云，曹宣公卒于師。

襄六年

春王三月壬午，杞伯姑容卒。

傳曰：杞桓公卒。始赴以名，同盟故也。

〔襄〕七年

冬，云云，十有二月，云云，鄭伯髡頑如會，未見諸侯，丙戌，卒于鄵。

傳曰：及將會于鄬，云云，及鄵，子駟使賊夜弒僖公，而以瘧疾赴于諸侯。

〔襄〕十二年

秋九月，吴子乘卒。

傳曰：秋，吴子壽夢卒，臨于周廟，禮也。傳例曰：凡諸侯之喪，異姓臨于外，同姓于宗廟，同宗于祖廟，同族于禰廟。是故魯爲諸姬，臨于周廟；爲邢、凡、蔣、茅、胙、祭〔二〕，臨于周公之廟。

昭元年

冬十有一月己酉，楚子麇卒。

傳曰：楚公子圍將聘于鄭，云云，聞王有疾而還。云云，入問王疾，縊而弒之，云云，葬王于郟，謂之郟敖。

〔昭〕三年

春王正月丁未，滕子原卒。

傳曰：丁未，滕子原卒。同盟，故書名。

〔二〕左傳襄十二年作「邢、凡、蔣、茅、胙、祭」，與四庫本作「凡、蔣、邢、茅、胙、祭」有異，據改。

〔昭〕六年

春王正月，杞伯益姑卒。

傳曰：杞文公卒。弔如同盟，禮也。

〔昭〕二十五年

冬，云云，十有一月己亥，宋公佐卒于曲棘。

傳曰：宋元公將爲公故如晉，云云，己亥，卒于曲棘。

〔昭〕三十一年

夏四月丁巳，薛伯穀卒。

傳曰：薛伯穀卒，同盟，故書。

定四年

夏，云云，五月，杞伯成卒于會。

〔定〕十四年

夏，云云，五月，云云，吴子光卒。

傳曰：吴伐越，越子句踐禦之，陳于檇李。云云，靈姑浮以戈擊闔閭，闔閭傷將指，取其一履。還，卒于陘，去檇李七里。

哀十年

春，云云，三月戊戌，齊侯陽生卒

傳曰：公會吴子伐齊。云云，齊人弑悼公，赴于師，吴子三日哭于軍門之外。

昭二十二年

冬十月，王子猛卒。

傳曰：十一月乙酉，王子猛卒，不成喪也。

莊三十二年

冬十月己未，子般卒。

傳曰：子般即位，次于黨氏。冬十月己未，共仲使圉人犖賊子般于黨氏。

文十八年

冬十月，子卒。

傳曰：冬十月，仲殺惡及視，而立宣公，書曰「子卒」，諱之也。

襄三十一年

秋九月癸巳，子野卒。

傳曰：毁也。

右崩薨、卒一百五十，錯綜其三十一以包通之。

釋例曰：

天子曰「崩」，諸侯曰「薨」，大夫曰「卒」，古之制也。春秋所稱，曲存魯史之義，内稱「公」而書「薨」，所以自尊其君，則不得不略外諸侯書「卒」以自異也。至于既葬，雖邾、許子男之君，皆稱謚而言「公」，各順臣子之辭，兩通其義也〔一〕。諸侯同盟，皆稱名以接神，故薨則臣子必以名赴同盟之國，告亡君之終，稱今君之嗣，好惡由之。故傳曰：「有齊怨，不廢喪紀，禮也。」盟載之辭，下逮子子孫孫，當奉而弗

〔一〕孫本「義」下多「是其脱」三字。

忘，故云「繼好」。好同則相親，相親則不争，故曰「息民」也。

杞子降爵，嫌有異同。故傳重發不書之例，又更發凡者，以明雖薨，赴有法。若或違之，國史亦承告而書，不必改正也。杞伯姑容未與襄同盟，而事逮其父。王子虎又未接于文，嘗與僖同盟，故皆用同盟之禮，蓋繼好之義也。嫌于赴非所盟之君。又天子、公卿其禮或異，故傳曰「始赴以名，同盟故也」，又曰「弔如同盟」，各以正所疑也。赴以名，亦書之者〔一〕，謂諸侯雖不同盟〔二〕，或以名赴也。不然則否，避不敏者，謂雖同盟而赴不以名，則亦不書名，以審違謬也。益姑之卒，傳重復發者，有奪田之忿，而不廢喪紀，故稱禮以明之也。陳人再赴，兩書其日；齊緩告亂，書以十二月；天王僞赴，遂用其虚，明日月闕否，亦從赴辭。子駟實弑僖公，赴以瘧疾，而經從之；楚弑郟敖，齊弑陽生，皆其類也。君子不變其文，以慎其疑。【案：二句永樂大典無二「其」字，從隱三年正義所引釋例增。】且虚實相生，隨而表之，真僞之情，可以兩見。承赴而書之，亦所以示將來〔三〕。

〔一〕孫本「亦」上有「則」字。

〔二〕孫本脱「謂」字。

〔三〕孫本「來」下有「也」字。

「許穆公卒于師」，「吴子壽夢卒，臨于周廟」，「公登觀臺，必書雲物」，傳皆發凡以言例，經皆無異議，諸若此蓋周之舊禮，傳因事以存于經，則常事不書也。若卒于朝會，或書師，或書地者，史之成文，非義例所存也。至于魯公之薨，則皆書地。成公薨路寢，傳稱「得道」。昭薨乾侯，言失其所，詳内事，謹凶變也。其未成君而卒者，【案：莊二年正義引釋例，「者」作「若」。】君未葬則嗣子書名，在喪之禮也。既葬則嗣君諒闇，羣臣復吉，免喪服，則禮成也。【案：此句莊三十二年正義引釋例，作「則成君」也。】文公既葬，襄仲殺惡及視，書曰「子卒」，與未成君同文，所以爲諱也。公子惡，魯之正適，嗣位免喪，則魯君也。襄仲倚齊而弑之，國以爲諱，故不稱君，若言君之子也。及子般、子野，或見殺，或不勝喪。言罪則不足成貶，爲孝而滅性，故直畧而書卒也。【案：自「公子惡，魯之正適」以下，永樂大典無之，從莊三十二年正義所引釋例增。】惡、視猶不顯，則知隱、閔二公稱「薨」，桓不稱「弑」，亦諱之也。

臣之事君，猶子之事父也〔一〕。微諫見志，造膝詭辭，執其是而諫其非。【案：「諫其非」

〔一〕孫本脱「也」字。

三字，永樂大典脱，從隱十一年正義所引釋例補入。】不必其得，蓋匡救將然，而將順其已然，故有隱諱之義焉。至于激節之士則不然，南史執簡而累進，董狐書法而不隱，鬻拳刼君而自刖，晏嬰端委而引直，賢聖亦録而善之，所以廣義訓，傳大道。殷有三仁，此之謂也。劉、賈、許、潁復于「薨卒」生例云：「日月詳者，弔贈備；日月畧者，弔有闕。」傳無此辭，非載大夫卒例。

書弑例第十五【案：此篇永樂大典全闕。】

釋例曰：

天生民而樹之君，使司牧之，羣物所以繫命也。故戴之如天地，親之如父母，仰之如日月，事之如神明。其或受雪霜之嚴，雷電之威，則奉身歸命，有死無貳。故傳曰：「君，天也。天可逃乎？」此人臣所執之常也。然本無父子自然之恩，未有家人習翫之愛，高下之隔縣殊，壅塞之否萬端，是以居上者，降心以察下，表誠以感之，然後能相親也。

若亢高自肆，羣下絶望，情義圮隔，是謂路人，非君臣也。人心苟離，則位號雖存，無以自固。故傳例曰：「凡弑君，稱君，君無道；稱臣，臣之罪。」稱君者，惟書君名，而稱「國」、稱「人」以弑，言衆之所共絶也。稱臣者，謂書弑者主名，以垂來世，終爲不義而不可赦也。然君雖不君，臣不可以不臣，故宋昭之惡，罪及國人，晉荀林父討宋曰：「何故弑君？」猶立文公而還，深見貶削。諸懷賊亂以爲心者，固不容于誅也。若鄭之歸生、齊之陳乞、楚之公子比，雖本無其心，春秋之義，亦同大罪。是以君子慎所以立也。諸侯不受先君之命而篡立，得與諸侯會者，則以成君書之，齊商人、蔡侯般之屬是也。若未得接于諸侯，則不稱爵，楚公子棄疾殺公子比，蔡人殺陳佗，齊人殺無知，衛人殺州吁、公子瑕之屬是也。諸侯篡立，雖以會諸侯爲正，此列國之制也。至于國内，策名委質，即君臣之分已定，故諸殺不成君者〔二〕，亦與成君同義也〔三〕。傳曰：「會于平州，以定公位」，又云：「若有罪，則君列諸會矣」，此以會爲斷也。經書「趙盾弑君」，而傳云「靈公不

〔二〕孫本無「諸」字。
〔三〕孫本脱「也」字。

君」，又以明于例此弑宜稱君也。弑非趙盾而經不變文者，以示良史之意，深責執政之臣。傳故特見仲尼曰「越竟乃免」，明盾亦應受罪也。醫不三世，不服其藥，古之慎戒也。人子之孝，當盡心嘗禱而已，藥物之劑，非所習也。許止身爲國嗣，國非無醫，而輕果進藥，故罪同于弑。二者雖原其本心，而春秋不赦其罪，蓋爲教之遠防也。楚靈無道于民，于例當稱「國」以弑，公子比首兵自立，楚衆散歸，而靈王縊死，故以比爲弑王也。比既得國，國人驚亂，棄疾從而扇之，比懼自殺，皆棄疾之由，故書「公子棄疾殺公子比」也。左氏義例止此而已，其餘小異，皆從赴也。劉、賈、許、潁以爲君惡及國朝，則稱「國」以弑；君惡及國人，則稱「人」以弑。案傳，鄭靈、宋昭，經文異而例同，故重覆以同之〔二〕。子弑其父，又嫌異于他臣，亦重明其不異，既不碎辨〔三〕「國」之與「人」。而傳云「莒紀公多行無禮于國，太子僕因國人以弑之」，經但稱「國」，不稱「人」，知「國」之與「人」，雖言别，而事一也。【宣四年正義引釋例。】

〔二〕孫本「覆」作「發」。
〔三〕孫本「碎辨」作「辭别」。

先儒旁采二傳，横生異例，宋之蒙澤、楚之乾谿，俱在國内。閔公之弑，則以不書「蒙澤國内」爲義，楚弑靈王，復以「地乾谿」爲失所，明仲尼本不以爲義例，則丘明亦無異文也。【莊十二年正義引釋例。】

經書「宋督弑其君與夷及其大夫孔父」，仲尼、丘明唯以先後見義，無善孔父之文。孔父爲國政則取怨于民，治其家則無閨閫之教，身先見殺，禍遂及君，既無所善，仇牧不警而遇賊又死無忠事。晉之荀息，期欲復言，本無大節。先儒皆隨加善例，又爲不安。經書臣蒙君弑者有三，直是弑死相及，即實爲文。仲尼以督爲有無君之心，改書一事而已，無他例也。【桓二年正義引釋例。】

及會例第十六【案：此篇永樂大典全闕。】

釋例曰：

與謀者，同志之國。彼我之計未定，相與共謀，講議利害，計成而後行之，故以相連及爲文。不與謀而出師者，謂不得已而應命，故以「外合」爲文，皆據魯而言之也。公親會齊侯伐萊，而傳以「師出」示例，所以通卿大夫帥師者也。魯既春會于曹，以謀伐鄭，夏遂起師，而更從不與謀之文者，厲公篡太子忽之位，謀而納之，非正，故諱之，從不與謀之例。若夫盟主之令，則上行乎下，非匹敵和成之類，故雖或先謀，皆從不與謀之例。成八年，「晉士燮來聘，且言將伐郯」，下云「會伐郯」，是也。凡「乞師」者，深求過禮之辭，執謙以偪成其討〔一〕，故雖小國乞之于大國，大國乞之于小國，亦皆從不與謀之例，臧宣叔、郤錡是也。傳以「師出」爲例，是惟繫于戰伐，而劉、許、賈、潁濫以經諸「及」字爲義，本不在例，今欲强合之，所以多相錯亂也。【宣七年正義引釋例。】

凡師能左右之曰「以」，爲求助于諸侯，而專制其用，征伐進退，帥意而行，故變「會」、「及」之文而曰「以」，施于匹敵相用者。若霸主之命，則上行于下，非例所及也。吳雖大國，順蔡侯之請，自將其衆，唯蔡侯之命，故亦言「以吳子」也。傳例稱「師」，則諸不言「師」者，皆不用「以」爲例也。「以」之于言，所涉甚多。劉、賈、許、潁既

〔一〕孫本「討」作「計」。

不守例爲斷，又不能盡通諸「以」，唯雜取「晉人執季孫以歸」、「劉子、單子以王猛居于皇」、「尹氏、召伯、毛伯以王子朝奔楚」，隨示「以」義數事而已。又云，諸稱「以」，皆小以大，下以上，非其宜也。尋案「晉侯以季孫歸」，又非下以上也；「荆以蔡侯歸」，亦非小以大也。【僖二十六年正義引釋例。】

蒐狩例第十七【案：此篇見永樂大典，惟篇目佚，今補。】

釋例曰：

以不教民戰，是謂棄之，故傳曰：「春蒐、夏苗、秋獮、冬狩，皆于農隙以講武事也。」三年而治兵，習戰備也。入而振旅，治兵禮畢，整衆而還也。歸而飲至，告于廟也。所以數軍實，昭文章，明貴賤，順少長，辨等列，習威儀也。晉侯登有莘之墟以望，曰「少長有禮」，此之謂也。

田狩必有三驅之禮，以備四時之祀。鳥獸之肉不登于俎，骨角、毛羽不登于器，則君不舉。

出必告于廟，獲必用于廟，于是乃書。椒舉稱寡君屬有宗祧之事于武城，此事之謂也。

凡天子、諸侯田狩皆于其封内。傳曰「鄭之有原圃，猶秦之有具囿」，不越國而取諸人。隱公觀魚于棠，棠實他境，故傳云「遠地」。【案：隱五年正義引釋例云：「舊説，棠，魯地。據傳，公辭欲略地，則非魯境也。」今釋例無此文，恐有脱佚。】河陽實已屬晉，非王狩所在，故言「非其地」也。且明德也，義在隱其召君之闕也。丘明之爲傳，所以寫仲尼之意也。而河陽之狩、趙盾之弑、泄冶之罪，于此三事特稱仲尼者，危疑之理，須聖言以明之。聖人之辭，可能使人信之，賢者之辭則不能，此其義也。三王異正朔，而夏數爲得天。雖在周世〔二〕，于言時舉事，皆據夏正。故公以春狩于郎，而傳曰「書時，禮也」；焚咸丘，魯地，非蒐、狩常處。經不言「蒐、狩」，但稱「焚咸丘」，言火田盡物，非蒐、狩之義也。紅之蒐，傳言「革車千乘」，所以示大蒐也。而經不書，大諸事同而文異。傳不曲言經義者，直是時史之闕略，仲尼略而從之。春秋不可錯綜經文，此之類也。劉、賈、潁云「蒐于紅不言『大』者，言公大失權在三家也。」十一年蒐于比蒲，經書『大蒐』，復云「書

〔二〕孫本「世」作「代」。

『大』者，言大衆盡在三家。」隨文造意，以非例爲例，不復知其自違也。【案：「紅之蒐」下，永樂大典無之，從昭八年正義所引釋例補入。】

廟室例第十八【案：此篇見永樂大典，惟篇目佚，今補。】

釋例曰：

太廟有八名，其體一也。肅然清静，謂之「清廟」；行禘祫，序昭穆，謂之「太廟」；告朔行禮，謂之「明堂」；行饗射，養國老，謂之「辟雍」；占雲物，望氛祥，謂之「靈臺」；其四門之學謂之「太學」；其中室謂之「太室」；總謂之「合宫」。諸儒皆以廟、學爲一，鄭氏以爲異處。【案：自此以上〔一〕，孔穎達詩靈臺疏引之，以爲穎容釋例，永樂大典以爲杜氏之文，未知何據。】

〔一〕「自此以上」，孫本脱「以」字。

太室之屋，國之所尊，朽而不繕〔一〕，久旱遇雨，乃遂傾頹，不共之甚，故特書之。【案：自「太室之屋」以下，永樂大典無之，從文十三年正義所引釋例增。】新宫災者，宣公之廟，父廟也。諒闇始闋，而遇天災，故感而哭之以致哀，異于餘廟也。【案：自「新宫災者」以下，永樂大典無之，從成三年正義所引釋例增。】

土功例第十九【案：此篇見永樂大典，惟篇目佚，今從敬鉉續明三傳例說略補。】

釋例曰：

都邑者，民之聚也，國家之藩衛，百姓之保障。不固則敗，不修則壞，故雖不臨寇，必于農隙備其守禦，無妨民務。傳曰：「龍見而畢務，戒事也」，謂夏之九月，周之十一月，龍星角、亢，晨見東方，于是納其禾稼，三務始畢，而戒民以土功事也。「火見而致用」，大火星次角、亢而晨見，于是致其用也。「水昏正而栽」，謂夏之十月，定星昏而中，

〔一〕四庫本作「善」，左傳春秋左傳正義文公十三年孔穎達疏作「繕」，據改。

于是樹板幹而興作也。「日至而畢」，謂日既南至，微陽始動，故土功息。傳既顯稱凡例，而書「時」書「不時」各重發者，皆以別無備而興作，如書「旱雩」之別「過雩」也。「冬，城西郛」，傳特曰「懼齊」，此其意也。【案：「冬，城西郛」以下，永樂大典無之，從莊二十九年正義所引釋例增。】「冬，城防」，臧武仲請俟畢農事，故傳曰「書事，時」，言興作出火見致用之前，亦得兼以事時即禮也。【案：襄十三年正義云：「此冬城防，經、傳皆不言月，當在火見致用之前。當時農收差早雖，天象未致，而民事已間，言時節未是時，而事已得時，故言『書事，時也』。」】

凡城都築邑，國之大事，是以春秋詳其得失。救患分災，恤病備難，有爲而然，則不拘時制。諸侯以夏城邢，傳稱得「禮」；正月城楚丘，而魯諱後期，此其義也。「浚洙」者，深之也。冬興功而無傳，亦得其時〔二〕。築之爲例，唯以都、邑爲別。至于他土功之事，則通用時例，總謂之「築」，築鹿囿、郎臺、王姬之館是也。

周禮，四縣爲都，四井爲邑，此周公本制小大之別也。若邑有先君之宗廟，則雖小曰「都」，尊其所居而大之也。然則都而無廟固宜稱城，「城漆」是也。而潁氏唯繫于有先君

〔二〕孫本「時」下有「也」字。

之廟，患漆本非魯邑也，因説曰「漆有郝之舊廟，是使魯人尊郝之廢廟，與先君同」，非經、傳意也。桓十六年「冬，城向」，傳曰：「書，時也。」案其下月，似城向在建酉之月，以經、傳事類相推，則通在下建戌之月。丘明發「書時」之傳，不悞也。其説具見長歷也。【案：自「冬城防」以下，永樂大典無之，從敬鉉續明三傳例説略補入。】

歸獻例第二十【案：此篇永樂大典全闕。】

釋例曰：

歸者，遺也。獻者，自下奉上之稱。遺者，敵體相與之辭。傳曰：「諸侯不相遺俘。」齊侯、楚人失辭稱「獻」，失禮遺俘，故因其來辭，見自卑也。以其太卑，故書以示過。【莊三十一年正義引釋例。】

齊人來歸衛寶，公羊、穀梁經、傳及左氏傳皆同。唯左氏經獨言「衛俘」者，三家經、傳有六，而其五皆言「寶」，此必左氏經之獨誤也。【莊六年正義引釋例。】

歸入納例第二十一【案：此篇見永樂大典，惟篇目佚，今補。】

桓十五年

夏，云云，五月，云云，許叔入于許。

隱十一年傳曰：鄭伯使許大夫百里奉許叔以居許東偏，云云。

桓十五年傳曰：許叔入于許。

秋九月，鄭伯突入于櫟。

傳曰：秋，鄭伯因櫟人殺檀伯，而遂居櫟。

莊六年

夏六月，衛侯朔入于衛。

五年傳曰：冬，伐衛，納惠公也。

五年傳曰：春，王人救衛。夏，衛侯入，放公子黔牟于周，放甯跪于秦，殺左公子洩、右公子職，乃即位。

〔莊〕九年

夏，云云，齊小白入于齊。

傳曰：夏，公伐齊，納子糾。桓公自莒先入。

〔莊〕二十四年

秋，云云，八月丁丑，夫人姜氏入。

傳曰：秋，哀姜至。

成十八年

夏，云云，宋魚石復入于彭城。

傳曰：楚子辛、鄭皇辰侵城郜，取幽丘。同伐彭城，納宋魚石、向爲人、鱗朱、向帶、魚府焉。以三百乘戍之而還。書曰：「復入。」傳例曰：「凡去其國，國逆而立之〔二〕曰『入』，復其位曰『復歸』諸侯納之曰『歸』以惡曰『復入』。」

襄二十三年

夏，云云，晉欒盈復入于晉。

傳曰：欒盈帥曲沃之甲，因魏獻子，以晝入于絳，云云。

〔襄〕二十五年

秋八月，云云，衛侯入于夷儀。

傳曰：晉侯使魏舒、宛沒逆衛侯，將使衛與之夷儀。云云，衛獻公入于夷儀。

〔二〕孫本「逆」作「道」。

〔襄〕三十年

秋七月，云云，鄭良霄出奔許，自許入于鄭，鄭人殺良霄。

傳曰：癸丑，晨，自墓門之瀆入，因馬師頡介于襄庫，以伐舊北門。駟帶率國人以伐之。云云，伯有死于羊肆。

昭二十二年

秋，劉子、單子以王猛入于王城。

傳曰：冬十月丁巳，晉籍談、荀躒帥九州之戎及焦、瑕、溫、原之師，以納王于王城。

〔昭〕二十六年

冬十月，天王入于成周。

傳曰：召伯逆王于尸，云云，癸酉，王入于成周。

定十一年

秋，宋樂大心自曹入于蕭。

傳曰：宋公母弟辰暨仲佗、石彄、公子地入于蕭以叛。秋，樂大心從之，大爲宋患，寵向魋故也。

桓十七年

秋八月，蔡季自陳歸于蔡。

傳曰：蔡桓侯卒，蔡人召蔡季于陳。秋，蔡季自陳歸于蔡。

閔元年

秋八月，云云，季子來歸。

傳曰：秋八月，公及齊侯盟于落姑，請復季友也。齊侯許之，使召諸陳。公次于郎以待之。「季子來歸」，嘉之也。

僖二十八年

夏，云云，六月，衛侯鄭自楚復歸于衛。

傳曰：衛侯聞楚師敗，懼，出奔楚，云云，使元咺奉叔武以受盟。云云，六月，晉人復衛侯。甯武子與衛人盟于宛濮，云云，衛侯先期入。

冬，曹伯襄復歸于曹。

傳曰：晉侯有疾，曹伯之豎侯獳貨筮史，使曰以曹爲解，云云，公説，復曹伯。

〔僖〕三十年

秋，云云，衛侯鄭歸于衛。

傳曰：晉侯使醫衍酖衛侯。甯俞貨醫，使薄其酖，不死。公爲之請，納玉于王與晉侯，皆十瑴，王許之。秋，乃釋衛侯。衛侯使賂周歂、冶廑，云云，殺元咺及子適、子儀。

成十四年

夏，衛孫林父自晉歸于衛。

傳曰：晉侯使郤犫送孫林父而見之。

〔成〕十五年

秋八月，云云，宋華元自晉歸于宋。

傳曰：魚石曰：「右師茍獲反，雖許之討，必不敢。且多大功，國人與之，不反，懼桓氏無祀于宋也」。云云，魚石自止華元于河上。請討，許之，乃反。

〔成〕十六年

秋，云云，曹伯歸自京師。

傳曰：曹人復請于晉。晉侯謂子臧：「反，吾歸而君。」子臧反，曹伯歸。

襄二十六年

春王二月，云云，甲午，衛侯衎復歸于衛。

傳曰：衛獻公使子鮮爲復辭，云云，子鮮不獲命于敬姒，以公命與甯喜言，曰：「苟反，政由甯氏，祭則寡人。」云云，二月庚寅，甯喜、右宰穀伐孫氏，云云，辛卯，殺子叔及太子角，云云，甲午，衛侯入，書曰「復歸」，國納之也。

昭十三年

夏四月，楚公子比自晉歸于楚，弑其君虔于乾谿。

傳曰：觀從以蔡公之命召子干、子晳，及郊，而告之情，强與之盟，入襲蔡。云云，依陳、蔡人以國，云云，以入楚，云云，公子比爲王，云云，夏五月癸亥，王縊于芋尹申亥氏。

秋，云云，八月，云云，蔡侯廬歸于蔡。

傳曰：平王即位，既封陳、蔡，而皆復之，禮也。隱太子之子廬歸于蔡，禮也。陳侯吴歸于陳。

傳曰：悼太子之子吴歸于陳，禮也。

定十三年

冬，云云，晉趙鞅歸于晉。

傳曰：韓、魏以趙氏爲請。十二月辛未，趙鞅入于絳，盟于公宫。

隱八年

春，云云，三月，鄭伯使宛來歸祊。庚寅，我入祊。

傳曰：鄭伯請釋泰山之祀而祀周公。以泰山之祊易許田。三月，鄭伯使宛來歸祊，不祀泰山也。

宣十年

春，云云，齊人歸我濟西田。

傳曰：春，公如齊。齊侯以我服故，歸濟西之田。

成八年

春，晉侯使韓穿來言汶陽之田，歸之于齊。

定十年

夏，云云，齊人來歸鄆、讙、龜陰田。

哀八年

冬十有二月，云云，齊人歸讙及闡。

傳曰：十二月，齊人歸讙及闡，季姬嬖故也。

僖二十五年

秋，楚人圍陳，納頓子于頓。

傳曰：楚令尹子玉追秦師，弗及，遂圍陳，納頓子于頓。

宣十一年

冬，云云，丁亥，楚子入陳。納公孫寧、儀行父于陳。

傳曰：冬，楚子爲陳夏氏亂故，伐陳。云云，因縣陳，云云，乃復封陳，云云，故書曰「楚子入陳，納公孫寧、儀行父于陳」，書，有禮也。

昭十二年

春，齊高偃帥師納北燕伯于陽。

傳曰：春，齊高偃納北燕伯款于唐，因其衆也。

哀二年

夏四月，云云，晉趙鞅帥師納衛世子蒯聵于戚。

傳曰：晉趙鞅納衛太子于戚，云云，使太子絻，八人衰絰，僞自衛逆者。告于門，哭而入，遂居之。

釋例曰：

凡去其國者，通謂君臣及公子母弟也。國逆而立之，本無位，則稱「入」；本有位，則稱「復歸」。齊小白入于齊，本無位也；衛侯鄭復歸于衛，復其位也。諸侯納之，有位、無位皆曰「歸」，衛孫林父、蔡季是也。身爲戎首，則曰「復入」，晉欒盈是也。皆所以明内外之援【案：「皆」字，成十八年正義引釋例，作「此」。「内外」，正義作「外内」。】，辨逆順之辭，故經正魚石、衛衎以表舊制；傳稱凡例，總而明之也。「衛人逆公子晉于邢」，宜稱「入」，善其得衆。公子友忠于社稷，國人思之，【案：此句成十八年正義引釋例，作「國人所思焉」。】故閔公爲落姑之盟以復之。夫衛之公子晉，絶位而在邢；魯之季子，勢弱而出奔，咸得民望，享國有家。是以聖人貴之，殊其文也。莊六年，五國諸侯犯逆王命，以納衛朔，大其事，故字王人謂之子突。【案：孔穎達莊六年正義云：「再命、三命皆書名。周禮，王之上士三命，中士再命，下士一命。稱『王人』者，下士也。進之不稱『人』而越稱字者，王之上士、下士爵同而命異耳。進之同中士未，足以爲榮，故超從大夫之例，稱字以貴之也。」】朔懼有違衆之危，【案：莊六年正義引釋例，「危」字作「犯」字】而以國逆告。華元實國逆，欲挾晉以自助，故以外納赴，春秋從而書之，以示二子之情也。韓、魏有耦國之强，陳、蔡有復國之端，故晉趙鞅、楚公子比皆稱「歸」，從諸侯納之例也，言非晉、楚之所能制也。侯獳愛君以請，故曹伯有國逆之辭；許始復國，故許叔有國逆之文，此皆時史因周典以起時事之情也。傳例稱諸侯納之曰「歸」，今檢經諸稱「納」者，皆有興師見納之事，不須例而自明，故但言「納」而不復言「歸」也。邾有成君，晉趙盾不度于義，而大興諸侯之師，涉邾之境，見辭而退。雖有服義之善，所興者廣，所害者衆，故貶稱「人」。衛侯鄭、曹伯負芻皆見執在周，晉、魯請而復之，鄭稱歸于衛，負芻稱歸自京師。所發事同而文異者，例意本在于歸，不以他文爲義也。賈氏又以爲諸歸國稱所自之國，所自之國有力也。案楚公子比去晉而不逆，是無援于外，而經書「自晉」。陳侯吳、蔡侯廬，皆平王所復，【案：「復」字，成十八年正義引釋例，作「封」。】可謂有力于楚，而不言「自楚」，此既明證。又春秋稱「入」，其例有二：施于師旅，則曰不地；在于復歸，則曰國逆。國逆而立，又以爲例，【案：此二句昭二十一年正義引釋例，作「國逆又以立爲例」。】逆而不立，則皆非例所及〔一〕。鄭之良霄，以寇而入，入則見殺，而復例之【案：「則」字，成十八年正義引釋例，作「即」字。】例稱「凡去其國」，明非天子之制也。周敬王、王子猛不書「出」而書「入」，襄王書「出」而不書「入」，凡自周無「出」，故非春秋舊例也。諸在例外稱「入」，直是自外入内，【案：「是自」二字，永樂大典無之，從桓十五年正義所引釋例增。】記事者常詞，義無所取。而賈氏雖夫人姜氏之入皆以爲例，如此甚多。又依倣穀梁云：「稱『納』者，内難之詞」，因附會諸「納」爲義。至于納北燕伯于陽，傳稱因其衆窮不能通，乃云「時陽守距難，故稱『納』」，此又無證。經書「楚人圍陳，納頓子于頓」，則頓國之所欲也。北燕伯，傳有「因衆」之文，不可言内難也。

〔一〕孫本「及」作「入」。

又書「納公孫寧、儀行父于陳」，言「書有禮」，不可言「内難」也〔一〕。陳縣而見復，上下交驩，二人雖有淫縱之闕，今道楚匡陳，賊討君葬，威權方盛，傳稱其〔二〕禮，理無内難。【案：此二句宣十一年正義引釋例，作「傳稱有禮，理無所難」。】此皆先儒説之不安也。

班序譜第二十二【案：此篇永樂大典全闕，其篇目則見桓十六年孔穎達正義。】

釋例曰：周之宗盟，異姓爲後。故踐土之盟載書，齊、宋雖大，降于鄭、衛。斥周而言，指〔三〕謂王官之宰臨盟者也。其餘雜盟，未必皆然，踐土、召陵二會，皆蔡在衛上，諸國次之。至盟乃正其高下者，敬恭明神，本其始也。【僖二十八年正義引釋例。】魯爲春秋主，常例諸侯上，非其實次也。子帛，卿也，依魯大夫之比，列于莒上。故

〔一〕「言書有禮不可言内難也」，孫本無此十字。
〔二〕孫本「其」作「有」。
〔三〕孫本「指」作「止」。

傳曰「魯故也」。叔孫豹曰「宋、衛，吾匹也」，又曰「諸侯之會，寡君未嘗後衛君」，是魯在衛上也。宋既先代之後，又襄公一合諸侯以紹齊桓之伯，宋在齊上，則魯次宋也。【莊十四年正義引釋例。】

自隱至莊十四年，四十三歲，征伐盟會者，凡十六國。時無霸主，會同不并，無以成序。其間蔡與衛凡七會，六在衛上，唯此處在陳下，故以爲蓋後至也。【桓十六年正義引釋例班序譜。案：桓十六年「夏四月，公會宋公、衛侯、陳侯、蔡侯伐鄭。」正義云：「諸侯之序，以大小爲次，蔡此處在陳下，故以爲後至。」】

自隱至莊十四年，四十三歲，衛與陳凡四會，衛在陳上。自莊十五年盡僖十七年，三十五歲，凡六會，陳在衛上。【莊十六年正義引釋例班序譜。案：莊十六年「冬十有二月，會齊侯、宋公、陳侯、衛侯、鄭伯、許男、滑伯、滕子，同盟于幽。」杜集解云：「陳國小，每盟會皆在衛下。齊桓始霸，楚亦始强，陳侯介于二大國之間，而爲三恪之客，故齊桓因而進之，遂班在衛上，終于春秋。」】

齊桓既沒，宋、楚争盟。起僖十八年，盡二十七年，陳與蔡凡三會，在蔡上。楚合諸侯，蔡與陳凡六會，其五在陳上。【昭四年正義引釋例班序譜。案：昭四年正義云：「楚以大小爲序，不進陳班，故蔡多在陳上。」】

晉合諸侯二十國，起僖二十八年，盡哀十四年，大率皆陳後次蔡，蔡後次衛。【襄二十七年正義引釋例班序譜。】

公行至例第二十三【案：此篇見永樂大典，惟篇目佚，今補。】

桓二年

秋，云云，九月，云云，公及戎盟于唐。

傳曰：公及戎盟于唐，修舊好也。

冬，公至自唐。

傳曰：冬，公至自唐，告于廟也。傳例曰：凡公行，告于宗廟，反行，飲至、舍爵、策勳焉，禮也。特相會，往來稱地，讓事也。自參以上，則往稱地，來稱會，成事也。

〔桓〕十六年

夏四月，公會宋公、衛侯、陳侯、蔡侯伐鄭。

十五年傳曰：冬，會于袲，謀伐鄭，將納厲公也。弗克而還。

十六年傳曰：夏，伐鄭。

秋七月，公至自伐鄭。

傳曰：秋七月，公至自伐鄭，以飲至之禮也。

〔桓〕十八年

春王正月，公會齊侯于濼。公與夫人姜氏遂如齊。

夏四月丙子，公薨于齊。

丁酉，公之喪至自齊。

莊二十三年

夏，公如齊觀社。

傳曰：公如齊觀社，非禮也。

〔莊〕二十四年

夏，公如齊逆女。

秋，公至自齊。

〔莊〕二十七年

春，公會杞伯姬于洮。

傳曰：公會杞伯姬于洮，非事也。天子非展義不巡守，諸侯非民事不舉，卿非君命不越竟。

僖十六年

冬十有二月，公會齊侯、宋公、陳侯、衛侯、鄭伯、許男、邢侯、曹伯于淮。

〔僖〕十七年

夏，滅項，云云，九月，公至自會。

傳曰：淮之會，公有諸侯之事，未歸，而取項。齊人以爲討，而止公。秋，聲姜以公故，會齊侯于卞。九月，公至。書曰「至自會」，猶有諸侯之事焉，且諱之也。

〔僖〕二十八年

冬，公會晉侯、齊侯、宋公、蔡侯、鄭伯、陳子、莒子、邾子、秦人于温。諸侯遂圍許。

〔僖〕二十九年

春，云云，公至自圍許。

宣五年

春，公如齊。

夏，公至自齊。

傳曰：春，公如齊。高固使齊侯止公，請叔姬焉。夏，公自至齊，書，過也。

〔宣〕七年

冬，公會晉侯、宋公、衛侯、鄭伯、曹伯于黑壤。

傳曰：晉侯之立也，公不朝焉，又不使大夫聘，晉人止公于會。盟于黄父，公不與盟。以賂免。故黑壤之盟不書，諱之也。

〔宣〕八年

春，公至自會。

襄十年

春，公會晉侯、宋公、衛侯、曹伯、莒子、邾子、滕子、薛伯、杞伯、小邾子、齊世子光會吴于柤。

夏五月甲午，遂滅偪陽。

傳曰：春，會于柤，會吴子壽夢也，云云，晉荀偃、士匄請伐偪陽，而封宋向戌焉。云云，甲午，滅之。書曰「遂滅偪陽」，言自會也。

公至自會。

〔襄〕十二年

冬，云云，公如晉。

傳曰：公如晉朝，且拜士魴之辱，禮也。

〔襄〕十三年

春，公至自晉。

傳曰：公至自晉，孟獻子書勞于廟，禮也。

昭二十五年

秋，云云，九月己亥，公孫于齊，次于陽州。

〔昭〕二十六年

三月，公至自齊，居于鄆。

傳曰：三月，公至自齊，處于鄆，言魯地也。

〔昭〕二十七年

春，公如齊。公至自齊，居于鄆。

傳曰：公如齊。公至自齊，處于鄆，言自外也。

定十二年

冬，云云，十有二月，公圍成。

傳曰：將墮成，公歛處父請孟孫：「墮成，齊人必至于北門。且成，孟氏之保障也。無成，是無孟氏也。子僞不知，我將不墮。」冬十二月，公圍成，弗克。

公至自圍成。

右公行一百七十六，書「至」者八十二，錯綜其二十九以包通之。

釋例曰：

凡公出朝聘、奔喪、會葬，皆但書而不言其事。此春秋之常。【案：「凡公出」以下二十二字，永樂大典無之，從莊二十三年正義所引釋例補入。】經書公「行」及「至」，皆因告于廟，書之于策。桓二年「公至自唐」，傳曰「告于廟也。」然則凡盟有一百五，公行一百七十六。書

「至」者，八十二。【案：「盟有」以下十八字，永樂大典無之，從桓二年正義所引釋例增。】其不書「至」者，九十有四，皆不告廟也。隱公之不告，謙也。餘公之不告，慢于禮也。

公行，或朝或會，或盟或伐，或得禮或失禮〔一〕，其事非一，故傳隨而釋之。于盟釋告廟〔二〕，嫌他例不通，故復總曰「凡公行，告于宗廟，反行飲至，舍爵策勳焉，禮也。」此以明公之出境，當無不告。及其反也，則必飲至，有功則策勳。故公至自伐鄭，傳重言以飲至之禮；孟獻子書勞于廟，傳復云得「禮」，所以反覆凡例也。公朝于晉而獻子書勞，知策勳非惟討伐之功，雖或常行〔三〕，有以寧國安民。【案：「寧國」，襄十三年正義引釋例，作「定國」。】亦書功于廟也。然則凡反行飲至，必以嘉會昭告于祖禰，有功則舍爵策勳，無勳無勞〔四〕，告成事而已〔五〕。若夫執止之辱，壓尊毀列，所以累其先君，忝其社稷，固當克躬

〔一〕孫本脱兩「或」字。
〔二〕孫本廟下多「也」字。
〔三〕孫本「行」作「事」。
〔四〕孫本「勲」下無「無」字。
〔五〕孫本脱「成」字。

罪已，不以嘉禮自終。宣公如齊既已見止，連婚于鄰國之臣，而行飲至之禮，故傳曰：「書過。」桓公之喪至自齊，此則死還告廟，而書「至」者也。莊公違禮，如齊觀社，用飲至之禮，此則失禮之書「至」者也。公又如齊逆女，則得禮亦書「至」也。宣公黑壤之會，以賂免，諱不書盟，而復書「至」，亦諱不以見止告廟也。襄公至自晉，此則策勞，還而書「至」。昭公至自齊，居于鄆，此則宜告而書「至」者也。諸書「至」，皆告廟啓反。或即實而言，或有所諱避。傳于伐鄭見飲至之禮，于宣見書過之譏，于襄見書勞于廟，舉此三者以包其他行也。僖十七年傳曰「『公至自會』，猶有諸侯之事，諱之也。」明以諸侯之事越境，還至，用飲至之禮，正也。公以滅項爲齊所止，會事既畢，踰年乃還，非公所終，而經書「至自會」，故傳特釋曰「猶有諸侯之事，且諱之也。」温之會，遂圍許，書「公至自圍許」；柤之會，遂滅偪陽，書「公至自會」，諸若此類，事勢相接，或以始致，或以終致，蓋時史之異耳，無他義也。【案：此句永樂大典無之，從桓二年正義所引釋例增入。】

陪臣執命，大都耦國。仲由建墮三都之計，而成人不從，故公親圍之。雖不越境，動衆興兵，大其事，故出入皆告于廟也。

郊雩烝嘗例第二十四【案：此篇見永樂大典，惟篇目佚，今從孔穎達僖九年正義補。】

桓八年

春正月己卯，烝。

夏五月丁丑，烝。

釋例曰：啓蟄而郊，謂夏正建寅之月，于是祀南郊，配后稷，以祈〔一〕農事也。龍見而雩，謂建巳之月，蒼龍七宿之體昏見東方，于是大雩祭天，遠爲百穀祈膏雨也。始殺而嘗，謂建酉之月，蒹葭蒼蒼，白露爲霜，陰氣始殺，嘉穀始熟。于是薦嘗于宗廟也。【案：桓五年正義

〔一〕四庫本作「祇」，當是「祈」字之誤，據改。

云：「始殺嘗祭，實起于建申之月，今云建酉者，言其下限。賈、服解『始殺』，唯據『孟秋』，不通建酉之月，故釋例破賈、服，而爲此言。」】閉蟄而烝謂建亥之月，草木枯槁，昆蟲閉蟄，履霜堅冰，萬物皆成，可薦者衆。于是享祭，烝于祖考也。

言凡祀舉郊雩烝嘗，則天神、人鬼、地祇之祭皆通也。其他羣祀不録，可知也。礿祠及地祇，經無其事，故不備言。亦約文以相包也。【案：此四句桓五年正義引釋例，作「不云礿祀地祇者，經無其事，故傳畧而不言。」】

過則書者，謂非其時，非其祀，「不旱而雩」之類，是也。

始夏而雩者，謂純陽用事，防有旱災而祈之也。至于四時之旱，及又因用此禮而求雨，故亦曰「雩」。

宗廟之祀也，既有天時，又須所薦之物可薦。卜日又有吉否，則仲月其常也。故周禮祀號，日以四時仲，正之也。

經書正月烝，得仲月之時也。其夏五月復烝，此爲過烝。若但書「夏五月，烝」，則唯可知其非時，故先發正月之烝，而後經書「五月烝」，【案：「後經」二字，桓五年正義引釋例，作「繼」字。】以示非時，并明再烝瀆也。

四時享祀，孝子之所以致忠，故雖大災、大禮、大凶亡喪哀是以廢大事，乃有闕。今以建未之月而修嘗祭之禮，非也。然既戒日致齋，御廩雖災，不害嘉穀，祭亦不應中廢。故經書「乙亥嘗」以示過。傳釋之以不害也。

傳曰「春不雨」，「夏六月，雨」，「自十月不雨，至于五月，不曰『旱』，不爲災也。」然則雖書「不雨」，必須將爲災然後得雩。常事不書，諸書「雩」而傳不以「旱」釋之者，皆過雩也。經書「過雩」，則與「旱雩」不别，故傳皆發之。

天子郊祀，因望祭四方衆神，諸侯不得依天子，唯望祭其封内山川、分野之星，是謂三望。魯以周公故，得用天子禮樂，故雖諸侯，而特郊祀，配以后稷。其望祭也，自從常祀制也，常祀自祭之所必。故禮唯卜郊日，而又卜可郊與否，今郊既配有日，而更復疑卜。或既耕而後卜郊，廢上天之祀而别祀三望，闕大存小，怠慢失序，故經書「猶」，傳皆隨而發之也。此事三見卜，而傳釋其二，以明卜郊不從與郊牛死，所以不郊雖異，而譏同也。成七年「不郊」，亦俱以牛事，故不重釋也。「辛丑用郊」文異，而丘明不發傳，明時史之辭，非聖意也。【案：「明時史」二句，成十七年正義引釋例，「明」作「因」，「非聖」下有

「賢」字。】

凡以旱爲雩者，傳皆從而釋之。上辛、季辛，一月之中再雩，釋其旱甚，明皆得禮也。先儒之辯郊、雩、烝、嘗，各據所見，多不審悉。今博採以斷諸疑。歷法，正月節立春，啓蟄爲中氣；【案：孔穎達桓五年正義云：「夏小正曰『正月啓蟄』，其傳曰『言始發蟄也』。故漢氏之始，以啓蟄爲正月中，雨水爲二月節。及太初以後，更改氣名，以雨水爲正月中，驚蟄爲二月節，以迄于今，踵而不改。今歷正月雨水中，四月小滿中，八月秋分中，十月小雪中，注皆以此四句爲建寅、建巳、建酉、建亥之月，則啓蟄當雨水，龍見當小滿，始殺當秋分，閉塞當小雪。晉世之歷，亦以雨水爲正月中，而釋例云『歷法，正月節立春，啓蟄爲中氣』者，因傳有『啓蟄』之文，故遠取漢初氣名，欲令傳與歷合。」】二月節驚蟄，春分爲中氣；三月節清明，穀雨爲中氣；四月節立夏，小滿爲中氣；五月節芒種，夏至爲中氣；六月節小暑，大暑爲中氣；七月節立秋，處暑爲中氣；八月節白露，秋分爲中氣；九月節寒露，霜降爲中氣；十月節立冬，小雪爲中氣；十一月節大雪，冬至爲中氣；十二月節小寒，大寒爲中氣，凡十二月，而節氣有二十四，共通三百六十六日，分爲四時，間之以閏月。故節未必得恒在其月初，而中氣亦不得恒在月之半，是以傳舉天宿氣節爲文，而不以月爲正。

僖公、襄公「夏四月，卜郊」，但譏其非所宣卜，而不譏其四月不可郊也。孟獻子曰：「啓蟄而郊，郊而後耕」，耕謂春分也，言得啓蟄即當卜郊，不應過春分也。案歷法，有啓蟄、驚蟄而無龍見、始殺、閉蟄，此古人所名不同，然其法推不得有異。傳曰：「火伏而後蟄者畢。」此謂十月始蟄也，至十一月則遂閉之。猶二月之驚蟄，既啓之後，遂驚而走出，始蟄之後又自閉塞也。【案：桓五年正義云：「注以閉蟄爲十月，而釋例云『十一月遂閉之』者，以正月半蟄蟲啓户，二月初則驚而走出，十月半蟄蟲始閉，十一月初則遂閉之。傳稱四者皆舉中氣，言其至此中氣，則卜此祭，次月初氣仍是祭限，次月中氣乃爲過時。既以閉蟄爲建亥之月，又言十一月則遂閉之，欲見閉蟄以後、冬至以前皆得烝祭也。」】

白露、秋分，謂之始殺。龍星之體昏見【案：「昏」字，桓五年正義引釋例，作「畢」。】，謂立夏之月，言得此月節，則當卜祀，過涉次節，則以過而書。故秋雩書不時，此涉周〔一〕之立秋節也。【案：孔穎達正義云：「言涉立秋節者，謂涉立秋之月中氣節也。過涉次節，亦謂中節，非初節也。若始涉初節，則不譏之矣。」】

〔一〕孫本「周」作「用」。

土功作者，不必月日，故亦書「龍見而畢務，戒事也。火見而致用，水昬正而栽，日至而畢，此其大準也。」周禮祭宗廟以四仲，蓋言其下限也。月令之書，出自吕不韋，其意也欲爲秦制，非古典也。潁氏因之以爲「龍見五月」。五月之時，龍星已過于見，此爲彊牽天宿以附會吕不韋之月令，非所據而據。既以不安，且又自違。左氏傳稱「秋，大雩，書不時」。此秋即潁氏之五月，而忘其不時之文，欲以雩祭。

劉、賈又以爲諸書「用」皆不宜用，【案：「書」字，成十七年正義引釋例，作「言」。】反于禮者也。施之用郊，似若有義，至于贄用幣及用鄫子，諸若此比，皆當須書「用」，以别所用者也。若不言用，則事敘不明。所謂辭窮，非聖人故造此用以示義也。且諸過祀、三望之類，奚獨皆不書「用」邪？案左氏傳，用幣于社，稱曰「得禮」。【案：「稱」字，成十七年正義引釋例，作「傳」。】冉有用矛于齊師，孔子以爲義，無不宜用之例也。丘明云：「我師豈欺我哉！」

王侯夫人出奔例第二十五【案：此篇見永樂大典，其篇目亦存。】

桓六年

春正月，實來。

五年傳曰：冬，淳于公如曹。度其國危，遂不復。

六年傳曰：春，自曹來朝。書曰「實來」，不復其國也。

〔桓〕十五年

夏，云云，五月，鄭伯突出奔蔡。

傳曰：祭仲專，鄭伯患之，使其壻雍糾殺之。云云，祭仲殺雍糾，云云，公載以出。

〔桓〕十六年

冬，云云，十有一月，衛侯朔出奔齊。

傳曰：宣姜與公子朔搆急子，云云，二公子故怨惠公。云云，立公子黔牟。惠公奔齊。

莊元年

春，云云，三月，夫人孫于齊。

傳曰：夫人孫于齊。不稱姜氏，絶不爲親，禮也。

〔莊〕四年

夏，云云，紀侯大去其國。

傳曰：紀侯不能下齊，以與紀季。夏，紀侯大去其國，違齊難也。

閔二年

秋，云云，九月，夫人姜氏孫于邾。

傳曰：閔公之死也，哀姜與知之，故孫于邾。

僖二十四年

冬，天王出居于鄭。

傳曰：初，甘昭公有寵于惠后，云云，頹叔、桃子曰：「我實使狄，狄其怨我。」遂奉太叔以狄師攻王。王御士將禦之，王曰：「先后其謂我何？云云，天子無出，書曰「天王出居于鄭」，避母弟之難也。

〔僖〕二十八年

夏四月，云云，衛侯出奔楚。

傳曰：衛侯欲與楚，國人不欲，故出其君，以説于晉。衛侯出居于襄牛。云云，衛侯聞楚師敗，懼，出奔楚，遂適陳。

文十二年

春王正月，郕伯來奔。

十一年傳曰：郕太子朱儒自安于夫鍾，國人弗徇。

十二年傳曰：春，郕伯卒，郕人立君。太子以夫鐘與郕邽來奔。公以諸侯逆之，非禮也。故書曰「郕伯來奔」。不書地，尊諸侯也。

襄十四年

夏四月，云云，己未，衛侯出奔齊。

傳曰：衛獻公戒孫文子、甯惠子食，皆服而朝，日旰不召，而射鴻于囿。二子從之，不釋皮冠而與之言。二子怒。云云，公出奔齊，云云，公使祝宗告亡，且告無罪。定姜曰：「無神，何告？若有，不可誣也。有罪，若何告無？舍大臣而與小臣謀，一罪也。先君有冢卿以爲師保，而蔑之，二罪也。余以巾櫛事先君，而暴妾使余，三罪也。告亡而已，無告無罪！」

昭三年

冬，云云，北燕伯款出奔齊。

傳曰：燕簡公多嬖寵，欲去諸大夫而立其寵人。冬，燕大夫比以殺公之外嬖。公懼，奔齊。書曰「北燕伯款出奔齊」，罪之也。

〔昭〕二十一年

冬，蔡侯朱出奔楚。

傳曰：楚費無極取貨于東國，而謂蔡人曰：「朱不用命于楚，君王將立東國。若不先從王欲，楚必圍蔡。」蔡人懼，出朱而立東國，云云。

〔昭〕二十三年

秋七月，莒子庚輿來奔。

傳曰：莒子庚輿虐而好劍。苟鑄劍，必試諸人。國人患之。又將叛齊。烏存率國人以逐之。

〔昭〕二十五年

秋，云云，九月己亥，公孫于齊，次于陽州。齊侯唁公于野井。

傳曰：齊侯將唁公于平陰，公先至于野井。齊侯曰：「寡人之罪也。使有司待于平陰，爲近故也。」書曰「公孫于齊，次于陽州。齊侯唁公于野井」，禮也。將求于人，則先下之，禮之善物也。

哀十年

春王二月，邾子益來奔。

七年傳曰：秋伐邾，云云，以邾子益來，云云。

八年傳曰：乃歸邾子。邾子又無道，吴子使太宰子餘討之，囚諸樓臺，栫之以棘。使諸大夫奉太子革以爲政。

十年傳曰：春，邾隱公來奔，齊甥也，故遂奔齊。

桓十一年

秋，云云，九月，云云，鄭忽出奔衛。

傳曰：雍氏宗，有寵于宋莊公，故誘祭仲而執之。曰：「不立突，將死。」云云，祭仲與宋人盟，以厲公歸而立之，秋九月丁亥，昭公奔衛。己亥，厲公立。

昭元年

秋，云云，莒展輿出奔吴。

傳曰：莒展輿立，而奪羣公子秩。公子召去疾于齊。秋，齊公子鉏納去疾，展輿奔吴。云云，君子曰：「莒展之不立，棄人也夫！人可棄乎？詩曰『無競維人』，善矣。」

〔昭〕八年

夏四月，云云，陳公子留出奔鄭。

傳曰：哀公有廢疾。三月甲申，公子招、公子過殺悼太子偃師而立公子留，云云，公子勝愬之于楚，云云，公子留奔鄭。

〔昭〕二十六年

冬十月，云云，尹氏、召伯、毛伯以王子朝奔楚。

〔昭〕二十二年

夏，經書「王室亂」。

〔昭〕二十三年

秋，經書「尹氏立王子朝」。

二十六年傳曰：晉師克鞏。召伯盈逐王子朝，王子朝及召氏之族、毛伯得、尹氏固、南宫嚚奉周之典籍以奔楚。

釋例曰：

君爲元首，臣爲股肱，股肱元首，同體合用，相須而成也。然假異氣以合德，執名義以相服，非忠誠之感，和理之應，則四體交兢，元首失德。燕款以多寵見逐，鄭突以專臣失位，蔡朱以外讒出奔，莒展以棄人不立。由此觀之，君臣之間，有釁多矣。唯秉德而志公者，必博聽而遠覽，無常親也，無常疎也。有親必有疎，有常必致非常也。此人君之安危，今古之成敗也。諸侯有國，社稷是重。

州公如曹，度其國危，危而無患慮，容身于魯，社稷絶祀，非奔非朝，故「實來」。內諱奔謂之「孫」，使若不爲臣子之所逐，自孫位而去之。【案：「之」字，莊元年引釋例，作「者」字。】

文姜與公如齊，以淫見謫，懼而歸誡于襄，【案：此句，莊元年正義引釋例，作「懼而歸訴于襄公」。】襄公戕公，而委罪于彭生。【案：「戕」字，莊元年正義引釋例，作「殺」字。】弑公之謀，姜所不與，疑懼而自留于齊。莊公感其不反，以闕即位之禮。故姜氏自齊而還魯，魯人探情以責之，故復出奔。夫子以爲姜氏罪不〔二〕與弑，于莊公之義，當以母淫于齊而絶其齊親，内全母子之道，故經不稱「姜氏」。傳曰：「絶，不爲親，禮也」，明絶之于齊也。文姜稱「夫人」，明母義存也。哀姜外淫，故孫稱「姜氏」，明義異也。

文姜之身，終始七如齊，再如莒，皆以淫行，書「出」而不書「反」【案：「書出」，莊元年正義引釋例，作「書行」。】，則元年之還，亦不告廟，推此可知也。

紀侯力弱慮窮，自以列國，不忍屈臣于齊，使紀季以酅求安，而脱身外寓。季果爲附庸，社稷有奉，故不言「滅」。不見迫逐，故亦不言「奔」。「大去」者，不反之辭，蓋時史即實而言，仲尼不改。故傳不言「故書」書曰也。

天子以天下爲家，故傳曰「凡自周無出」，今以出居爲名，而不書「奔」，殊之于列國。

郕之世子以地來奔，此罪人也。公乃嘉而君之，謬用諸侯之禮待之，同于郕伯。夫子

〔二〕此下「不與弑于莊公之義」至「以定公位也」，孫本俱脱。

即而書「郕伯來奔。」書斯，示此亦有意于褒貶也。

諸侯奔亡，皆迫逐而苟免，非自出也。傳稱「衛孫林父、甯殖出其君」，名在諸侯之策，此以臣名赴告之文也。仲尼之經更没逐者主名，以自奔爲文者，責其君不能自安自固，所犯非徒所逐之臣也。且衛赴不以名，而燕赴以名，各隨赴而書之者。義在于彼，不在此也。傳不發于蔡朱、衛衎，而發于燕款者，款罪輕于衛衎，而重于蔡朱，故舉中示例，以兼通上下也。朱雖無罪，據其失位而出奔【案：此句永樂大典作「據位出奔」，從春秋序正義所引釋例增。】，亦其咎也。

晉侯問于師曠曰：「衛人出其君，不亦甚乎？」對曰：「或者其君實甚。良君將賞善而刑淫，養民如子，蓋之如天，容之如地。民奉其君，愛之如父母，仰之如日月，敬之如神明，畏之如雷霆，其可出乎？夫君，神之主也，民之望也。若困民之主，匱神之祀，百姓絶望，社稷無主，將焉用之？弗去何爲？天之愛民甚矣，豈使一人肆千民上，以從其淫？必不然矣。晉悼感衛衎而發問，師曠恃其目盲，因問答以極言，且明君不能君，故臣亦不能臣，罪不純在臣也。

鄭忽既葬免喪而不稱君者，忽爲太子有母氏之寵、宗卿之援，有功于諸侯，此太子之盛者也。守介節，以失大國之助；知三公子之强，不用祭仲之言，修小善，潔小行，從匹夫之仁，忘社稷之大計，故君子謂之「善自爲謀」，言不能謀國也。父卒而不能自君，鄭人亦不君之，是以出則降名以赴，入則逆之以太子之禮。始于見逐，終于見殺，三公子更立，亂鄭國者，實忽之由也。故仲尼因而示義也。

公子留、莒展輿書名者，簒弒而立，未列于會也。諸侯即位，上有王命，次則列國以爲班，然後成君。故凡不受先君之命者，雖已踰年，不與諸侯會。而出奔皆不稱爵，此古之常制。故傳曰「會于平州」，以定公位也。

春秋釋例卷四

執大夫行人例第二十六【案：此篇見永樂大典，惟篇目佚，今補。】

桓十一年

秋，云云，九月，宋人執鄭祭仲。

傳曰：雍氏宗，有寵于宋莊公，故誘祭仲而執之，曰：「不立突，將死。」云云，歸而立之。秋九月丁亥，昭公奔衛。己亥，厲公立。

莊十七年

春，齊人執鄭詹。

傳曰：春，齊人執鄭詹，鄭不朝也。

僖四年

夏，云云，齊人執陳轅濤塗。

傳曰：陳轅濤塗謂鄭申侯曰：「師出于陳、鄭之間，國必甚病。若出于東方，觀兵于東夷，循海而歸，其可也。」申侯曰：「善。」濤塗以告齊侯，許之。申侯見，云云，齊侯説，與之虎牢。執轅濤塗。秋，伐陳，討不忠也。

文十四年

冬，單伯如齊。齊人執單伯。齊人執子叔姬。

傳曰：襄仲使告于王，請以王寵求昭姬于齊。冬，單伯如齊請叔姬，齊人執之。又執子叔姬。

〔文〕十五年

夏，云云，單伯至自齊。

傳曰：齊人許單伯請而赦之，使來致命。書曰「單伯至自齊」，貴之也。

成十六年

秋，云云，九月，晉人執季孫行父，舍之于苕丘。

傳曰：宣伯使告郤犨，云云，晉人執季文子于苕丘。公還，待于鄆，使子叔聲伯請季孫于晉。云云，乃許魯平，赦季孫。

襄十一年

秋，云云，楚人執鄭行人良霄。

傳曰：鄭人使良霄、太宰石㚟如楚，告將服于晉，云云，楚人執之。書曰「行人」，言使人也。

〔襄〕十八年

夏，晉人執衛行人石買。

十七年傳曰：衛石買、孫蒯伐曹，取重丘。曹人愬于晉。

〔襄〕十八年

傳曰：夏，晉人執衛行人石買于長子，執孫蒯于純留，爲曹故也。

〔襄〕二十六年

秋，云云，晉人執衛甯喜。

傳曰：六月，公會晉趙武、宋向戌、鄭良霄、曹人于澶淵，以討衛，疆戚田。云云，于是衛侯會之。晉人執甯喜、北宫遺，使女齊以先歸。

昭八年

夏四月，云云，楚人執陳行人干徵師殺之。

傳曰：干徵師赴于楚，且告有立君。公子勝訴之于楚。楚人執而殺之。云云，書曰「楚人執陳行人干徵師殺之」，罪不在行人也。冬十月壬午，楚師滅陳，執陳公子招，放之于越。

〔昭〕十一年

冬十有一月丁酉，楚師滅蔡，執蔡世子有以歸，用之。

傳曰：楚子滅蔡，用隱太子于岡山。申無宇曰：「不祥。五牲不相爲用，況用諸侯乎！」

〔昭〕十三年

秋，云云，八月，晉人執季孫意如以歸。

傳曰：邾人、莒人愬于晉，曰：「魯朝夕伐我，幾亡矣。我之不共，魯故之以。」晉侯不見公，云云，公不與盟，晉人執季孫意如，云云，以平子歸。

〔昭〕十四年

春，云云，意如至自晉。

傳曰：春，意如至自晉，尊晉、罪已也。尊晉、罪已，禮也。

〔昭〕二十三年

春王正月，云云，晉人執我行人叔孫婼。

傳曰：邾人城翼，還，將自離姑。云云，遂取邾師，獲鉏、弱、地。邾人愬于晉，晉人來討。叔孫婼如晉，晉人執之。書曰「晉人執我行人叔孫婼」，言使人也。

〔昭〕二十四年

春王二月，云云，婼至自晉。

傳曰：「婼至自晉」，尊晉也。

定元年

春王三月，晉人執宋仲幾于京師。

傳曰：晉魏舒合諸侯之大夫于狄泉，將以城成周。云云，宋仲幾不受功，云云，乃執仲幾以歸。三月，歸諸京師。

〔定〕六年

秋，晉人執宋行人樂祁犂。

傳曰：宋樂祁言于景公曰：「諸侯惟我事晉，今使不往，晉其憾矣。」云云，公謂樂祁曰：「唯寡人説子之言，子必往！」云云，趙簡子逆，而飲之酒于緜上，獻楊楯六十于簡子。云云，范獻子言于晉侯曰：「以君命越疆而使，未致使而私飲酒，不敬二君，不可不討也。」乃執樂祁。

〔定〕七年

秋，云云，齊人執衛行人北宫結以侵衛。傳曰：齊侯、鄭伯盟于鹹，徵會于衛。衛侯欲叛晉，諸大夫不可。使北宫結如齊，而私于齊侯曰：「執結以侵我。」齊侯從之。

昭四年

秋七月，楚子、蔡侯、陳侯、許男、頓子、胡子、沈子、淮夷伐吴，執齊慶封，殺之。傳曰：楚子以諸侯伐吴，云云，使屈申圍朱方。八月甲申，克之，執齊慶封而盡滅其族。云云，使言曰：「無或如齊慶封弑其君，弱其孤，以盟其大夫！」右執大夫、行人及叔姬，并書「至」，凡二十。

釋例曰：

古之諸侯，享、頫、聘、問，相繫于時，所以抒人情，蠲煩惑，合嘉好也。及作征、伐、會、盟，軍之所興，兵之所加，各有本志，志于懲治不軌，伐叛柔服而已。使以行人言之，言之以接事【案：此二句，襄十一年正義引釋例，作「使以行言，言以接事。」】，信令之要，于是乎在。舉不以怒，則刑不濫。刑不濫，則兩國之情得通。兵有不交而解者，皆行人之勳也。是以雖飛矢在上，走驛在下。及其末節，不統大理，更〔二〕遷怒肆忿，快意于行人，譬諸豺狼求食而已。傳曰：「鄭人使伯蠲行成，晉人殺之，非禮也。」兵交，使在其間可也。故夫子特顯行人之例。【案：「例」字，襄十一年正義引釋例，作「文」。】行人有六，而發傳有三者〔三〕，因良霄以顯其稱行人之事，因干徵師以示其非罪，因魯叔孫婼以同外內大夫，則餘三人，皆隨例而爲義也。諸以行人爲名，通及外內，以卿出使，義取于非其罪

〔二〕孫本無「更」字。
〔三〕孫本作「而傳發其三者」。

也。若濤塗、甯喜之類【案：「類」字，襄十一年正義引釋例，作「屬」。】，罪在其身；鄭叔詹、魯行父之等，以執政受罪。本非出使，故不稱行人，從實而書，皆以罪之也。【案：杜預集解云：「齊桓始伯，鄭既伐宋，又不朝齊。詹爲鄭執政大臣，詣齊見執，不稱行人，罪之也。」孔穎達正義云：「劉炫以此注云：『詣齊見執』，釋例云：『詹本非出使』，謂其自相矛盾。』今攷齊〔一〕不朝而責于鄭，鄭令詹詣齊謝罪，齊人執之，故釋例云：『原非出聘之使』，與集解文異事同。劉炫不尋此義，乃爲規過，非也。」】鄭祭仲之如宋也，非會非聘，與于見誘，而以行人應命，不能死節，挾僞以篡其君，故經不稱「行人」以罪之也。

伯、仲、叔、季，固人字之常，然古今亦有以爲名者，而公羊守株，專謂祭氏以「仲」爲字。既謂之字，無辭可以善之，因託以行權。人臣而善其行權逐君，是亂人倫、壞大教也。説左氏者，知其不可，更云「鄭人嘉之，以字告，故書字。」此爲因有告命之例，欲以苟免，未是春秋之實也。宰渠伯糾、蕭叔大心皆以「伯」、「叔」爲名，然〔二〕則

〔一〕孫本「齊」下有「以鄭」二字。
〔二〕孫本脱「然」字。

「仲」亦名也。傳又云「祭仲足，或偏稱『仲』【案：此句永樂大典無之，從桓五年正義所引釋例增入。】，或偏稱『足』，蓋名『仲』，字『仲〔二〕足』也。」

單伯，天子之卿也。爲我如齊，故書其行。齊人無禮，逆執王使，并及叔姬。是以季文子如晉求助，晉無救卹之實，而單伯能敷宣王命，以免于執，叔姬見釋，遂還致命，皆單伯之力。故魯人嘉之而告廟。傳曰：「書曰『單伯至自齊，貴之也』」，又曰「齊人來歸子叔姬，王故也」，此皆歸功單伯，明晉無令政也。意如至自晉，傳言尊晉，罪己也；婼至自晉，傳復重發，但言尊晉，意如以罪見執，宜在罪己。婼本使人，不應見執，故尊晉而已，内大夫行還，皆不書「至」，異于公也。今此二人執而見釋，更以書「至」，見義也。

晉在王城執仲幾，不即歸之天子，而送歸于國。後乃致之王所，故但書其〔三〕執，而不書其歸，言失節也。慶封得罪于齊，絶位奔吳，吳與之朱方，爲吳大夫。今見殺，而經書

〔二〕孫本無「仲」字。
〔三〕孫本「其」作「曰」。

「齊」者，楚人以齊罪殺之，故告以齊，明此慶封非異人也。

罪也。」按傳曰「囚之莒丘」，以別晉都，無義例也。公待于鄆，與行父俱歸，從于公，故不書行父至也。【案：「從于公」二句，成十六年正義引釋例，作「厭于公尊，故不書行父至耳」。】若欲示無罪，則宜于執見義。今既直書其執處，更絶不書「至」，乃所以示不終于見執，非示無罪也。

賈氏以爲「書執行父，舍于莒丘，言失其所。不書『至』者，刺晉聽讒執之，示已無

書謚例第二十七【案：此篇永樂大典全闕。】

釋例曰：

謚者，興于周之始王，變質從文，于是有諱焉。傳曰：「周人以諱事神，名，終將諱之」，故易之以謚，末世滋蔓，降及匹夫，爰暨婦人。婦人無外行，于禮當繫夫之謚，以明所屬。詩稱「莊姜」、「宣姜」，即其義也。【隱元年正義引釋例。】謚法云：「隱拂不成」曰

「隱」。【吕祖謙春秋集解引釋例。】

書叛例第二十八【案：此篇永樂大典全闕。】

釋例曰：

古之大夫，或錫之田邑，或分之都城，故有千室之邑、百乘之家。君之禄，義則進，否則奉身以退。若專禄以周旋，雖無危國害主之實，皆書曰「叛」。「叛」者，反背之辭也。庶賤之人，不齒于列，雖有善惡，不章顯名氏。若乃披邑害國，則以地重，以書其名，且終顯其惡也。「適魯」，則書地；曰「來奔」，「來奔」則叛可知。蓋記事外内之辭也。劉、賈説三叛人以地來奔，不書叛，謂不能專也。此直外内之辭，既以地來，妻公之姑姊，還其大邑，不得復言不能專也。【襄二十六年正義引釋例。】

齊侯、鄭伯詐朝于紀，欲以襲之。紀人大懼，而謀難于魯，請王命以求成于齊。公告不能，齊遂偪之，遷其三邑。國有旦夕之危，而不能自入爲附庸，故分季以酅，使請事于齊。大去之後，季爲附庸。先祀不廢，社稷有奉，季之力也。故書字不書名，書入不書叛也。叛，分也。傳曰「始分」，爲紀侯大去張本也。劉、賈謂：「紀季以酅奔齊，不言叛，不能專酅也。」傳稱「紀侯不能下齊，以與紀季」，季非叛也。紀亡之後，叔姬歸于酅，明爲附庸，猶得專酅，故可歸也。【莊三年正義引釋例。】

書次例第二十九【案：此篇見永樂大典，惟篇目佚，今補。】

釋例曰：

凡師一宿爲舍，再宿爲信，過信爲次。此周公之典，以詳録師出入行止遲速，因爲之名也。兵事尚速，老師費財，不可以久。故春秋以告命三日以上，必告其「次」。「舍」之與「信」不書者，輕碎，不以告也。兵未有所加，所次則書之，以示遲速，「公次于滑」、「師次于郎」是也。既書兵所加，則不書其所次，以事爲宜，非虚次，諸久兵而不書「次」是也。既書兵所加，而又書次者【案：句首「既書兵」三字，永樂大典脱，從莊三年正義所引釋例增。】，義有取于次【案：此句永樂大典作「義有所次」，從莊三年正義所引釋例改正。】，「遂伐楚，次于陘」、「盟于牡丘，遂次于匡」，是也。所紀或次在事前，次以成事也；或次在事後，事成而次也。皆隨事實，無義例也。【案：莊三年正義云：「杜言『既書兵所加，則不書其次者』，或伐或戰，曠日持久，其間必有三日之次。『既書戰伐，則不書次。雖次在事前，次在事後，皆不書也。既書兵所加，而又書次者』，義有取于次。齊侯伐楚，楚彊，齊欲，綏之以德，故不速進，而次于陘，盟于牡丘。本爲救徐，各使大夫救徐，次匡以爲之援，義取于次。故書兵所加，而又書其次。『次在事前』，謂僖元年『齊師、宋師、曹師次于聶北，救邢也』。『次在事後』，謂襄二十三年『叔孫豹帥師救晉，次于雍榆』也。『聶北』之下，公羊傳曰：『曷爲先言次，而後言救？君也。』『雍榆』之下，公羊傳曰：『曷爲先言救，而後言次？先通君命也。』左傳先儒取彼爲説，言『齊桓，君也，進止自由，故先次後救。叔孫，臣也，先通君命，故先救後次。』杜以傳無此言，故改正其謬，言此二事，或次以成事，或事成而次，皆隨事實先後而書之，無義例也。」】

「楚子、蔡侯次于厥貉」，宋公、鄭伯、陳侯、麇子不書于經者，陳、鄭自息而從楚子，宋公勢卑以苟免在列。鄭伯爲楚僕任，受令于司馬，麇子恥之，遂逃師而歸。三君失位降爵，故不列諸侯，宋、鄭猶然，則陳侯必同也。

「叔孫豹救晉，次于雍榆」，傳曰：「禮者，善其宗助盟主，非以次爲禮也。」「齊桓次于聶北，救邢」，亦以存邢，具其器用而還師。人無私見，善不在次也。而賈氏皆即以爲善「次」，次之與否，自是臨時用兵之宜，非禮之所素制也。若「魯公次于乾侯」之比，非爲用師，不應在例，而復例之，亦爲濫也。

遷降例第三十【案：此篇見永樂大典，惟篇目佚，今補。】

釋例曰：

邢遷于夷儀，則以自遷爲文。宋人遷宿，齊人遷陽，則以宋、齊爲文，各從彼此所遷之實，記注之常辭，亦非例也。劉、賈依二傳以爲「鄣，紀之遺邑」，計紀侯去國，至此二十七年，紀侯猶不堪齊而去，則邑不得獨存。此蓋附庸小國，若邿、鄟者也。【案：自「劉、賈依二傳」以下，永樂大典無之，從莊三十年正義所引釋例增。】須句子，魯之私屬，若顓臾之比。魯謂之社稷之臣，故來奔。及反，不書于經，賈氏云「但因成風來，不見公」，亦未安。

以歸例第三十一【案：此篇永樂大典，全闕。】

釋例曰：

據宗廟社稷已亡，而君見獲于敵，君身雖在，與亡無異，皆以滅爲文。則定六年「鄭游速帥師滅許，以許男斯歸」是也。若社稷宗廟不亡，君身見獲于敵，則云「以歸」，「以蔡侯獻舞歸」是也。【案：莊十年正義引釋例。】

夫人内女歸寧例第三十二【案：此篇見永樂大典，其篇目亦存。】

莊十二年

春王三月，紀叔姬歸于酅。

〔莊〕二十七年

冬，杞伯姬來。

傳曰：杞伯姬來，歸寧也。傳例曰：凡諸侯之女，歸寧曰「來」，出曰「來歸」，夫人歸寧曰「如某」，出曰「歸于某」。

僖十四年

夏六月，季姬及鄫子遇于防。使鄫子來朝。

傳曰：鄫季姬來寧，公怒，止之，以鄫子之不朝也。夏，遇于防，而使來朝。

〔僖〕十五年

秋九月，云云，季姬歸于鄫。

〔僖〕二十八年

秋，杞伯姬來。

文九年

春，云云，夫人姜氏如齊。

三月，夫人姜氏至自齊。

〔文〕十五年

冬，云云，十有二月，齊人來歸子叔姬。

傳曰：齊人來歸子叔姬，王故也。

〔文〕十八年

冬十月，云云，夫人姜氏歸于齊。

傳曰：夫人姜氏歸于齊，大歸也。

宣五年

冬，齊高固及子叔姬來。

傳曰：冬，來，反馬也。

〔宣〕十六年

秋，郯伯姬來歸。

傳曰：秋，郯伯姬來歸，出也。

成五年

春王正月，杞叔姬來歸。

右夫人、内女歸寧、出，凡十一。

桓十八年

春王正月，公會齊侯于濼。公與夫人姜氏遂如齊。

傳曰：春，公將有行，遂與姜氏如齊。申繻曰：「女有家，男有室，無相瀆也，謂之有禮。易此，必敗。」

莊二年

冬十有二月，夫人姜氏會齊侯于禚。

傳曰：冬，夫人姜氏會齊侯于禚。書，姦也。

〔莊〕七年

春，夫人姜氏會齊侯于防。

傳曰：春，文姜會齊侯于防，齊志也。

僖十七年

秋，夫人姜氏會齊侯于卞。

傳曰：秋，聲姜以公故，會齊侯于卞。

右夫人行十一，錯綜其四以包通之。

釋例曰：

歸寧者，女子既嫁，有時而歸，問父母之寧否。父母歿，則使卿歸，問兄弟也。出者，謂犯「七出」而見絶者也。歸者，有所往之稱。來者，有所反之言也。故嫁謂之「歸」，而寧謂之「來」。見絶而出，則以「來歸」爲辭，來而不返也。如某者，非終安之稱；歸于某者，亦不反之辭也。

叔姬以娣而適紀，紀侯大去其國而死，叔姬歸于酅。紀季自定于齊，姬得歸酅，全守節義，以終婦道，故繫之于紀，而以初嫁爲文，賢之也。不書其來，既非常〔二〕寧，又非大歸也。鄫姬季以禮來寧，公怒而絶之，故亦不書「來寧」。遂留之至明年九月乃還，故更書「歸」，明前年已絶于鄫也。齊人執子叔姬，魯請于王，而後齊人送之，故與直出者異文。禮，送女，謙不敢自安，留其所送之馬。三月廟見，而後夫家遣使返其馬。今高固因返馬禮，遂與子叔姬俱寧，情近于瀆，故經并書其「來」，而傳見「返馬」以示譏也。

婦人無外事，見兄弟不踰閾。故其他行，非禮所及，亦例所不存。而當〔三〕時實有出入，或以事宜，或以淫縱。小君之行，不得不書，故直書其行，而其善惡各繫于本。「會于禚」，傳稱「書姦」，夫人入齊地也。「會于防」，傳稱「齊侯志」，齊侯入魯地也。【案：「齊侯」二字，永樂大典脱，從莊七年正義所引釋例增。】于經無例，傳以實言也。凡内女見經，而不書「歸」者，時史之闕漏，而賈氏皆以爲適世子故也。按杞桓公以僖二十三年即位，襄六年卒，凡在位七十一年。文、成之世，經書叔姬二人，一人卒，一人出，皆杞桓公夫人也。而經皆不書「歸」，知雖正夫

〔二〕孫本「常」作「歸」。

〔三〕孫本「當」下有「其」字。

人歸，或亦有所不載，非唯適世子也。

凡八百六十六字。經、傳三百九十四字，釋例四百七十二字。【案：經、傳實三百八十九字，釋例實四百八十字，共八百六十九字。】

大夫奔例第三十三【案：此篇見永樂大典，其篇目亦存】

文八年

冬，云云，宋司城來奔。

傳曰：宋襄夫人，襄王之姊也，昭公不禮焉。夫人因戴氏之族，以殺襄公之孫，云云，司城蕩意諸來奔，效節于府人而出。公以其官逆之，皆復之。亦書以官，皆貴之也。

〔文〕十四年

秋，云云，九月，云云，宋子哀來奔。

傳曰：宋高哀爲蕭封人，以爲卿，不義宋公而出，遂來奔。書曰「宋子哀來奔」，貴之也。

宣十年

夏，四月，云云，齊崔氏出奔衛。

傳曰：崔杼有寵于惠公，高、國畏其偪也，公卒而逐之，奔衛。書曰「崔氏」，非其罪也；且告以族，不以名。傳例曰：凡諸侯之大夫違，告于諸侯曰：「某氏之守臣某，失守宗廟，敢告。」所有玉帛之使者則告；不然，則否。

〔宣〕十八年

冬，十月，云云，歸父還自晉，至笙。遂奔齊。

傳曰：公孫歸父以襄仲之立公也，有寵，欲去三桓，以張公室。與公謀，而聘于晉，欲以晉人去之。冬，公薨，季文子，云云，遂逐東門氏。子家還，及笙。壇帷，復命于介。既復命，袒、括髮，即位哭，三踊而出。遂奔齊。書曰「歸父還自晉」，善之也。

成十二年

春，周公出奔晉。

十一年傳曰：周公楚惡惠、襄之偪也，且與伯與争政，不勝，怒而出。及陽樊，王使劉子復之，盟于鄄而入。三日復出，奔晉。

十二年傳曰：春，王使以周公之難來告。書曰「周公出奔晉」，傳例曰：凡自周無出，周公自出故也。

襄二十年

秋，云云，陳侯之弟黄出奔楚。

傳曰：陳慶虎、慶寅畏公子黄之偪，愬諸楚曰：「與蔡司馬同謀。」楚人以爲討，云云，書曰「陳侯之弟黄出奔楚」，言非其罪也。

〔襄〕二十九年

秋九月，云云，齊高止出奔北燕。

傳曰：秋九月，齊公孫蠆、公孫竈放其大夫高止于北燕。乙未，出。書曰「出奔」，罪高止也。高止好以事自爲功，且專，故難及之。

昭元年

夏，秦伯之弟鍼出奔晉。

傳曰：秦后子有寵于桓，如二君于景。其母曰：「弗去，懼選。」癸卯，鍼適晉，其車千乘。書曰「秦伯之弟鍼出奔晉」，罪秦伯也。

〔昭〕二十年

夏，曹公孫會自鄸出奔宋。

釋例曰：

奔者，迫窘而去，逃死四隣，不以禮出也。放者，受罪黜免，宥之以遠也。臣之事君，三諫不從，有待放之禮。【案：「放者」以下二十四字，永樂大典脱佚，從宣元年正義所引釋例補入。】故傳曰：「義則進，否則奉身以退。」迫窘而出奔，及以禮見放，俱去其國，故傳通以違爲文。仲尼修春秋，又以所稱爲優劣也。

懷寵之人，皆身及禍難。唯子哀不義宋公，先機而發，是以貴而書字也。若乃稱司城，以貴效節于府人，書歸父之還，以善復命于介，因齊人告辭，以著崔氏之無罪，蓋隨事以示褒貶也。傳既云「書曰崔氏」，以明非罪；復云「且告以族，不以名」，知典策之書，舊當以名通也。齊國雖謬以族告，適合仲尼所褒貶之實，因而不革，以示無罪。且明春秋之作，或因仍舊史成文，不必皆有改也？

夫立功立事者，國之厚益而身之表的也。表高的明，雖女人猶欲彎弓【案：「女人」，襄二十九年正義引釋例，作「婦人」。】，而況當塗之士？是以君子慎之。道家貴善行者無轍跡，功遂而身退。

高止既犯其始，又專以終之，免死爲幸。斯乃賢聖之篤戒，故變「放」言「奔」，文致其罪以示過。

曹公孫會雖小國之卿，當有玉帛之使于魯，曹人以告而書也。陳公子黄偪而出奔，既稱「弟」以明無罪，故不復變本告之名。賈氏以爲稱名以貶陳黄之偪，是不復顧有非罪之文，一黄之身，或罪或否也。

逃潰例第三十四【案：此篇見永樂大典，惟篇目佚，今補。】

莊十七年

秋，鄭詹自齊逃來。

僖五年

秋八月，云云，鄭伯逃歸不盟。

傳曰：王使周公召鄭伯，曰「吾撫汝以從楚，輔之以晉，可以少安。」鄭伯喜于王命，而懼其不朝于齊也，故逃歸不盟。孔叔止之，云云，弗聽，逃其師而歸。

襄七年

冬，云云，十有二月，云云，陳侯逃歸。

傳曰：二慶使告陳侯于會，曰：「楚人執公子黄矣。君若不來，羣臣不忍宗廟社稷，懼有二圖。」陳侯逃歸。

僖四年

春王正月，公會齊侯、宋公、陳侯、衛侯、鄭伯、許男、曹伯侵蔡，蔡潰。

傳曰：春，齊侯以諸侯之師侵蔡。蔡潰，遂伐楚。

成九年

冬十有一月，楚公子嬰齊帥師伐莒。庚申，莒潰。

傳曰：冬十一月，楚子重自陳伐莒，圍渠丘。渠丘城惡，衆潰，奔莒。云云，楚師圍莒，莒城亦惡。庚申，莒潰。楚遂入鄆，莒無備故也。君子曰：「恃陋而不備，罪之大者也；豫備不虞，善之大者也。」

釋例曰：

傳曰：「衆保于城，城保于德」，言上能以德附衆，以功庇下，民信其德，恃其固，故能交相依懷，以衛社稷。苟無固志，盈城之衆，一朝而散，如積水之敗，故曰「潰」。「潰」者，衆敗流遁之辭也。國君而逃師棄盟，違其典儀，棄其車服，羣臣不知其謀，社稷不保其安，此與匹夫逃竄無異，是以在衆爲「潰」，在君爲「逃」【案：僖五年正義引釋例，此句作「在上曰逃」。】，以別上下之名，無取于别國邑也。賈、潁以爲，舉國曰「潰」，一邑曰「叛」。案左氏無此義也。

傳文「廧咎如潰，上失民也」，今經但言「伐廧咎如」，無「廧咎如潰」之文。若經本無此

文，則丘明爲横益經文，而加失民之傳也。【案：傳文「以」下四十五字，永樂大典闕佚，從成三年正義所引釋例增。】

傳曰「陳侯如楚，慶氏以陳叛」，此則舉國，不必言「潰」也。叛者，舉城而屬他，非民潰之謂也。

例之潰逃〔一〕，指謂一國一軍一邑，君民〔二〕相須爲用，變文以别之也。鄭詹見囚于齊，自齊逃來，此爲逸囚，無下〔三〕可逃。春秋指事而書，所謂民逃，非在上之逃也。而賈氏復申以入例，亦不安也。

殺世子大夫例第三十五【案：此篇永樂大典全闕。】

釋例曰：

〔一〕孫本作「例日云潰逃」者。
〔二〕孫本「民」作「臣」。
〔三〕孫本「下」作「不」。

古者討殺其大夫，各以罪狀宣告諸侯，所以懲不義，重刑戮也。晉侯使以殺太子申生之故來告。衛殺孔達，傳載其辭，辭雖有臨時之狀，其告則常也。【莊二十二年正義引釋例。】

晉、魯久不交使，而告殺申生，則所告不必嘗有玉帛之使，但欲廣聲其罪耳。【僖五年正義引釋例。】

魯哀之可諫者甚衆，未聞仲尼之苦言。至于陳恒弑其君，孔子沐浴而朝，告于哀公。求討不義，顯事施舍足以致益者，固人臣之所當造膝也。若乃情色之惑，君不能得之于臣，父不能得之于子，臣子而欲顯直于其君父，適所以益謗而致罪也。陳靈公宣淫，悖德亂倫，志同禽獸，非盡言所救。洩冶進無匡濟遠策，退不危行言孫，安昬亂之朝，慕匹夫之直，忘蘧氏可卷之德，死而無益。故經同罪賤之文，傳特稱仲尼以明之。忠爲令德，非其人猶不可，況不令乎？此其義也。【宣九年正義引釋例。】

陳之叛楚，罪在子辛。共王既不能明法示教，以肅大臣，陳叛之日，又不能嚴斷威刑，以謝小國。而擁其罪人，以興兵致討，暴師經年。加禮于陳，陳恨彌篤，乃愠而歸罪子辛。子辛之貪，雖足以取死，然共王用刑爲失其節，故君子論之，以爲不刑也。【襄五年正義引釋例。】

大臣相殺，死者無罪，則兩稱名字，以示殺者之罪。「王札子殺召伯、毛伯」是也。若死者有罪，則不稱殺者名氏，「晉殺其大夫陽處父」是也。若爲賊者衆，因亂而殺，則亦稱國人殺者，主名不分故也。主名不分，死者雖名氏可知，亦隨而去之，嫌于罪死者也。士殺大夫，則書曰「盜」，「盜殺鄭公子騑、公子發、公孫輒」是也。【文七年正義引釋例。】

作新門廄例第三十六【案：此篇永樂大典全闕，其篇目則見敬鉉續明三傳例説略。】

釋例曰：

門户道橋，城郭墻塹，官民之開閉，不可一日闕者也。故特隨壞時而修之，皆當其時而訖，不必用土功之常時也。故傳既曰「書，不時」，又曰「啓塞從時」，重發以明二義，其他急事，亦包之也。【僖二十年正義引釋例。】

春秋分而晝夜等，謂之日中。凡馬，春分百草始繁，則牧于坰野；秋分農功始藏，水寒草枯，則皆還廄。此周典之制也。今春而作廄，已失民務，又違馬節，故曰「書，不時也」。

言「新」，意所起；言「作」，以興事，通謂興起功役之事也。總而言之，不復分別，因舊〔一〕與造新也。經書「延廄」稱「新」，而不言「作」，傳言「新作延廄，書不時也」，此稱經文，而以「不時」爲譏，義不在作也。然尋傳，足以知經闕「作」字也。而劉、賈云：「言『新』有故木，言『作』有新木。『延廄』不書『作』，所用之木，非公命也。」凡諸興造，固當有新，固當有因。今謂春秋微意，直記別此門此觀有新木故木，既已鄙近，且材木者，立廄之具也，公命立廄，則衆用皆隨之矣，焉有所用之木非公命也？此爲匠人受命立廄，而盜供其用，豈然乎哉？【莊二十九年正義引釋例。】

作主禘例第三十七

【案：此篇見永樂大典，惟篇目佚，今從敬鉉續明三傳例説略補。】

僖八年

秋七月，禘于太廟，用致夫人。

〔一〕孫本「舊」下有「而」字。

傳曰：秋，禘，而致哀姜焉，非禮也。傳例曰：凡夫人，不薨于寢，不殯于廟，不赴于同，不祔于姑，則弗致也。

文二年

秋，云云，八月丁卯，大事于太廟，躋僖公。

傳曰：秋八月丁卯，大事于太廟，躋僖公，逆祀也。

宣八年

夏六月，云云，辛巳，有事于太廟，仲遂卒于垂。壬午，猶繹。萬入，去籥。

傳曰：有事于太廟，襄仲卒而繹，非禮也。

釋例曰：

凡君薨，卒哭而祔，祔而作主，特祀于主，烝、嘗、禘于廟。此諸侯之禮，故稱君。

君既葬，反虞則免喪，故曰「卒哭」。卒，止也。以新死者之神祔之于祖，尸柩既已遠矣，神形又不可得而見矣，孝子之思彌篤，徬徨求索，不知所至，故造木主立几筵，特用喪禮祭祀于寢，不同之于宗廟。宗廟則復用四時烝、嘗之禮也。三年喪畢，致新死者之主以進于廟，廟之遠主當遷入祧，于是乃大祭于太廟，以審定昭、穆，謂之禘。此皆自諸侯上達天子之制〔一〕也。

莊公喪未闋，閔公吉禘，故傳曰「速也」。哀姜以罪受戮，不薨于寢，淫而與弒，故疑其禮，八年乃致之也。于例既不應加吉禘之禮也。已過用致夫人，言以此夫人與致禮也。文公二年，僖公之喪未終朱，應行吉禘之禮，而于太廟行之，其譏已明。徒以躋僖而退閔公，故特大其事而異其文。定八年，亦特書順祀，皆所以起非常也。有事于武宮及順祀，傳皆稱「禘」，則知大事。有事于太廟，亦禘也。禘于太廟，禮之常也，各于其宮時之爲也。雖非三年大祭，而書「禘」，用禘禮也。昭二十五年傳曰「將禘于襄公」，亦其義也。三年之禘，自國之常，常事不書，故惟書此數事。祭雖得常，亦紀仲遂、叔弓之非常

〔一〕孫本「制」作「祭」。

也。今推歷，僖以十一月薨，則文元年三月，于禮應葬。今四月乃葬，通計閏爲七月，故爲緩。又禮，葬訖當卒哭作主，而至三年乃作主，故二年經書「作僖公主」，傳曰「書不時也」。以此推之，傳發葬僖公之緩，又云作主非禮，因開明凡例，當繼于文元年葬僖公之經也。既議葬緩，又重之以作主非禮，明作主當在訖葬，故連譏之也。今傳見于僖公之末年，殆簡編之錯繆，以失其次，非丘明之正也。舊説以爲諸侯喪，三年之後乃烝、嘗。按傳襄公十五年「冬十一月，晉侯周卒」，十六年「春，葬晉悼公，改服修官，烝于曲沃，會于溴梁」。其冬，穆叔如晉，且言齊故，晉人答以「寡君之未禘祀」。其後，晉人徵朝于鄭，鄭公孫僑曰：「溴梁之明年，公孫夏從寡君以朝于君，見于嘗酎，與執膰焉。」此皆春秋之明證也。

舊説或以爲經所書禘，皆夏祭之名，非三年之禘。魯，周公之故也。周家祭于夏，則曰礿，無緣兼取殷家祭名也。且按其月又非時祭之月，益可知也。凡三年喪畢然後禘【案：僖三十三年正義引釋例，「然後」作「而後」。】，於是遂以三年爲常節，當仍計除喪即吉之月，卜日而後行事，故無復常月也。是以經書「禘」及「大事」，傳唯見「禘莊公」之速，他無非時之譏也。賈氏以爲僖公始不順祀，生則致哀姜，終則小寢，以慢典常。故其子文公，緣事生邪志，作主陵遲，于是文公復有夫人歸，嗣子罹咎。【原注或作名字。】傳故上繫此文于僖公篇，迂哉！

得獲例第三十八【案：此篇見永樂大典，惟篇目佚，今補。】

定九年

夏，云云，得寶玉、大弓。

傳曰：夏，陽虎歸寶玉、大弓。書曰「得」，得器用也。傳例曰：凡獲器用曰「得」，得用曰「獲」。

僖元年

冬十月壬午，公子友帥師敗莒師于酈，獲莒拏。

傳曰：冬，莒人來求賂，公子友敗諸酈，獲莒子之弟挐。非卿也，嘉獲之也。

〔僖〕十五年

冬，云云，十一月壬戌，晉侯及秦伯戰於韓，獲晉侯。

傳曰：晉侯之入也，秦穆姬屬賈君焉，且曰「盡納羣公子」，云云，許賂中大夫，既而皆背之。賂秦伯以河外列城五，云云，既而不與。晉饑，秦輸之粟；秦饑，晉閉之糴，故秦伯伐晉，云云，秦獲晉侯以歸。

宣二年

春王二月壬子，宋華元帥師及鄭公子歸生帥師，戰于大棘。宋師敗績，獲宋華元。

傳曰：宋師敗績。囚華元，獲樂呂。

襄八年

夏，云云，鄭人侵蔡，獲蔡公子燮。

傳曰：庚寅，鄭子國、子耳侵蔡，獲蔡司馬公子燮。

昭二十三年

秋七月，云云，戊辰，吴敗頓、胡、沈、蔡、陳、許之師於雞父。胡子髡、沈子逞滅，獲陳夏齧。

傳曰：吴子以罪人三千先犯胡、沈與陳。云云，獲胡、沈之君及陳大夫。云云，書曰「胡子髡、沈子逞滅，獲陳夏齧」，君臣之辭也。

哀十一年

夏，云云，五月，云云，公會吴伐齊。甲戌，齊國書帥師及吴戰于艾陵，齊師敗績，獲齊國書。

傳曰：大敗齊師，獲國書。

〔哀〕十四年

春，西狩獲麟。

傳曰：春，西狩於大野，叔孫氏之車子鉏商獲麟，以爲不祥，以賜虞人。仲尼觀之，曰：「麟也」，然後取之。

釋例曰：

獲，得也。得亦獲也。實同而文異，故假其異文以別事。器用亦于人可爲人用者，得用焉曰「獲」，謂用諸物以有所獲也。又繫于器用曰「獲」，則凡以器而獲，皆在用例。敵國交兵，亦有兵器之獲，欲殊別君臣，故於君曰「滅」，於臣曰「獲」。國君者，社稷之主，百姓之望，當與社稷宗廟共其存亡者也，而見獲于敵國，雖存若亡，死之與生，皆與滅同。至于偏軍元帥，君之臣僕，出身致命，榮辱得失，自其常事。故傳曰：「胡子髠、沈子逞滅，獲陳夏齧」，君臣之辭也。諸以戰傷死，雖敗績而不見禽，故經皆不曰

「滅」也。

晉侯背施無親，愎諫違卜，宜在貶絶，故不齒君列。下從衆臣之名，同曰「獲」也。華元在經書「獲」，而在傳稱「囚」。國書見獲于吴，傳云「歸其元」，此稱「獲」通死生之文也。「西狩獲麟」亦是田狩之獲，「獲」例無來儀之文，而賈、穎曰：「書稱『鳳凰來儀』，今麟不言『來』，非外麟也。」春秋據其得，不見其來，故但曰「獲」。若必以内外爲義，則虞舜奚獨外鳳乎？

執諸侯例第三十九【案：此篇見永樂大典，其篇目亦存。】

僖五年

冬，晉人執虞公。

傳曰：晉侯復假道于虞以伐虢。云云，師還，館于虞，遂襲虞，滅之。執虞公及其大夫井伯，云云，故書曰「晉人執虞公」，罪虞，且言易也。

〔僖〕十九年

春王三月，宋人執滕子嬰齊。

夏六月，云云，己酉，邾人執鄫子，用之。

傳曰：夏，宋公使邾文公用鄫子于次睢之社，欲以屬東夷。司馬子魚曰：「云云，今一會而虐二國之君，又用諸淫昏之鬼，將以求霸，不亦難乎？得死爲幸。」

〔僖〕二十一年

秋，宋公、楚子、陳侯、蔡侯、鄭伯、許男、曹伯會于盂。執宋公以伐宋。

冬，云云，十有二月癸丑，公會諸侯盟于薄，釋宋公。

傳曰：春，宋人爲鹿上之盟，以求諸侯于楚。楚人許之，云云。

秋，諸侯會宋公于盂。子魚曰：「禍其在此乎！君欲已甚，其何以堪之？」于是楚執宋公以伐宋。

冬，會于薄以釋之。

〔僖〕二十八年

春，云云，二月丙午，晉侯執曹伯。畀宋人。

傳曰：晉侯圍曹，云云，丙午，入曹，數之以其不用僖負羈，而乘軒者三百人也，且曰獻狀。云云，執曹伯，而分曹、衛之田以畀宋人。

冬，云云，晉人執衛侯，歸之于京師。

傳曰：衛侯與元咺訟，云云，衛侯不勝，云云，執衛侯，歸之于京師，寘諸深室。

成九年

秋七月，云云，晉人執鄭伯。

傳曰：秋，鄭伯如晉，晉人討其貳于楚也，執諸銅鞮。

〔成〕十五年

春王二月，云云，晉人執曹伯歸于京師。

十三年傳曰：秋，負芻殺其太子而自立也。諸侯乃請討之。晉人以其役之勞，請俟他年。

十五年傳曰：春，會于戚，討曹成公也。執而歸諸京師。書曰「晉侯執曹伯」，不及其民也。傳例曰：凡君不道于其民，諸侯討而執之，則曰「某人執某侯」，不然則否。

襄十六年

春，云云，二月，云云，晉人執莒子、邾子以歸。

傳曰：春，云云，會于湨梁。命歸侵田。以我故，執邾宣公、莒犁比公，且曰：「通齊、楚之使」。

〔襄〕十九年

春王正月，云云，晉人執邾子。

傳曰：盟于督揚，曰：「大毋侵小。」執邾悼公，以其伐我故。

昭四年

夏，云云，楚人執徐子。

傳曰：六月丙午，楚子合諸侯于申，云云，徐子，吳出也。以爲貳焉，故執諸申。

哀四年

春王二月，云云，宋人執小邾子。

夏，云云，晉人執戎蠻子赤歸于楚。

傳曰：單浮餘圍蠻氏，蠻氏潰。蠻子赤奔晉陰地，司馬起豐、析與狄戎，以臨上雒，云云，士蔑請諸趙孟，趙孟曰：「晉國未寧，安能惡于楚？必速與之！」士蔑乃致九州之戎，將裂田以與蠻子而城之，且將爲之卜。蠻子聽卜，遂執之與其五大夫，以畀楚師于三户。

釋例曰：

諸侯不道于其民，諸侯討而執之，則曰「某人執某侯」。諸見執者，以身在罪賤之地，書名與否，非例所加。故但言執某侯也。天生蒸〔一〕民，而樹之君，使司牧之，勿使失性。若乃肆惡于民上，人懷怨讟【案：「怨讟」，成十五年正義引釋例，作「怨讎」。】，諸侯致討，則稱「某人執某侯」，衆討之文也。不然則否，謂諸侯雖身犯不義，而惡不及民，則不稱人以執之，「晉人執曹伯」是也。虞公昧于貨賄，貪以自亡，國非其國，臣非其臣，晉人取之，若執一夫，故稱「人好以執」，而不言「晉滅」。罪虞，且言易也。凡諸侯無加民之惡，而稱「人」以執，皆時之赴告，欲重其罪，以加民爲辭。國史承之，以〔二〕書之于策，而簡牘之記具存，夫子因示虛實，故左傳隨實而著其本末，以明其得失也。【案：此二句僖十九年正義引釋例，作「故傳隨而著其本狀，以明得失也。」】滕子、鄫〔三〕子皆稱「人」見執，宋欲重二國之

〔一〕孫本無「蒸」字。
〔二〕孫本無「以」字。
〔三〕孫本「鄫」作「郲」。

罪，故以不道見〔一〕赴，或名或不名，從所告之文也。【案：昭十六年正義引釋例，「所告」作「所赴」。】傳具載子魚之辭，以虐二國之君見義，明非罪也。

宋襄志于好古，貪于爲善，而不知其節。先爲鹿上之會，見其易而不慮其難，遂有霸心。召諸侯，于是諸侯與之好會。因執以伐宋，不稱「人」以執者，罪不加民也。不稱「國」者，總見衆國諸侯同志也。傳稱「楚執宋公以伐宋」者，言宋公所因亡也。

晉、許執戎蠻子以送，于是深恥諱之。故稱「人」以告，欲云蠻子無道于民。

執諸侯當歸于京師，而或以歸，或歸于諸侯，皆失其所，從實而顯之，義可知也。

喪稱例第四十【案：此篇永樂大典全闕，其篇目則見本書第二篇會盟朝聘例。】

釋例曰：

父雖未葬，喪服在身，踰年則于其國内即位稱君，伐鄭之役，宋公、衛侯是也。春秋

〔一〕孫本無「見」字。

書魯事，皆踰年即位稱「公」，不可曠年無君，則知他國亦同。然據父〔二〕未葬，于其國内雖得伸其尊，若以接鄰國，則違禮失制也。【桓十三年正義引釋例。】

位彌高者事彌重，重慮周於經遠，故義制異于凡人。存其實，篤其志，足以叙親疎之情，通萬事之理而已。故諸列國之君在喪，或不得已而修會盟之事，唯公、侯特稱「子」以别尊卑。【僖九年正義引釋例。】

衛文公欲平莒于魯，未終而薨，故衛子尋父之志。魯人由此亦修文公之好，此孝子之至感，而人情之所篤，故成公雖已免喪，至于此盟會，降從〔三〕在喪自名。猶武王伐紂，稱「太子發」，故經隨而書「子」。傳從而釋之，曰「修文公之好也」。【僖二十五年正義引釋例。】

厲公見殺，悼公自外紹立，本非君臣，無喪制也。【成十八年正義引釋例。】

〔二〕孔穎達正義，「文」作「父」，據改。
〔三〕孫本「從」作「以」。

告朔例第四十一【案：此篇永樂大典全闕。】

釋例曰：

人君者，設官分職，以爲民極。遠細事以全委任之責，從諸下以盡知力之用，總成敗以效能否，執八柄以明誅賞，故自非機事，皆委心焉。誠信足以相感，事實盡而不擁，故受位居職者，思效忠善，日夜自進，而無所顧忌也。天下之細事無數，一日二日萬端，人君之明，有所不照，人君之力，有所不堪，則不得不借問近習，有時而用之。如此，則六鄉、六遂之長，雖躬履此事，躬造此官，當皆移聽于内官，迴心于左右。政之粃亂，恒必由此。聖人知其不可，故簡其節，敬其事，因月朔朝廟，遷坐正位，會吏而聽大政〔二〕。攷其所行而決其煩疑，非徒議將然也。乃所以攷已然，又惡其密聽之亂公也，故顯衆以斷之。是以上下交泰，官人以理，萬民以察，天下以治也。

〔二〕孫本「廟」下有「朝」字。

文公謂「閏非常月」，緣以闕禮。傳因所闕，而明言典制。雖朝于廟，則如勿朝，故經稱「猶朝于廟」也。經稱「告月」，傳言「告朔」，明告月必以朔也。每月之朔，必朝于廟，因聽政事，事敬而禮成，故告以特羊。然則朝廟、朝正、告朔、視朔，皆同日之事，所從言之異耳。【文六年正義引釋例。】

戕殺例第四十二【案：此篇永樂大典全闕。】

釋例曰：

列國之君，而受害于臣子，其所由來者，積微而起。所以相測量，非一朝一夕之漸，故改殺爲弑。戕者，卒暴之名。有國之君當重門設險，而輕近暴客，變起倉卒，亦因事而見戒也。臣弑其君，子弑其父，世之惡逆，君子難言。故春秋謂自内虐其君者，通以弑爲文也。春秋弑君多矣，其戕惟此一事。自弑其君，足明無道，臣罪之例。戕者，外人所殺，爲無防被害，皆是君自招之；縱使君或無道，其惡不加外國，不得從弑君之例也。若戰

死，則書滅。此謂在國見殺耳。【宣十八年正義引釋例。】

蔡侯般弑父自立，楚子欲顯刑誅，以章伯業，誘而殺之。蔡人深怨，故稱名以告，春秋從而書之。【成十六年正義引釋例。】

春秋釋例卷五

土地名第四十四之一

【案：此篇見永樂大典，惟篇目佚，今從孔穎達集解序正義補。又案：酈道元水經注引杜預此篇，並作春秋釋地。】

地名三十八

隱八年

春，宋公、衛侯遇于垂。

傳曰：宋公以幣請于衛，請先相見。衛侯許之，故遇于犬丘。

〔隱〕十一年

夏，公會鄭伯于時來。

傳曰：夏，公會鄭伯于郲，謀伐許也。

宣七年

冬，公會晉侯、宋公、衛侯、鄭伯、曹伯于黑壤。

傳曰：盟于黄父，公不與盟，以賂免。故黑壤之盟不書，諱之也。

昭九年

春，云云，許遷于夷。

傳曰：二月庚申，楚公子棄疾遷許于夷，實城父。

〔昭〕十八年

冬，許遷于白羽。

傳曰：楚子使王子勝遷許于析，實白羽。

定十年

夏，公會齊侯于夾谷。

傳曰：夏，公會齊侯于祝其，實夾谷。

〔定〕十三年

春，齊侯、衛侯次于垂葭。

傳曰：春，齊侯、衛侯次于垂葭，實郥氏。

地有二名，七十九錯綜其七。

釋例曰：

天有列宿之號，地有山川之名，尚矣！與人倫並。今其遺文，禹貢及山海經載其大略，而春秋經國邑之名又詳。然書契以來，歷代七百，餘年數千，其名號處所，因緣改變。加以四方之語，音聲有楚、夏，文字有異同，或一地二名，或二地一名，或他國之人錯得他國田邑、縣以爲己屬。既難綜練，且多繆誤疑闕。自禹貢之經，猶與輿地實相錯舛，況傳記雜書，而可必據？異同端跡，似是而非，似非而是者，甚衆。非精敏兼通，不能淹濟其始終，以獨見于千載之表也。六合之内，山川國邑，道涂關津，春秋多見其事。盟會侵伐，各有所趣。周旋迂直，可得而推；日月遠近，可得而校。然詳而究之，非書無以志古，非圖無以志形。坐于堂宇之内，瞻天下之廣居，究古今之委曲，可以行，可以言，可以鑑，可以觀，多識山川分野之别，賢愚成敗得失之跡。雖千載之外，若指諸掌，圖書之謂也。以據今天下郡國縣邑之名，山川道涂之實，爰及四表，自人迹所逮，舟車所通，皆圖而備之。然後以春秋諸國邑、盟會地名各所在附列之，名曰「古今書春秋盟會圖」，別集疏一卷，附之釋例，博而備矣。春秋地名之變易，經、傳有起發者。有經書所改之名，則傳以「實」明之，「遷許于夷，實城父」，「齊侯、衛侯次于垂葭，實郹氏」之比是也。經書未改之名，傳發所改爲文，而稱經以爲實者，「遷許于析，實白羽」，「公會齊侯于祝其，實夾谷」之比是也。皆謂所在之地，舊名絶于當時，而史記有遺文者也。若二名當時並存【案：隱八年正義引釋例，此句作「若一傳二名，當時並有。」】，則直兩文互見，「黑壤」、「犬丘」、「時來」之屬是也。此皆經、傳起事之常，猶卿大夫名氏互見，非例也。傳曰：「閨門之外，實薰隧」者，薰隧之地在門外，非地名也。其明年，子産數子析之罪，稱薰隧之盟，是以丘明就于盟文並見薰隧，參傳微旨，多此。學者推以求之，其庶幾矣。【案：昭九年孔穎達正義云：「杜以地名經、傳不同，而傳言『實』者，則以爲各有改易也。傳不言『實』，則以爲二名並存也。言『實』凡有二義〔二〕，經書未改之名，傳以所改實明之。則昭十八年『許遷于白羽』，傳云：『遷許

〔二〕孫本「言」上有「所」字，「寔」下有「者，皆舉舊以寔新。此地舊名『城父』，此時新改爲『夷』，然言『城父』是舊名，故傳以『寔』名之」，共三十二字。

于析，實白羽』；定十五年『會齊侯于夾谷』，傳云：『會于祝其，實夾谷』是也。若經書已改之名，則傳亦舉其已改，實其未改之號。『許遷于夷〔一〕』，傳云：『遷許于夷，實城父』；定十三年『齊侯、衛侯次于垂葭』，傳云『次于垂葭，實郹氏』是也。此四者，或經書未改，或經書已改，傳皆上句舉其已改之名，下句實其未改之號。凡一地前後二名者，非謂經時爲未改之名，傳時爲已改之名，乃于經、傳以前，上世之時，亦有所改。夫子集史記而爲經，丘明采簡牘而作傳，史記或書其舊名者，即白羽、夾谷是也。或書其後名者，即夷與垂葭是也。丘明據簡牘爲傳，以所改後名而實之。故僖二十五年『秦取析矣』，襄二十六年聲子云『析公之亂』，皆舉白羽改爲析之後。但簡牘稱『析』，故杜云于傳時『白羽』改爲『析』，正謂簡牘之時，非丘明作傳時也。〔二〕】疆埸之邑，一彼一此，所屬無常。如陳之焦〔三〕夷，後爲楚邑；莒、魯之鄆，亦無一定。故今地名唯以先者爲主，其變改移易，學者可尋而知。世人以河東汾陰爲齊桓所盟葵丘，又謂犨縣魚山陂爲楚子所次。楚師分涉于彭，爲豫章之彭澤〔三〕。吴人入棘、櫟，爲

〔一〕「許遷于夷，傳云」句，孫本「許」上多「即此」二字。
〔二〕孫本「夷」作「邑」。
〔三〕孫本「澤」下有「矣」字。

河南之陽翟，末學之徒，各互〔二〕所見，若此皆甚多。古人之教，戒以闕疑，苟不廣見，乃亦不知所疑也。今所記注，雖事跡相切，名號相附，而未有顯證者，皆稱今有，並以示疑。其絶無形類者，則闕以待多聞之士焉。今所畫圖，本依官司空圖〔三〕，據泰始之初郡國爲正。時孫氏僭號于吴，故江表所記特示略。咸寧六年，吴乃平定。【案：晉書是年改元太康，實咸寧六年也。】孫氏居八郡之地，隨其宜增廣，今江表凡十四郡，皆貢圖籍。新國始通，文記所載，猶未詳備。若足以審其大略，自荆、揚、徐江内郡縣人以各還其舊城。故此三州未界大江之表，皆改從今爲正，不復依用司空圖也。所載博備，則圖體廣大，非儒學世家恐不能有之。故復別爲小圖，指舉春秋國邑盟會，以參所在郡縣。簞食荷擔之學，約之通焉。

地名大凡一千二百一十二，其五百五十九闕。【案：本文，地名實一千二百二十六條，其闕者實五百六十五條。】

〔二〕四庫本作「牙」，漢魏碑字「互」、「牙」體式相近，故易、大畜：「豬豕之牙」，釋文：「牙，鄭讀爲互。」，又，漢書、劉向傳：「宗族盤互。」顔師古注：「互字或作牙。」故此處「牙」即作「互」之異體使用，據改。

〔三〕孫本「司空圖」下重「司空圖」三字。

其百七十，周及大小國附庸，其三十一闕。【案：本文，闕者實三十五條。】

八百九十九地名，其四百八十一闕。【案：本文，地名實九百一十五條，其闕者實四百八十六條。】

四十四夷，其二十一闕。【案：本文，闕者實十八條。】

四十五山，其十二闕。【案：本文，實四十二山。】

五十八水，其十四闕。【案：本文，實五十九水。】

魯地

隱元年

魯。魯國魯縣。【案：晉書地理志，魯縣屬魯郡。】

蔑、**姑蔑**。二名，魯國卞縣南有姑蔑城。【案：此句集解作卞縣有姑城。又案：晉書地理志，卞縣屬魯郡。】

郎。高平方與縣東南有郁郎亭。

〔隱〕二年

潛。闕。

唐、棠。二名，高平方與縣北有武唐亭、魯侯觀魚臺。唐即棠，本宋地也。【案：隱五年正義引釋例云：「舊説『棠，魯地』，據傳云『公辭欲略地』，則指〔二〕魯境也。又釋例土地名：『棠在魯部内，云本宋地，盖宋、魯之界上也。』」又案：劉昭續漢書郡國志注引杜説云，武唐亭在方與縣西南。】

〔隱〕七年

中丘。瑯琊臨沂縣東北中丘亭。

〔隱〕八年

許田。近許之田。

〔二〕孫本「指」作「非」。星華案，考正義，原作『非』」，應據改。

〔隱〕九年

防。琅琊防縣東南防地。

〔隱〕十年

郔。闕。

〔隱〕十一年

菟裘。泰山梁甫縣南菟裘城。【案：晉書地理志、續漢書郡國志，並作「菟裘聚」。】

社圃。闕。

桓三年

讙。濟北蛇丘縣西有下讙亭。【案：晉書地理志，「下讙」作「下灌」。】

〔桓〕五年

祝丘。闕。

〔桓〕六年

成。泰山鉅平縣東南成地。

〔桓〕七年

咸丘。高平鉅野縣南有咸亭。【案：劉昭續漢書郡國志注引杜説，「縣南」作「縣西」。】

〔桓〕十一年

鬫。東平西昌縣東南有鬫城。〔【案：孔穎達正義云：「公羊傳曰：『鬫者何，邾婁之邑也。案傳『定元年，季孫使役如鬫公氏，將溝焉。』則鬫是魯公葬地，非是邾邑。」】〕〔一〕

〔一〕孫本有夾注，共五十字，應據補。

〔桓〕十二年

曲池。魯國汶陽縣北有曲水亭。【案：晉書地理志，汶陽縣屬魯郡。】

〔桓〕十六年

向。闕。

〔桓〕十七年

趡。闕。

奚。闕。

莊九年

蔇。瑯琊繒縣北有蔇亭。

生竇。闕。

〔莊〕十年

長勺。闕。

乘丘。闕。

〔莊〕十一年

鄑。闕。

〔莊〕二十七年

洮。闕。

〔莊〕二十八年

郿。闕。

〔莊〕二十九年

諸。城陽縣也。【案：晉書地理志，諸縣屬城陽郡。】

〔莊〕三十一年

薛。闕。

秦。東平范縣北有秦亭。

〔莊〕三十二年

逵泉。闕。

閔二年

密。瑯琊費縣北有密如亭。

夷。闕。

僖元年

酈。闕。

汶陽之田、**棘**。二名，汶水北地也。濟北蛇丘縣北棘亭。又云，兗州龔鄉縣東北七十五里有棘鄉。【案：晉書地理志，兗州所屬無龔鄉縣。又案：隋書地理志魯郡下云，舊兗州，龔丘屬焉。後齊曰平原縣，開皇十六年改。舊唐書地理志云，兗州，隋郡。武德五年，平徐圓朗，置兗州龔丘。北齊平原縣，隋改爲龔丘，則龔丘乃隋縣。又「云以」下，盖後人所增，非杜氏本文也，謹訂于此。】

費。瑯琊縣也。【案：晉書地理志，費縣屬瑯琊國。】

〔僖〕七年

甯母。高平方與縣東有泥母亭。音如甯。

〔僖〕十七年

卞。魯國卞縣。【案：晉書地理志，卞縣屬魯郡。】

〔僖〕二十二年

升陘。闕。

〔僖〕二十九年

昌衍。魯縣東南有昌平亭。【案：集解，昌平亭作昌平城。】

〔僖〕三十一年

濟西田。濟水西田。

重館。高平方與縣西北有重鄉城。

文七年

郚，五梧。二名，卞縣南有郚鄉城。

〔文〕十一年

鹹。闕。

〔文〕十二年

鄆，鄆田。二名，此東鄆，莒、魯所争者。城陽姑幕縣南有員亭。或曰，鄆即員也。疑。

〔文〕十五年

句鼆〔一〕。闕。

〔一〕四庫本「鼆」誤作從「宴」從「黽」之字，據左傳改。

宣八年

〔宣〕十八年

成二年

戾丘。闕。

平陽。此乃〔一〕東平陽也。泰山有平陽縣。【案：晉書地理志，泰山郡新泰縣故曰平陽。】

筅。魯地也。闕。或曰，境外。疑也。

蜀。泰山博〔二〕縣西北有蜀亭。

龍。在泰山博縣西南。

〔一〕孫本此下無「乃」字。

〔二〕「博縣」，四庫本誤作「愽縣」。博縣，戰國時爲齊別都，即爲漢之博縣，亦稱博陽縣，據改。

巢丘。闕。

陽橋。闕。

〔成〕九年

中城。東海厚丘縣西南中鄉城。【案：「厚丘」，永樂大典誤「廩丘」，集解各本並同。考晉書地理志，東海縣屬有厚丘，無廩丘。而劉照注續漢書郡國志於「東海郡厚丘」條下，引杜説云：「左傳成九年『城中城』。杜曰『縣西南有中鄉城。』」今據此改正。】

〔成〕十六年

壞隤。闕。

鄆。此西鄆，昭公所出居者。東郡廩丘東有鄆城。【晉書地理志無東郡，廩丘屬濮陽國，註云：故屬東郡，晉初分東郡置。】又云，今鄆州鄆城縣是魯西鄆也。【案：成四年經「冬，城鄆。」正義云：「公欲叛晉，故城鄆，以爲備，當是西鄆也。」又案：隋書地理志東平郡下云，後周置魯州，尋廢。開皇十年，置鄆州，鄆域屬焉。縣本後周置，曰清澤。開皇初，改曰萬安。十八年，改鄆州爲東平郡。大業初，改縣曰鄆城。舊唐書地理志，鄆州，隋東平郡之須昌縣。武德四年，平徐圓朗，置鄆州鄆城。漢壽良地，隋改爲萬安，尋改。鄆城則鄆州鄆城縣，皆隋所置。「又云」以下盖後人所增，非杜氏本文也，謹訂于此。】

〔成〕十八年

鹿囿。闕。

襄四年

蒲圃。場名，闕。

〔襄〕十年

聊。魯國魯縣東南莝城也。

〔襄〕十一年

五父之衢。魯國魯縣東南。

〔襄〕十二年

台。琅琊費縣南有台亭。

〔襄〕十五年

劉。闕。【案：孔穎達正義云：「蓋魯城外之近地。」】

遇。闕。

〔襄〕十六年

海陘。闕。〔【案：杜集解云：「魯隘道。」】〕〔二〕

〔二〕孫本有夾注，共八字，應據補。

〔襄〕十七年

桃。魯國卞縣東南有桃虚。

陽關。泰山鉅平縣東陽關城。〔【案：杜預集解云：「齊境上邑。」】〕〔二〕

旅松。闕。【案：孔穎達正義云：「旅松，近防地。」】〔三〕

〔襄〕十九年

武城。泰山南武城縣有澹臺子羽冢也。

〔襄〕二十二年

御。闕。

〔二〕孫本有夾注，共十字，應據補。

〔三〕「孔穎達正義」當作「杜預集解」。

〔襄〕二十六年

高魚。東郡廩丘縣東北高魚城。

〔襄〕三十一年

陽州。闕。

昭四年

庚宗。闕。

丘蕕。闕。

〔昭〕五年

蚡泉。闕。

塞闕。闕。

〔昭〕八年

紅。沛國蕭縣西有紅亭。迂遠，疑。

商衛。泰山奉高縣西北有衛亭。或曰，魯、衛西界商宋，疑。

〔昭〕十一年

比蒲。闕

泉丘。闕。

〔昭〕二十二年

昌間。闕。

〔昭〕二十五年

郈。東平無鹽縣東南郈鄉亭。

炊鼻。闕。

〔昭〕二十七年

且知。闕。〔【案：杜集解云：「且知，近鄆地也。」】〕〔二〕

定五年

東野。闕。

〔定〕十年

龜陰之田。泰山博縣北有龜山田在其北。

〔二〕孫本有夾注，共十一字，應據補。

〔定〕十三年

蚍遠囿。闕。

〔定〕十四年

莒父。闕。

霄。闕。

哀三年

啓陽。琅琊開陽縣。

〔哀〕五年

毗。闕。

〔哀〕六年

郲瑕。任城亢父縣北有郲瑕城。

〔哀〕七年

鄫、鄫衍。二名，琅琊鄫縣。

負瑕。高平南平陽縣西北有瑕丘城。

〔哀〕八年

闡。東平剛平縣北闡鄉城。【案：酈道元水經汶水注引杜預釋地，無「平」字。】

東陽。或曰，泰山南城縣西東安城是也。疑。【案：晉書地理志，南城作南武城。而劉昭續漢書郡國志注引杜説，仍作南城縣，與續漢書縣名合，故仍之。】

蠶室。闕。

〔哀〕十一年

稷曲。闕。〔【案：杜集解云：「稷曲，郊地名。」】〕〔二〕

〔哀〕十四年

大野。高平鉅野縣東北大澤。

丘輿。泰山南城縣西北有輿城〔三〕。

〔哀〕十五年

輸。闕。

〔二〕孫本有夾注，共十字，應據補。

〔三〕孫本「城」下有「亭」字。

〔哀〕十七年

蒙。東莞蒙陰縣西故蒙陰城。【案：晉書地理志，蒙陰屬瑯琊國，不屬東莞郡。】

〔哀〕二十七年

平陽。西平陽也。高平有南平陽縣。

陵阪。闕。

周地

隱元年

周、雒邑、王城、郟鄏陌。五名〔一〕，河南縣西有郟鄏陌也。

〔一〕「郟鄏陌」前疑脱一「郟」字，否則不可稱「五名」。

〔隱〕三年

温、蘇。二名，河内温縣。

成周。河南洛陽縣。

〔隱〕六年

周。扶風雍縣東北周城也。【案：劉昭續漢書郡國志注引杜説云，周城在扶風美陽縣西北。】

〔隱〕八年

瓦屋。闕。

〔隱〕十一年

原。河内沁水縣西北原城。〔【案：杜集解云：「在泌水縣西。」】〕〔二〕

〔二〕孫本有夾注，共九字，應據補。

絺。河内野王縣西南有絺城。

欒陽、欒。二名，河内野王縣西南有陽城。

隰、隰郕。二名，河内懷縣西南有隰城。

欑茅。汲郡修武縣西北有欑城。〔【案：杜集解云：「在修武縣北。」】〕〔二〕

向。河内軹縣西北有地名向上。〔【案：杜集解云：「玉海、詩地理考引杜預説，『西』下無『北』字。」】〕〔三〕

盟、孟津。二名，河内河陽縣南孟津。

州。河内州縣。

陘。闕。

隤。汲郡修武縣北有隤城。

懷。河内懷縣。

〔二〕孫本有夾注，共九字，應據補。
〔三〕孫本有夾注，共十五字，應據補。

莊元年

單。闕。

〔莊〕十六年

夷。闕。

〔莊〕二十一年

酒泉。闕。

僖二十四年

召。扶風雍縣東南有召亭。【案：孔穎達莊二十七年正義云：「召康公之封召，當在西都畿内。春秋時，召伯猶是召公之後。西都既已賜秦，則東都别有召地，不復知其所在。」】

甘。河南縣西南有甘水。【案：劉昭續漢書郡國志註引杜說，甘水作甘泉。】

坎欿。河南鞏縣東地名坎欿也。

〔僖〕二十九年

翟泉。河南洛陽新城縣北太倉西南池。【案：續漢書郡國志，雒陽，周時號成周，有狄泉，在城中。劉昭注云：「左傳僖二十九年『盟于狄泉』。」杜預曰：「城内太倉西南池水。」或曰，本在城外，定元年，城成周，乃繞之。案此水，晉時在東宮西北。帝王世紀曰：「狄泉，本殷之墓地，在成周東北。」然則翟泉的在洛陽城中，新城乃戎蠻子地，相去殊遠。本文「新城」二字，疑有訛誤。】〔【案：昭公二十三年杜集解云：「狄泉，今雒陽城内太倉西南池水也，時在城外。」孔穎達正義云：「狄泉，今雒陽城内太倉西南池水是也。若在城内，宜云『王居城周』，知此時在城外也。今主城内者，土地名云：『或曰，定元年，城成周，乃遶之入城内也。』」據此，則杜説「狄泉」，確在「雒陽」，「新城」二字應誤。】〕〔二〕

〔二〕孫本有夾注，載案語二條，四庫本僅載一條，兹據孫本補，共百有八字。

文十七年

郩垂。河南新城縣北有郩垂亭。

成十一年

鄍。闕。

郤田。河内懷縣西南有郤人亭。〔【案：孔穎達正義云：「郤是温之别邑，本從温内分出。温屬晉，郤屬周。襄王勞文公而賜之温，於時郤已分矣。賜晉以温，不賜以郤也。狐氏、楊氏先處温邑，於時亦不得郤，故爲王官之邑。」】〕〔一〕

〔成〕十三年

成。闕。

〔一〕孫本有夾注，共六十九字，應據補。

襄二十一年

轘轅。河南緱氏縣東南有轘轅關。

〔襄〕三十年

平時。闕。〔【案：「平時」已見襄三十年，周地，此疑重出。】〕〔二〕

昭元年

京周。京周長安縣西有鎬京邑。

〔昭〕四年

景亳。河南鞏縣西南有湯亭，或言亳即偃師也。

〔二〕孫本有夾注，共十五字，應據補。

岐陽。岐山之南。

酆宮。始平鄠縣東有靈臺。

〔昭〕九年

閻。闕。

潁〔一〕。闕。

〔昭〕十二年

郊。闕。

〔昭〕十七年

甘鹿。闕。

〔一〕四庫本「潁」作「頴」，「頴」乃「潁」之誤，左傳昭公九年作「潁」，據改。

〔昭〕二十二年

皇。河南鞏縣西南有黄亭。【案：劉昭續漢書郡國志注引杜説，「西南」作「西北」。】

榮錡氏。河南鞏縣西有榮錡澗。

要。闕。

餞。闕。

揚。闕。

領。闕。

平時。闕。

京、**京楚**。二名，闕。

圃車。闕。

前城。闕。

東圉。河南洛陽縣東南有圉鄉。

社。闕。

陰。闕。

侯氏。闕。

谿泉。河南鞏縣西南有明谿泉。

氾。闕。

解。河南洛陽縣西南有大解、小解。

任人。闕。

〔昭〕二十三年

鄩。河南鞏縣西南有地名鄩中也。

平陰。河南河陰縣也。

澤邑。闕。

訾、東訾。二名，河南鞏縣西南訾城也。

牆人。闕。

直人。闕。

〔**尹、尹道**。闕。〕〔二〕

阪道。闕。

〔**左巷**。近東城。〕〔三〕

唐。或曰，河南洛陽縣東南有唐亭，疑。

西闈。闕。

蒯。河南縣西南有蒯鄉。【案：劉昭續漢書郡國志注引晉地道記，「蒯鄉」作「蒯亭」。】

〔昭〕二十四年

鄔。緱氏縣西南有鄔聚。

〔二〕孫本「直人」條後有此一條，應據補。
〔三〕孫本「阪道」條後有此一條，應據補。

乾祭。闕。〔【案：杜集解云：「乾祭，王城北門。」】〕〔一〕

瑕。闕。

杏。闕。

〔昭〕二十六年

尸氏、尸。二名，河南鞏縣西南偃師城。

施谷。闕。

渠。闕。

褚氏。河南洛陽縣南有褚氏亭。

萑谷。闕。

闕塞、闕外。二名，河南洛陽縣西南伊闕。〔【案：此句，杜集解作「洛陽西南伊闕口

〔一〕孫本有夾注，共十字，應據補。

也」。】〔二〕

鞏。河南鞏縣。

莒。闕。

圉澤。闕。

隄上。闕。

攜。闕。

彘。平陽永安縣東北彘。

〔昭〕二十九年

鄻。闕。

魯縣。河南魯陽縣也。

〔二〕孫本有夾注，共十四字，應據補。

定六年

馮。闕。

負黍。河南陽城縣西南有負黍亭。

狐人。闕。

姑蕕。闕。

〔定〕七年

儀栗。闕。

窮谷。闕。

〔定〕八年

穀城。河南縣西有穀城。

簡城。闕。

盂。闕。

哀四年

梁。河南有梁縣也。

霍。河南梁縣南有霍陽山。

邾地

隱元年

邾。魯國鄒縣。【案：晉書地理志，鄒縣屬魯郡。】

翼。闕。

僖元年

偃。闕。

虚丘。闕。【案：孔穎達正義云：「服虔以虚丘爲魯邑，杜不從其説。」】

〔僖〕三十三年

訾婁。闕。

文十三年

繹。魯國鄒縣北有繹山。【案：孔穎達正義云：「邾既遷都于此，竟内别有繹邑。宣十年『公孫歸父帥師伐邾，取繹』，取彼之别邑，不取邾之國都也。但邾是小國，彼繹邑亦取繹山爲名，應近邾之都耳。」】

襄四年

駘、駘上。二名，魯國番縣東南有目駘〔一〕亭。【案：孔穎達正義云：「魯國，地理志云，『番』讀如『藩屏』之『藩』，言魯國南藩也。汝南陳子游爲魯相，子游者，藩之子也。國人避諱，遂改『藩』而爲『番』〔二〕。字因而不改也。」又案：晉書地理志，鄒〔三〕縣屬魯郡。】

〔襄〕二十一年

漆。高平南陽縣東北有漆鄉。【案：漆鄉，續漢書郡國志、晉書地理志，並作漆亭。又案：酈道元水經泗水注引杜說，「漆鄉」下有「郭」字。】

閭丘。高平南平陽縣西有顯閭亭。

〔一〕孫本「駘」作「台」。
〔二〕「遂改藩而爲番字」句，孫本作「遂改皮音而爲番字」。
〔三〕孫本「鄒」作「番」。星華案：考孫本均與正義及晉書合，應據改。

昭十九年

蟲。闕。

〔昭〕二十三年

離姑。闕。〔【案：杜預集解云：「從離姑則道徑魯之武城。」正義云：「邾、魯接連，境界相錯。邾人從翼邑還邾，先徑魯之武城，然後始至離姑，而後至邾。」】〕〔一〕

〔昭〕三十一年

濫。東海昌慮縣所治濫鄉城。

〔一〕孫本有夾注，共五十字，應據補。

哀二年

滶東田。滶水東田

沂西田。沂水西田也。

絞。闕。

〔**哀**〕**七年**

茅。高平縣西南有茅鄉亭。

鄭地

隱元年

鄭。滎陽宛陵縣西南有新鄭城。【案：隱元年傳正義云：「地理志，河南郡有宛陵縣，又有新城縣，于漢則宛陵、新鄭各自爲縣，晉世分河南而立滎陽，廢新鄭而入宛陵。故鄭在宛陵西南也。」考晉書，滎陽郡，泰始二年置。宛陵，漢書、晉書，並作苑陵。續漢書作菀陵。】

鄢、鄢陵。二名，潁川鄢陵縣。

制、虢。二名，滎陽故虢國。

京。滎陽京縣也。

廩延。二名，陳留酸棗縣北有延津。

城潁。闕。

潁谷。闕。

〔隱〕五年

長葛。潁川長社縣北有長葛城。【案：酈道元水經洧水注引杜説，長葛城作長葛鄉。】

制北、虎牢。二名，河南成皋縣。

〔隱〕八年

祊。瑯琊國費縣東南有祊城。

〔隱〕十一年

時來、郲。二名，滎陽縣東有釐城。

鄔。河南緱氏縣西南有鄔聚。

劉。河南緱氏縣西北有劉亭。

蔿。闕。

邘。闕。

狐壤。闕。

桓五年

繻葛。闕。

〔桓〕十一年

祭。陳留長垣縣東北有祭城。

〔桓〕十二年

武父。陳留濟陽縣東南有武父城。

〔桓〕十四年

東郊。闕。

牛首。闕。

〔桓〕十五年

櫟。河南陽翟縣。

莊三年

滑。陳留襄邑縣西北有滑亭。

〔**莊**〕**十四年**

大陵。闕。

〔**莊**〕**二十一年**

弭。闕。

〔**莊**〕**二十三年**

扈。滎陽卷縣西北有扈亭。

〔莊〕二十八年

桐丘。潁川許昌縣東北有桐丘城。

閔二年

清。滎陽中牟縣西有清陽亭。【案：清陽亭，程公説春秋分記引釋例，作陽清亭。今考劉昭續漢書郡國志注引杜説，亦作清陽亭。則程本訛也。】

僖六年

新城、密。二名，滎陽密縣。

〔僖〕二十二年

柯澤。闕。

〔僖〕二十四年

氾。此南氾也。周公出居于氾，楚伐鄭師于氾，襄城縣南氾城是也。【案：孔穎達正義云：「南氾，在襄城縣南，鄭〔一〕之西南竟，南近楚，西近周〔二〕，故王處于氾。楚伐鄭師于氾，皆以爲南氾。其東氾在中牟縣南，去鄭城既近，秦〔三〕、晉圍鄭，秦軍氾南，則〔四〕爲東氾。杜〔五〕各隨其所近而言也。」又案：晉書地理志，襄城縣屬襄城郡。】

〔僖〕二十八年

踐土。闕。

衡雍。滎陽卷縣所治垣雍城也。

〔一〕孫本「鄭」上有「則」字。
〔二〕「南近楚，西近周」句，孫本兩「近」字下俱有「於」字。
〔三〕孫本「秦」上有「三十年」三字。
〔四〕孫本「則」作「故」。
〔五〕孫本無「杜」字。

〔僖〕三十〔一〕年

函陵。闕。

〔襄〕九年

汜。此東汜也。秦軍汜南，晉伐鄭師于汜。滎陽中牟縣南有汜澤。

〔僖〕三十三年

原圃、原。二名，滎陽中牟縣西有圃田澤。

鄶城。滎陽密縣東北有鄶城，故鄶國。

〔一〕四庫本此條紀年「二十三年」有誤，「函陵」實在左傳僖公三十年，據改。

文元年

緜訾。闕。

匡。潁川新汲縣東北有匡城。

〔文〕二年

垂隴。滎陽縣東有垂隴城。

〔文〕八年

暴、暴隧。二名，闕。

申。闕。

〔文〕九年

狼淵。潁川潁陰縣西南有狼陂。

〔文〕十三年

棐。闕。

〔文〕十七年

儵。闕。

宣元年

棐林。滎陽宛陵縣東南有林鄉。

北林。滎陽中牟縣西南有林亭在鄭北。

〔宣〕三年

郔。闕。

南里。闕。

〔宣〕九年

厲。闕。

柳棼。闕。

〔宣〕十二年

郔。闕。又云，今鄭州管城縣東有古郔城也。【案：隋書地理志滎陽郡下云，舊鄭州。開皇十六年，置管川。大業初，復曰鄭州，管城縣屬焉。縣舊曰中牟，開皇初，改内牟。十六年，析置管城。十八年，改内牟爲圃田，屬焉。又杜佑通典鄭州下云，後周置滎州，後改爲鄭州。隋置管州，煬帝初，復爲鄭州，尋廢州置滎陽郡。則鄭州周置，管城縣隋置。「又云」以下，盖後人所增，非杜氏本文也，謹訂于此。】

管。滎陽京縣東北有管城，古管國也。

滎澤。滎陽縣東滎澤。

成三年

伯牛。闕。又云，汴州雍丘縣北有伯牛城。【案：漢書地理志，雍丘屬陳留郡。杜佑通典汴州下云，漢置陳留郡，晉改爲陳留國，東魏置梁州，後周改爲汴州，則汴州後周置。「又云」以下蓋後人所增，非杜氏本文也，謹訂于此。】

鄤。闕。

丘輿。闕。

〔成〕四年

氾、祭。河南成皋縣東有氾水。

〔成〕五年

蟲牢。陳留封丘縣北有桐牢亭。

〔成〕六年

繞角。闕。又云，汝州魯山縣南有繞角，故一名涉城。【案：杜佑通典汝州下云，隋初，置伊州。煬帝初，改爲汝州。後廢州，以其地分屬襄城、潁川二郡。唐爲汝州，魯山屬焉，古繞角城在縣東南。隋書地理志襄城郡下云，開皇初，爲伊州。大業初，改汝州，而魯山縣則作魯縣。舊唐書地理志則云，魯山，隋舊縣。是汝州、魯山縣並隋置。「又云」以下，蓋後人所增，非杜氏本文也，謹訂于此。】

〔成〕十年

修澤。滎陽卷縣東有修武亭。【案：酈道元水經濟水注引杜說，修武亭作武修亭。】

〔成〕十二年

瑣澤。闕

交剛。闕。

〔成〕十三年

訾。闕。

〔成〕十六年

鳴鴈。陳留雍丘縣西北有鳴雁亭。〔【案：杜預集解：「『西南』作『西北』。」】〕〔二〕

督揚。闕。

制田。滎陽宛陵縣東有制澤。

〔成〕十七年

柯陵。闕。

高氏。河南陽翟縣西南有高氏亭。

〔二〕孫本有夾注，共九字，應據補。

戲童。闕。

曲洧。潁川新汲縣所治曲洧城。〔【案：杜預集解：「『城』下有『臨洧水』三字。」】〕〔一〕

襄元年

鄫。陳留襄邑縣東南有鄫城。

〔**襄**〕**五年**

城棣。陳留酸棗縣西南有棣城。

〔**襄**〕**七年**

鄬。闕。

郹。闕。

〔一〕孫本有夾注，共十二字，應據補。

〔襄〕九年

戲。闕。

陰阪。洧津。

陰口。闕。

〔襄〕十年

梧。闕。

陽陵。闕。傳曰：「諸侯之師還鄭而南，至于陽陵。晉與楚夾潁而軍。」此則陽陵在潁北也。或以爲襄城舞陽縣者，非。

〔襄〕十一年

亳城北。闕。

蕭魚。闕。

向。潁川長社縣東北向鄉。

瑣。滎陽宛陵縣西北有瑣侯亭〔一〕。

濟隧。闕。

〔襄〕十六年

湛阪。襄城昆陽北有湛水，東入汝。

〔襄〕十八年

汾。襄城縣東北有汾丘城。

魚陵。南陽犨縣北魚齒山。

上棘。闕。

〔一〕孫本「侯」作「候」。星華案：正義作「候」，應據改。

胥靡。闕。

獻于。闕。

雍梁。河南陽翟縣東北有雍氏城。

〔襄〕二十四年

棘澤。闕。

〔襄〕二十六年

城麇。闕。

樂氏。闕。〔【案：杜集解曰：「津名。」】〕〔一〕

〔一〕孫本有夾注，共七字，應據補。

〔襄〕二十八年

黄崖。黄水之崖。

〔襄〕三十年

斗城。闕。

酸棗。陳留酸棗縣。

昭元年

薫隧。城門外道名。

〔昭〕四年

鈞臺。河南陽翟縣南有鈞臺陂。

〔昭〕五年

菟氏。闕。

索氏。河南成皋縣東有大索城。

圉。闕。傳曰：「晉韓宣子如楚送女，韓起反，鄭伯勞諸圉。」或以爲，陳留扶溝縣東北有圉城。迂遠，非。【案：續漢書郡國志，扶溝屬陳留郡。晉書地理志，無此縣。】

〔昭〕六年

柤。闕。

〔昭〕二十年

萑苻之澤。闕。

定四年

皋鼬。繁昌縣東南有城皋亭。【案：晉書地理志，繁昌屬襄城郡。】

哀十三年

黄池。陳留封丘縣南有黄亭，近濟水。傳曰：「會于黄池」，在縣南。「吴子執子服景伯以還，及户牖」，然則黄池當在户牖西北。或以爲陳留外黄縣東溝，非矣。

户牖。陳留外黄縣西北東昏城。

宋地

隱元年

宋、商、商丘。三名，梁國睢陽縣也。傳曰：「陶唐氏之火正閼伯居商丘，祀大火。」

又曰：「宋，大辰之虛也。」然則商丘在宋地。或以爲漳水之南故殷虛爲商丘者〔二〕。非也。

黄。陳留外黄縣東有黄城。

〔隱〕十年

菅。闕。

郜。濟陰成武縣東南郜城，宋邑也。今鄭取之。或以爲郜國，非也。僖二十年，「郜子來朝」，則郜非滅也。

防。高平昌邑縣西南有西坊城〔三〕。

老桃。闕。

桓二年

稷。闕。

〔二〕孫本無「者」字。

〔三〕孫本「坊」作「防」，脱「城」字。

〔桓〕十二年

穀丘、句瀆之丘。二名，闕。

虛。闕。

龜。闕。

〔桓〕十五年

袲。沛國相縣西南有侈亭。

莊二十二年

蒙澤。梁國蒙縣。

亳。梁國蒙縣西北有亳城，中有成湯冢。其西有箕子冢。【案：酈道元水經汳水注引杜説，亳城作薄伐城。又案：説文繫傳引杜釋例，作「亳在梁國蒙澤縣北薄城，中有湯冢，凡三亳也。」】

〔莊〕十六年

幽。闕。

〔莊〕三十二年

梁丘。高平昌邑縣西南梁丘鄉。【案：酈道元水經濟水注引杜説，梁丘鄉上有「有」字。】

僖元年

檉、犖。二名，陳國陳縣西北有檉城。【案：續漢書郡國志，陳縣屬陳國。晉書地理志，晉武帝合陳郡于梁國，陳縣屬梁國。又案：酈道元水經渠水注云，杜預云「檉，即犖也，在陳縣西北」，爲非。檉，小城也，在陳郡西南。】

〔僖〕二年

貫。梁國蒙縣西北有貰城，字與「貫」字相似。或曰，齊有貫澤。公羊曰：貫澤之會。

〔僖〕九年

葵丘。陳留外黄縣東有葵丘。或曰，河東汾陰縣爲葵丘，非也。經：「夏，會葵丘。九月，乃盟。晉爲地主，無緣欲會而不及盟也。」【案：孔穎達正義云：「莊八年傳『連稱、管至父戍葵丘。』杜云：『齊地臨淄縣西有地名葵丘。』此與彼異者，傳稱『齊侯不務德而勤遠略，西爲此會』，則此地遠處異地，不得近在臨淄。故釋例以爲宋地。」】

〔僖〕二十一年

鹿上。汝陰有原鹿縣。

盂。闕。

〔僖〕二十三年

緡。高平昌邑縣東有東緡城。

〔僖〕二十八年

孟諸。梁國睢陽縣東北。

文十一年

承筐。陳留襄邑縣西承筐城。

長丘。闕。

〔文〕十四年

新城。梁國穀熟縣西有新城。

宣二年

大棘。陳留襄邑縣南有棘鄉。

成十六年

沙隨。梁國寧陵縣北有沙隨亭。【案：酈道元水經汳水注引杜預釋地，沙隨亭作沙陽亭。】

汋陂。闕。

夫渠。闕。

汋陵。闕。

〔文〕十八年

彭城。彭城縣也。【案：晉書地理志，彭城縣屬彭城國。】

朝郟。闕。

城郜。闕。

幽丘。闕。

靡角之谷。闕。

襄元年

呂。彭城呂縣。

留。彭城留縣。

犬丘。闕。或曰，譙國酇縣東北有犬丘城。迂迴，疑。

〔襄〕十年

訛母。闕。

〔襄〕十二年

楊梁。梁國睢陽縣東南有地名楊梁，有楊亭，有梁城縣。

昭十三年

良。下邳有良城縣。

〔昭〕二十七年

鬼閻。潁川長平縣西北有閻亭。

〔昭〕二十一年

横。梁國睢陽縣南有横亭。

南里。闕。〔【案：杜預集解云：「宋城内里名。」又案：孔潁達正義云：「傳稱『華氏居盧門，以南里叛。』宋城舊墉及桑林以南里叛，知此南里是宋城之内里居。」】〕〔二〕

廚。闕。

〔二〕孫本有夾注，共五十二字，應據補。

鴻口。梁國睢陽縣東有鴻口亭。

新里。闕。

公里。闕。

赭丘。闕。

〔昭〕二十五年

曲棘。陳留外黄縣城中有曲棘里。

定十五年

老丘。闕。

哀九年

雍丘。陳留雍丘縣。

〔哀〕十一年

城鉏。闕。

〔哀〕十二年

彌作。

頃丘。

玉暢。

嵒。

戈。

錫。

上六田，宋、鄭之間隙地也。

〔哀〕十四年

鞌。闕。

逄澤。地理志言在滎陽開封縣東北。遠，疑。【案：孔穎達正義云：「漢書地理志，開封縣，逄澤在東北。或曰，宋之逄澤是也。臣瓚案，汲郡古文，梁惠王廢逄忌之藪以賜民，今浚儀縣有逄忌陂是也。土地名，宋都睢陽。計去開封四百餘里，非輕行可到。故杜以遠疑非也。」】

〔哀〕二十六年

空澤。闕。

連中。闕。

空桐。梁國虞縣東南有地名空桐，有桐亭。

唐盂。闕。

紀地

隱元年

紀。東莞劇縣。

〔隱〕八年

浮來。東莞縣北有邳鄉，西有公來山，號邳來之間[一]。【案：晉書地理志，東莞縣屬東莞郡。】

莊元年

郱。東莞臨朐縣東南有郱城。

〔一〕孫本「閒」下有「也」字。

郚。北海都昌縣西有訾城。【案：續漢書郡國志，都昌屬北海國。考晉書地理志，故漢北海地分屬齊國及濟南、城陽、東莞諸郡，無北海國，亦無都昌縣。】

郚。東莞朱虛縣東南郚城也。

〔莊〕三年

酅。齊國東安平縣。

衛地

隱三年

衛、殷虛。二名，汲郡朝歌縣。

〔隱〕四年

清。濟北東阿縣東北有清亭。

〔隱〕五年

牧。闕。

〔隱〕七年

楚丘。濟陰成武縣之西南有楚丘城。

〔隱〕八年

垂、犬丘。二名，濟陰句陽縣東北有垂亭。

桓元年

越。闕，近垂地。

三年

蒲。陳留長垣縣西南有蒲城。

〔桓〕十年

桃丘。齊北東阿縣東南有桃丘。【案：集解，桃丘作桃城。劉昭續漢書郡國志注、酈道元水經濟水注引杜説，並作桃城。】

〔桓〕十六年

莘。陽平縣西北有莘亭。【案：晉書地理志，陽平縣屬陽平郡。】

〔桓〕十八年

首止。陳留襄邑縣東南有首鄉城。

莊十四年

鄄。東郡鄄城。【案：晉書地理志，晉初分東郡置濮陽國，鄄城屬濮陽。】

〔莊〕二十七年城

濮。闕。

閔二年

熒澤。戰而又及河，則非河南熒澤，闕。【案：杜預集解云：「此熒澤當在河北。」孔穎達正義云：「禹貢『豫州，滎陂既豬』，『導沇水，入于河，溢爲滎』，是滎在河南，此時衛都河北，爲狄所敗，乃東徙渡河，故知此熒澤當在河北。但沇水入河乃泆，被河南多。故專得滎名，其北雖少，亦稱滎也。」】

共。

滕。衛別邑也。【案：杜隱六年集解云：「諸地名闕者，不復記其闕。」孔穎達正義云：「如『翼侯奔隨』，注云：『隨，晉地』。『鄭人侵衛牧』，注云『衛邑』。如此所類者，皆言闕，是也。」據此則僅言某國之邑，皆杜所闕矣。後倣此。】

曹。衛下邑。【案：孔穎達正義云：「曹當在河東，近楚丘。」】

僖十三年

鹹。東郡濮陽縣東南有鹹城。【案：晉書地理志，晉初分東郡置濮陽國，濮陽縣屬濮陽國。】

〔僖〕十五年

匡。陳留長垣縣西南有匡城。

〔僖〕十八年

菟圃。闕。

訾婁。闕。

〔僖〕二十三年

五鹿。衛縣西北地名有五鹿。【案：晉書地理志，衛縣屬頓丘郡。】陽平元城縣東亦有五鹿。

【案：程公説春秋分記引釋例云：「濮陽縣南三十里有五鹿城，元城縣東亦有五鹿墟」，與永樂大典小異。】

〔僖〕二十八年

斂盂。闕。

襄牛。闕。

鄸。闕。

宛濮。陳留長垣縣西南有宛亭，近濮水。

〔僖〕三十一年

帝丘。古帝顓頊之墟，故曰帝丘。昆吾氏因之，故曰昆吾之墟。東郡濮陽縣是也。

〔【案：後漢書郡國志注引杜預文，「昆吾之墟」下，有「縣城内有顓頊冢」之語，疑此脱。又案：昭十七年杜預集解云：「帝顓頊居之，其城内有顓頊冢」，與郡國志注引正同。】〕〔二〕

〔二〕孫本有夾注二條，共六十一字，應據補。

文元年

戚。頓丘衛縣西，戚城在枯河東。又，相州臨河縣東有戚城也。【案：魏書地形志云，司州治鄴城，太祖天興四年，置相州。天平元年，遷都，改。隋書地理志，臨河縣屬汲郡，開皇六年置。舊唐書地理志相州下云，漢、魏郡也。後魏道武改爲相州，唐因之，臨河屬焉。縣本隋分黎陽縣置。杜佑通典亦云，後魏道武置相州，取河亶甲居相之義。東魏静帝初，遷都于此。唐仍爲相州。臨河，其支縣也。則相州元魏置，臨河縣隋置。此條「又相州」以下，斷非杜氏本文，謹訂于此。】

宣十二年

清丘。東郡濮陽縣東南有清丘。

成二年

鞫居。闕。

新築。闕。

〔成〕六年

鍼。闕。

〔成〕七年

馬陵。陽平元城縣東南有地名馬陵。

襄十四年

近關。闕。

丘宫。闕。

阿澤。濟北東阿縣西南有大澤。

〔襄〕十九年

柯。魏郡内黄縣東北有柯城。

〔襄〕二十年

澶淵。頓丘縣南繁汙地。【案：晉書地理志，頓丘縣屬頓丘郡。又案，酈道元水經河水注引杜説，作澶淵，在頓丘縣南，今名繁淵。】〔二〕〔【又案：杜預集解云：「此衛地，又近戚田。」】〕

〔襄〕二十六年

茅氏。闕。〔【案：杜預集解云：「戚東鄙。」】〕〔三〕

圉。闕。

西鄙懿氏。戚城西北有懿氏城。

羊角。東郡廩丘縣所治羊角城。【案：晉書地理志，晉初分東郡置濮陽國，廩丘縣屬濮陽。】又滑州東南有羊角故城。【案：隋書地理志東郡下云，開皇九年，置杞州。十六年，改爲滑州，則滑州隋

〔二〕孫本有案語三條。四庫本載一、二兩條。其第三條，共十四字，應據補。

〔三〕孫本有夾注，共九字，應據補。

置。此條「又滑州」以下，非杜氏本文，謹訂于此。】

昭十三年

平丘。陳留長垣縣西南平丘城。

〔昭〕**二十年**

平壽。闕。〔【案：杜預集解云：「衛下邑。」】〕〔二〕

死鳥。闕。

定四年

武父。傳曰：「封畛土略自武父以南。」則武父，衛之北境也，非河南武父，其地闕無處。故直云「衛北界」也。

〔二〕孫本有夾注，共八字，應據補。

有闔之土。闕。〔【案：杜預集解云：「衛所受朝宿之邑，蓋近京畿。」】〕〔二〕

相土之東都。闕。〔【案：杜預集解云：「爲湯沐邑。」孔穎達正義云：「土地名，有闔之土與相土之東都，其地皆闕，無甚處。言『共王職』，猶魯之許田，蓋近京畿也。會王東蒐，則爲從王巡守，助祭泰山，爲湯沐之邑。若鄭之祊田，蓋近泰山也。」】〕〔三〕

〔定〕六年

豚澤。闕。

〔定〕七年

沙瑮。二名，陽平元城縣東南有沙亭。

〔二〕孫本有夾注，共十六字，應據補。

〔三〕孫本有夾注，共七十九字，應據補。

〔定〕八年

瓦。東郡燕縣東北有瓦亭。【案：續漢書郡國志，燕縣屬東郡。攷晉書地理志，故漢東郡地分屬濮陽國及陽平、頓丘諸郡，無東郡，亦無燕縣。】

曲濮。闕。

鄟澤。闕。

〔定〕十三年

垂葭、郹氏。二名，高平鉅野縣西南有郹亭。

〔定〕十四年

牽。脾、上梁之間。二名，魏郡黎陽縣東北有牽城。

盂。闕。

哀二年

鐵。戚城南有鐵丘。

〔哀〕十一年

犂。闕。

外州。闕。

巢。闕。

鄎。闕。

少禘。闕。

〔哀〕十六年

平陽。東郡燕縣東北有平陽亭。

〔哀〕十七年

藉圃。闕。

〔哀〕二十五年

彭。闕。

泠。闕。〔【案：杜集解云：「近魯邑。」】〕〔一〕

城鉏、外里。二名，闕。〔【案：杜集解云：「近宋邑。」】〕〔二〕

〔哀〕二十六年

平莊之上。闕。〔【案：杜集解云：「陵名也。」】〕〔三〕

〔一〕孫本有夾注，共八字，應據補。
〔二〕孫本有夾注，共八字，應據補。
〔三〕孫本有夾注，共八字，應據補。

春秋釋例卷六

土地名第四十四之二

虢地

隱元年

虢都、上陽。 二名，虢國都於上陽，弘農陜縣東南有虢城。〔【案：程公説春秋分記云：「西虢有二。武王克殷，封仲于西虢，封叔在仲國之西，故曰『二西虢』。仲之封，今陜州陜縣。又以别于鳳翔之虢，故亦謂之『南虢』。叔之封，今鳳翔府虢縣。以虢在中國之西，又謂之西虢。隱元年『制，巖邑也，虢

叔死焉』，東虢也，今鄭州滎陽縣。」又案：隱元年「虢」，小虢也。此當引隱三年「虢」，計兩條。】〔二〕

莊二十一年

玤。闕。

〔**莊**〕**三十二年**

莘。闕。

僖二年

下陽。河東大陽縣也。

桑田。弘農陝縣東北有桑田亭。

〔二〕孫本有夾注，共百有三字，應據補。

莒地

隱二年

莒。城陽莒縣。

密。城陽淳于縣東北有密鄉。

僖二十六年

向。闕。【案：宣四年「取向。」杜預集解云：「東海承縣東南有向城，遠，疑也。」】

文七年

鄟陵。闕。

成八年

渠丘。城陽莒縣南有渠丘。【案：杜預集解：「作莒縣，有蘧〔一〕里。」劉昭續漢書郡國志注引杜說，作莒縣，有蘧丘里。】

襄二十年

向。闕。

〔襄〕二十三年

且于。闕。

壽舒。闕。

蒲侯氏。闕。〔【案：杜預集解云：「近莒之邑。」】〕〔二〕

〔一〕四庫本作「遠里」，爲「蘧里」之誤，據春秋左傳集解成八年杜預注改。

〔二〕孫本有夾注，共十字，應據補

〔襄〕二十四年

介根。城陽黔陬縣東北計基城。又密州東南有古冢根也。【案：隋書地理志高密縣下云，舊置膠州。開皇五年，改爲密州。杜佑通典密州下云，後魏置高密郡，後置膠州。隋初爲密州，以密水爲名，則密州隋置。此條「又密州」以下，非杜氏本文，謹訂于此。】

昭元年

大庬。闕。

常儀靡。闕。

〔昭〕五年

防。城陽平昌縣西南有防亭。

茲。姑幕縣東北有茲亭。

〔昭〕十年

郠。闕

〔昭〕十九年

紀鄣、紀。二名，東海贛榆縣東北有紀城。【案：酈道元水經淮水注引杜説，「紀」字上有「故」字。】

〔昭〕二十二年

壽餘。闕。

齊地

隱三年

齊。齊國臨淄縣。

石門。濟北盧縣故城西南濟水，以石爲門。〔【案：杜預集解云：「濟水之門。」又案：晉書地理志，盧縣西有石門。計兩條。】〕〔一〕

盧。濟北盧縣故城。

〔隱〕六年

艾。泰山牟縣東南有艾山。【案：司馬彪續漢書郡國志，牟縣屬泰山。晉書地理志，作東牟。】又琅琊臨沂縣東艾亭，疑。【案：劉昭續漢書郡國志注于琅琊國臨沂縣下云，左傳隱六年「盟于艾」，杜預曰「縣東南有艾山」。與本書小異。】

桓三年

嬴。泰山嬴縣。

〔一〕孫本有夾注，共二十二字。應據補。

〔桓〕十七年

黄。闕。或曰，東萊黄縣，非也。經「公子遂如齊，至黄乃復。」傳曰：「盟于黄，平齊、紀，且謀衛故也。」黄在齊、衛之間〔一〕。

莊二年

禚。闕。

〔莊〕七年

穀、小穀。二名，濟北穀城縣城中有管仲井。

〔一〕孫本「衛」作「魯」。

〔莊〕八年

葵丘。齊國臨淄縣西有地名葵丘。

姑棼。闕。

貝丘。樂安博昌縣南有地名貝丘。【案：劉昭續漢書郡國志注引杜説，貝丘作貝中。又案：酈道元注水經河水云，杜此條蓋用京相璠之説。】

〔莊〕九年

乾時。時水在樂安界，歧流旱即竭涸，故曰乾時。【案：酈道元水經瓠子河注引杜説，「歧流」作「枝流」。】

堂阜。東莞蒙陰縣西北有夷吾亭。或曰，鮑叔解夷吾縛于此，因以爲名。然則古堂阜也。【案：晉書地理志，蒙陰屬瑯琊國，不屬東莞郡。】

〔莊〕十三年

杏、北杏。二名，闕。

柯。濟北有東阿縣。

閔元年

落姑。闕。

僖三年

陽穀。東平須昌縣北陽穀城。

〔僖〕四年

穆陵。闕。

無棣。闕。

〔僖〕十八年

鄜。闕。

〔僖〕二十六年

酅。濟北穀城縣西北有地名酅下。

文十一年

周首。濟北穀城縣東北有周首亭。

〔文〕十六年

郪丘。闕。

〔文〕十八年

申池。或曰，齊城南面西頭第一門名申門。齊城無池，唯此門左右有池。疑。

宣元年

平州。泰山牟縣西平州鄉。

〔宣〕八年

垂。闕。

成二年

鞌。闕。

袁婁。闕。【案：穀梁云：「鞌去齊五百里，袁婁去齊五十里。」孔穎達正義駁之云：「齊之四境，不應過遥，且鞌已是齊地，未必境上之邑，豈得去齊有五百里乎？」穀梁又云：「一戰緜地五百里，是甚言之

耳。」釋例土地名，搴與袁婁並闕。不知其處遠近，無以驗之。】

莘。闕。又云，博州武水縣西北有故莘城也。【案：隋書地理志，開皇十六年，置博州。大業初，州廢，武水屬武陽郡，亦開皇十六年置。杜佑通典云，隋置博〔二〕州。煬帝初，州廢。唐復置博州，武水屬焉。縣本漢陽平地，隋改今縣，則博〔三〕州武水縣皆隋置。此條「又云」以下，非杜氏本文，謹訂于此。】

華泉。闕。又云，不注山下有此泉。齊州歷城縣有華不注山。【案：漢書地理志，歷城縣屬濟南郡。續漢書郡國志同。魏書地形志，齊州治歷城。劉義隆置冀州。皇興三年，更名，領郡六。歷城仍屬濟南郡，則齊州元魏置。此條「又云」以下，非杜氏本文，謹訂于此。】

徐關。闕。又云，齊州章丘縣有故齊關城。【案：隋書地理志，章丘屬齊郡。舊曰高唐，開皇十六年改。舊唐書地理志，章丘屬齊州，漢陽丘縣。隋爲章丘，則章丘縣隋置。此條「又云」以下，非杜氏本文，與上二條同。】

石窌。濟北盧縣東有地名石窌。

丘輿。闕。

〔二〕四庫本作「慱州」，當作「博州」，據改。
〔三〕四庫本作「慱州」，當作「博州」，據改。

馬陘。闕。

〔成〕十七年

清。陽平樂平縣也。【案：永樂大典，「樂平」，「平」字脱。集解本並同。攷晉書地理志，樂平屬陽平郡。又攷續漢書郡國志，樂平侯國，故清，章帝更名。謹據此增入。】

襄二年

東陽。闕。

耏外。闕。〔【案：杜預集解云：「耏，水名。」孔穎達正義云：「此是士匄適齊，齊侯與盟，其盟不離城之左右。若是地名山名，不得有外内之異。爾雅云：『厓内爲隩，外爲隈。』李巡曰：『厓内近水爲隩，外爲隈。』孫炎曰：『内，曲裏也。外，曲表也。』是水有内外之異。知此『耏』爲水名，其水蓋曲而近城，故稱『耏外』。」】〕〔二〕

〔二〕孫本有夾注，共百有二字，應據補。

〔襄〕十八年

平陰。濟北盧縣東北平陰城。

防門。平陰城南有防，防有門。【案：程公説春秋分記引釋例，作「平陰城南北防有門」。劉昭續漢書郡國志注引杜説又云，在縣北。】

京茲。平陰城東南。

邿。平陰城西有邿山。

郵棠。闕。

〔襄〕十九年

祝柯、督揚。二名，濟南祝阿縣也。

句瀆之丘。闕。

高唐。濟南祝阿縣西北高唐城。【案：于欽齊乘引杜釋例，作「濟南祝柯縣西北有援城，有高唐

城，春秋時齊邑。」】

灑藍。闕。

〔襄〕二十五年

重丘。闕。

棠。闕。

弇中。或曰，泰山萊蕪縣西有甕口谷，疑。【案：杜預集解云：「弇中狹道。」】

〔襄〕二十六年

廩丘。東郡廩丘縣故城是。【案：孔穎達正義云：「釋例土地名，以廩丘爲齊地。案廩丘地在東郡，則是衛之邦域，齊竟不至此也。羊角、高魚皆在東郡，廩丘與之相近。齊不得別有廩丘、烏餘。齊之大夫，得以廩丘奔晉者，蓋齊人往前取得衛邑，以賜烏餘。如鄭公孫段之得州，宋樂大心之有原也。宋、鄭大夫得以晉地爲采邑，是以齊大夫得以衛地爲采邑。杜見齊人以之奔晉，故釋例以爲齊地。明年，討烏餘，皆反其邑而歸諸侯，蓋以廩丘歸齊也。」又案：晉書地理志，晉初分東郡置濮陽國，廩丘屬濮陽。】

〔襄〕二十七年

崔。濟南東朝陽縣西北有崔氏城。【案：晉書地理志，東朝陽屬樂安國，不屬濟南郡。】

〔襄〕二十八年

郰殿。闕。

昭三年

莒。闕。〔【案：杜預集解云：「齊東境。」】〕〔二〕

〔昭〕五年

寧風。闕。

〔二〕孫本有夾注，共八字，應據補。

〔昭〕十年

稷。闕。【案：杜集解云：「稷，祀后稷之處。」】

棘。齊國西安縣東有戟里亭城〔一〕。【案：戟邑，晉書地理志，作棘里。】

夫于。濟南於陵縣西北有于亭。【案：續漢書郡國志，於陵屬濟南郡。晉書地理志，無此縣。】

〔昭〕十一年

渠丘。齊國西安縣。

〔昭〕二十年

聊攝。平原有聊城縣，縣之東北有攝城。

沛。闕。

〔一〕孫本「東」下有「南」字，「里」作「邑」，無「城」字。

〔昭〕二十五年

野井。濟南祝阿縣東有野井亭。

定九年

媚。闕。

〔定〕十年

夾谷、祝其。二名，闕

哀六年

賴。或曰，濟南菅縣南有賴亭〔二〕，疑。【案：續漢書郡國志，菅縣屬濟南郡。晉書地理志，無此

〔二〕孫本「賴」作「厲」。

縣。】

駘。闕。

殳冒淳。闕。

〔哀〕八年

潞。闕。

〔哀〕十年

鄎。闕。

犂、犂丘、隰。三名，濟南有隰陰縣。【案：晉書地理志，濟南郡統縣五，無隰陰縣。攷漢書及續漢書，濟南所屬，亦無是縣。】

轅。濟南祝阿縣西北有轅城。【案：酈道元水經河水注引杜説云，濟南祝阿縣西北有瑗城。「轅」，即「瑗」也，與本文微異。又案：于欽齊乘引杜释例，瑗城作援城。】

〔哀〕十一年

艾陵。闕。

清。濟北盧縣東有清亭。

博。〔二〕泰山博〔三〕縣。

〔哀〕十四年

舒州。闕。

豐丘。闕。

郭闕。闕。

〔二〕四庫本作「慱」，當作「博」，據改。

〔三〕四庫本作「慱」，當作「博」，據改。

〔哀〕二十一年

顧。闕。

舟道。闕。

〔哀〕二十七年

留舒。闕。

陳地

隱三年

陳。陳國陳縣。【案：晉書地理志，晉武帝合陳郡于梁國，陳縣屬梁國。】

僖二十三年

焦。譙國譙縣。【案：晉書地理志，譙縣屬譙郡。】

夷、城父。二名，譙國城父縣。【案：晉書地理志，城父縣屬譙郡。】

文九年

壺丘。闕。

宣十一年

辰陵。潁川長平縣東南有辰亭。

成十六年

鳴鹿。陳國武平縣西南有鹿邑亭。【案：晉書地理志，武平縣屬梁國。】

哀六年

大冥。闕

杞地

隱四年

杞、緣陵。二名，國都於緣陵。陳留寧陵縣城中有禹祠也。【案：漢書地理志，寧陵屬陳留郡。顔師古注引孟康説曰，故葛伯國，今葛鄉是。晉書地理注，屬梁國。】

牟婁。城陽諸縣東北有婁鄉〔一〕。

〔一〕孫本「鄉」下有「又云北海郡淯于縣」八字，應據補。

宣十五年

無婁。闕。【案：隱四年杜氏集解云：「杞國本都陳留雍丘縣。」推尋事蹟，桓六年「淳于公亡國」，杞似并之，遷都淳于。僖十四年，又遷緣陵。襄二十九年，晉人城杞之淳于，杞又遷都淳于。正義云：「漢書地理志：『陳留郡雍丘縣，故杞國，武王封禹之後東樓公。』是杞本都此也。志又云：『北海郡淳于縣』，應劭曰：春秋：『州公如曹』，左氏傳曰：『淳于公如曹』，臣瓚按：『州，國名，淳于國之所都。』此淳于縣，于漢屬北海郡。晉時屬東莞郡。故釋例土地名云：『州國都于東莞淳于縣』，以雍丘、淳于，雖郡別而境連也。襄二十九年『晉帥諸侯城杞』，昭元年『祁午數趙文子之功』，云『城淳于』，是知淳于即杞都也。」觀此，知淳于自桓六年後即屬杞，本書仍屬州國，未嘗明言杞取，故附識于此。又案：淳于縣，晉書屬城陽郡，不屬東莞郡。正義亦微訛。】

蔡地

隱四年

蔡。汝南上蔡縣。

桓二年

鄧。潁川召陵縣西南有鄧城。

莊十年

莘。闕。

成六年

桑隧。汝南朗陵縣東北有桑里亭，在上蔡西南。

昭十九年

鄍陽。闕。

邢地

隱五年

邢。廣平襄國縣。

閔二年

夷儀。闕。

僖元年

聶北。闕。

郕地

隱五年

郕。東平剛平縣西南有成鄉〔一〕。

桓十一年

夫鍾。闕。

文十一年

郕邽。或曰，邑；或曰，玉闕。

〔一〕孫本「成」作「郕」。

晉地

隱元〔一〕年

晉、大鹵、大原、大夏、參虛、晉陽。六名，太〔二〕原晉陽縣。【案：宣十四年，左傳「范宣子曰：『昔匄之先，自虞以上，爲陶唐氏。』」杜預集解云：「陶唐，堯所治地，太原晉陽縣也。終虞之世以爲號，故曰自虞以上。」孔穎達正義云：「如杜此注，陶、唐共爲一名，即是晉陽縣也。釋例云：『晉、大鹵、太原、大夏、參虛、晉陽，六名，太原晉陽縣也。』唯載六名，而言不及唐。釋例又別記小國所都唐，太原晉陽縣也，亦云唐是晉陽，而言不及陶，則以陶與唐別，不是共爲一名也。史記云：『帝堯爲陶唐氏。』韋昭云：『陶、唐皆國名，猶湯稱殷商也。』案經、傳『契居商』，故湯以『商』爲國號，後盤庚遷殷，故殷、商雙舉。歷檢書傳，未聞帝堯居陶，而以陶冠唐，蓋地以二字爲名，所稱或單或複也。張晏云：『堯爲唐侯，國于中山唐縣』，然則唐是中山縣名，非晉陽也。堯自唐侯而升爲天子，既爲天子，乃治於晉

〔一〕四庫本作「隱六年」，「六」當作「元」。
〔二〕孫本「太」上有「在」字。

陽。故杜於晉陽六名，言不及唐，記其諸國之都，乃云唐是晉陽。言堯爲天子，號曰「陶唐」，其治在晉陽耳。唐非晉陽縣内之地名也，舜受堯禪，封堯子丹朱爲王者之後，猶稱爲唐，其名不易，終虞之世，以『陶唐』爲號，故曰自虞以上也。」】

〔隱〕五年

曲沃、新城、下國。三名，河東聞喜縣。【案：孔穎達正義云：「曲沃，邑也，而稱國者，晉昭侯嘗以此邑封桓叔。桓叔國之三世，武公始并晉國，遷居而就之。此曲沃，晉之舊國，故謂之爲下國也。」】

翼。平陽絳邑縣有翼城。【案：續漢書郡國志，絳邑屬河東，有翼城。劉昭注云，杜預曰「在縣東八十里。」】

隨。闕。

〔隱〕六年

鄂。闕。

桓二年

條。闕。

千畝。西河介休縣南地名千畝。

陘庭。闕。〔【案：杜預集解云：「陉庭，翼南鄙邑。」】〕〔一〕

〔桓〕三年

汾隰。闕。

莊二十五年

聚。闕。

〔一〕孫本有夾注，共十二字，應據補。

〔莊〕二十六年

絳、故絳。二名，平陽絳邑縣西絳邑城。

〔莊〕二十八年

東關。闕。

蒲、蒲城。二名，平陽蒲子縣。

屈、二屈。二名，平陽北屈縣。

僖八年

采桑。平陽北屈縣西南有采桑津也。

〔僖〕九年

高梁、高梁之虚。二名，平陽楊縣西南高梁城。〔二〕【案：楊縣。杜預集解作「楊氏縣」。晉書地理志，楊縣屬平陽郡。】

〔僖〕十年

韓、韓原、宗丘。三名，故韓國。闕〔三〕。

〔僖〕十五年

河外列城五。河之南也，焦、瑕其二城，其三闕。【案：孔穎達正義云：「河自龍門而南，至華陰而東，晉在西河之東，南河之北，以河北爲内，河南爲外。虢略，虢之境界也。獻公滅虢而有之，今許以

〔二〕孫本有夾注，共二十字，應據補。
〔三〕孫本「闕」作「縣」。

賂秦，列城五者，自華山而東，盡虢之東界，其間有五城也。」】

東盡虢略。從河西南行而東，盡故虢地也。【案：劉昭續漢書郡國志注引杜説，河西作河曲。】

解梁城。河東解縣。【案：孔穎達正義云：「解梁城在河北，非在河外五城之數也。」】

陰。闕。

〔僖〕十六年

狐廚。平陽臨汾縣西北有狐谷亭。

受鐸。闕。

昆都。闕。【案：孔穎達正義云：「汾水從平陽南流，折而西，入於河。臨汾縣在汾水北，狐谷疑是狐廚，乃在縣之西北，則狐廚、受鐸皆在汾北。狄自北而侵南，涉汾水至於昆都，昆都在汾南也。」】

〔僖〕二十四年

令狐。闕。【案：杜預集解云：「令狐在河東，當與刳首相接。」】

桑泉。河東解縣西桑泉城。【案：劉昭續漢書郡國志注引杜説云，在解縣東南。】

臼衰。河東解縣東南有臼城。

盧柳。闕。

郇、郇瑕氏。二名，古國名。【案：杜預集解云：「解縣西北有郇城。」】

原。闕。

屏。闕。

樓。闕。

緜上、緜。二名，西河介休縣南有地名緜上。

〔僖〕二十五年

南陽。晉所始開，河内汲郡地。【案：杜預集解云：「在晉，山南河北，故曰南陽。」】

〔僖〕二十七年

被盧。闕。

〔僖〕二十八年

河陽。河内有河陽縣。

南河。汲郡河南渡而東。

〔僖〕三十年

焦。闕。

瑕。闕。

〔僖〕三十一年

清原、清。二名，河東聞喜縣北清原也。

〔僖〕三十三年

箕。太原陽邑縣南有箕城。

先茅之縣、茅。二名，河東大陽縣西南有茅津、茅亭。〔二〕【案：杜預集解云：「茅津在大陽縣西」，無「南」字。】

文三年

王官。闕。

郊。闕。

〔文〕五年

甯。汲郡修武縣也。〔三〕

〔二〕孫本有夾注，共十五字，應據補。

〔三〕孫本無「也」字。

〔文〕六年

夷。闕。

董。河東汾陰縣有董亭〔一〕。

郫、**郫邵**。二名，闕。

〔文〕七年

董陰。闕。傳曰：「先克奪蒯得田于董陰。」

〔文〕八年

武城。闕。

〔一〕孫本脱「亭」字。

〔文〕十年

北徵。闕。

〔文〕十二年

河曲。河東蒲坂縣南。

羇馬。闕。

瑕。河東猗氏縣東北有瑕城。

〔文〕十三年

桃林之塞。弘農華陰縣東潼關。【案：孔穎達正義云：「桃林之塞，在南河之南，遠處晉之南境。從秦適周，乃由此路。使詹嘉守此塞者，以秦與東方諸侯遠結恩好。及西乞聘魯，亦應更交餘國，慮其要結外援，東西圖己，故使守此阨塞，欲斷其往來也。」】

諸浮。闕。【案：孔穎達正義云：「諸浮當是城外之近地。」】

〔文〕十七年

黄父、黑壤。二名，闕。

宣二年

陰地。晉之河南山北，自上洛〔二〕以東至陸渾。

〔宣〕六年

邢丘。河内平皋縣也〔三〕。

〔二〕孫本「洛」作「雒」。

〔三〕孫本無「也」字。

〔宣〕七年

向陰。闕。

〔宣〕十二年

董澤。河東聞喜縣東北有董池陂。

〔宣〕十五年

曲梁。廣平曲梁縣也。

輔氏。闕。

稷。河東聞喜縣西有稷山亭。

雒。闕。

瓜衍之縣。闕。

〔宣〕十七年

斷道、卷楚。二名，闕。

野王。河内野王縣。

范。闕。

成元年

赤棘。闕。

〔成〕五年

垂棘。闕。

〔成〕六年

鹽。河東猗氏縣鹽池。【案：孔穎達正義云：「鹽，河東鹽池，袤五十一里，廣七里，周總一百一

十六里。從鹽省，古聲。唯此池之鹽獨名爲『鹽』，餘鹽不名鹽也。」】

〔成〕九年

新田、絳。二名，平陽絳邑縣也。

〔成〕十年

銅鞮。上黨銅鞮縣也。

桑田。闕。

〔成〕十三年

河縣。闕。

箕部。闕。

〔成〕十六年

苕丘。闕。

〔成〕十七年

虛。闕。

襄元年

瓠丘。河東垣縣東南有壺丘亭。

〔襄〕三年

長樗。闕。

鷄澤。廣平曲梁縣西南。

〔襄〕十年

著雍。闕。傳曰：「晉侯還及此而疾。」則著雍在河之南也。或曰，宋地，非。

〔襄〕十一年

櫟。河東北間。

〔襄〕十八年

長子。上黨長子縣。

純留。上黨屯留縣。

梗陽。太原晉陽縣南梗陽城。

〔襄〕二十一年

著。闕。

祁。太原祁縣。

〔襄〕二十三年

雍榆。汲郡朝歌縣東有雍城。

朝歌。汲郡朝歌縣。

孟門。闕。【案：杜預集解云：「孟門，晉隘道。」】

熒庭。闕。

東陽。晉之山東，魏郡、廣平以北。【案：孔穎達正義云：「昭二十二年傳曰：『荀吴襲東陽，遂襲鼓，滅之。』鼓在鉅鹿，居山之東，山東曰朝陽，知東陽是寛大之語，總爲晉之山東，故爲魏郡廣平以北。二年，『齊晏弱城東陽以偪萊。』哀八年，『吴伐魯，克東陽。』晉、齊、魯皆有東陽，名同而實異。服虔以東陽爲魯邑〔二〕，謬之甚矣。」】

〔二〕孫本「邑」作「地」。星華案：孫本與正義合，應據改。

〔襄〕二十六年

鄅、鄅田。二名，闕。

〔邢。闕。〕〔二〕

苗。河内軹縣南有苗亭。

〔襄〕二十七年

木門。闕。或曰，魏邑也。子鮮奔晉，託於木門。

〔襄〕三十年

任。廣平任縣。

〔二〕孫本「鄅、鄅田。二名，闕。」條後有此一條，應據補。

昭二年

中都。西河介休縣東南中都城。

〔昭〕五年

楊、楊氏。二名，平陽楊縣故楊國也。

〔昭〕八年

魏榆。闕。【案：孔穎達正義云：「服虔云：『魏邑榆州里名。』襄二十三年『叔孫豹次于雍榆。』雍榆地名，知魏榆亦地名也。」】

虒祁。平陽絳邑縣西汾水上也。【案：杜預集解云：「虒祁在絳西四十里，臨汾水。」】

〔昭〕九年

戲陽。魏郡内黄縣北有戲陽城。

〔昭〕十七年

棘津。闕。〔【案：杜集解云：「河津名。」】〕〔二〕

〔昭〕二十八年

乾侯。魏郡斤丘縣。

鄔。太原鄔縣。

平陵。闕。

塗水。太原榆次縣。

馬首。闕。

盂。太原盂縣。

平陽。平陽縣。【案：晉書地理志，平陽縣屬平陽郡。】

〔二〕孫本有夾注，共八字，應據補。

〔昭〕三十一年

適歷。闕。

定元年

大陸。汲郡修武縣西北吳澤。〔【案：杜預集解云：「禹貢，大陸在鉅鹿北。嫌絶遠，疑此田在汲郡吳澤荒蕪之地也。」】〕〔二〕

〔定〕三年

平中。闕。

〔二〕孫本有夾注，共二十九字，應據補。

〔定〕九年

五氏、寒氏。二名，闕。

中牟。滎陽有中牟縣。迴遠，疑。【案：孔穎達正義云：「此中牟在晉境内也。趙世家云：『獻侯即位，治中牟。』漢書地理志云：『河南郡有中牟縣，趙獻侯自耿徙此。』又云：『三家分晉，河南之中牟，魏分也。』杜言今滎陽有中牟縣，謂此河南之中牟也。晉世分河南爲滎陽郡，中牟屬焉。此地乃在河南，計非晉境所及，故云『迴遠，疑非』也。又三家分晉，中牟屬魏，則非趙得都之。趙獻侯治中牟，亦非河南之中牟也，此言晉車在中牟。哀五年『趙鞅伐衛，圍中牟』，論語『佛肸爲中牟宰』，與趙獻侯所都中牟，或當是一，必非河南中牟，當於河北别有中牟，但不復知其處耳。臣瓚作漢書音義云：『河南中牟，春秋〔一〕在鄭之疆内，及三卿分晉，則爲魏之邦土。趙界自漳水以北，不及此也。』春秋，衛侯如晉，過中牟。案此之中牟，非衛適晉之次也。汲郡古文曰：『齊師伐趙東鄙，圍中牟』，此中牟不在趙之東也。案中牟當在温水之上，考瓚言，河南中牟非此中牟，誠如其語。謂此中牟當在温水之上，不知其所〔二〕據也。」】

〔一〕孫本「秋」下有「之時」二字。星華案：孫本與正義合，應據改。
〔二〕孫本「所」下多「案」字。星華案：孫本與正義合，應據改。

〔定〕十三年

河内。河内汲郡。

邯鄲。廣平邯鄲縣。

〔定〕十四年

百泉。闕。

哀元年

棘蒲。闕。

〔哀〕四年

上雒。

倉野。並在上雒縣也。【案：續漢書郡國志，上雒，侯國，屬京兆尹，有蒼野聚。劉昭注引杜預説

曰，在縣南。又案：晉書理地志，上雒縣屬上雒郡。】

少習。上雒商縣武關〔一〕。

臨。闕。

欒。趙國平棘縣西北有欒城。

鄗。趙國高邑縣。

逆時。闕。

陰人。闕。

壺口。潞縣東有壺口關。【案：晉書地理志，潞縣屬上黨郡。】

柏人。趙國柏人縣。

〔哀〕十五年

冠氏。陽平館陶縣。

〔一〕孫本「關」下有「也」字。

〔哀〕二十三年

英丘。闕。

薛地

隱十一年

薛。魯國薛縣。【案：晉書地理志，薛縣屬魯郡。】

定元年

邳。下邳縣故邳國。【案：晉書地理志，下邳縣屬下邳國。】

許地

隱十一年

許。潁川許昌縣。

成四年

展陂。闕。

鉏任、泠敦之田。闕。

〔成〕十四年

叔申之封。闕。

襄十六年

棫林。闕。

函氏。闕。

昭九年

夷、城父。二名，城父縣屬譙郡。

鄧地

桓七年

鄧。義陽鄧縣。

〔成〕九年

鄤。鄧縣南，沔水之北，鄤也。

秦地

桓四年

秦、雍。二名，秦國都扶風雍縣也。

僖十五年

靈臺。始平鄠縣。【案：集解云：「靈臺在京兆鄠縣。」攷兩漢書及晉書，鄠縣兩漢並屬右扶風。晉泰始三年，置始平郡，鄠縣屬始平。集解訛誤，當以本書爲正。】

王城。馮翊臨晉縣東故王城，今名武鄉。【案：劉昭續漢書郡國志注引杜説云，後改爲武鄉，在縣東。】

〔僖〕三十三年

具囿。闕。

文二年

彭衙。馮翊郃陽縣西北有彭衙城。

汪。馮翊臨晉縣東有故汪城。

〔文〕四年

祁、**新城**。闕。

〔文〕七年

郬首。闕。

〔文〕十年

少梁。馮翊夏陽縣。

成十三年

麻隧。闕。

侯麗。闕。

新楚。闕。

襄十四年

棫林。闕。

曹地

桓九年

曹。濟陰定陶縣。

僖八年

洮。闕。【案：僖二十五年，「冬十二月，公會衛子、莒慶盟于洮。」集解云：「洮，魯地。」孔穎達正義辨之曰：「八年，『盟于洮』，杜云：『曹地。』三十一年，『魯始得曹田』，此時不得爲魯地，注誤。」今考莊二十七年「春，公會杞伯姬于洮」，集解云：「魯地」，則魯亦有洮。孔云杜誤，未聞確據。】

襄十七年

曹隧。闕。

重丘。闕。

昭二十年

鄸。闕。

定十二年

郊。闕。

哀七年

黍丘。梁國下邑縣西南有黍丘亭。

揖丘。闕。

大城。闕。

鍾。闕。

邘。闕。

楚地

桓二年

荆、楚、郢。三名，楚國都於郢，南郡江陵縣北紀南城東，有小城名郢。

〔文〕八年

沈鹿。闕。

〔文〕十一年

郊郢。闕。

〔文〕十三年

鄾。襄陽宜城縣。

荒谷。闕。

冶父。闕。

莊十八年

聃、那處。二名，南郡編縣東南有那口城。

〔莊〕十九年

津。或曰，南郡江陵縣有津鄉。

湫。南郡鄀縣東南有湫城。

夕室。闕。

僖四年

陘、陘隰。二名，潁川召陵縣南有陘亭。【案：文十六年傳「師叔曰：『先君蚡冒所以服陘隰也』。」孔潁達正義云：「釋例以陘與陘隰爲一地，楚自武王始居江、漢之間，則蚡冒之時，未至中土，不應已能越申、息，服潁川之邑，疑非也。」】

召陵。潁川召陵縣。

〔僖〕六年

武城。南陽宛縣北武城。

〔僖〕二十五年

析、白羽。二名，南鄉析縣。【案：晉書地理志，後漢獻帝建安十三年，魏武分南陽西界立南鄉郡。晉武帝平吴改南鄉爲順陽郡，析縣屬順陽。】

〔僖〕二十七年

睽。闕。

蔿。闕。

〔僖〕二十八年

連穀。闕。

范。闕。

文十年

商。上雒商縣。

期思。弋陽期思縣東北有期思城。

〔文〕十四年

廬。襄陽郡有中廬縣。

〔文〕十六年

大林。闕。

陽丘。闕。

訾枝。闕。

選。闕。

阪高。闕。〔【案：杜集解云：「楚險地。」】〕〔二〕

句澨。闕。〔【案：杜集解云：「楚界西地。」】〕〔三〕

〔二〕孫本有夾注，共八字，應據補。
〔三〕孫本有夾注，共九字，應據補。

臨品。闕。
石溪。闕。
仞。闕。〔【案：杜集解云：「石溪、仞入庸道。」】〕〔二〕

宣三年

葉。南陽葉縣。

〔宣〕四年

轑陽。闕。
烝野。闕。
漳澨。闕。〔【案：杜集解云：「漳澨，漳水邊。」】〕〔三〕

〔二〕孫本有夾注，共十一字，應據補。
〔三〕孫本有夾注，共十字，應據補。

皐滸。闕。

〔宣〕十一年

郔。闕。

沂。闕。

〔宣〕十二年

沈。汝陰固始縣。【案：杜預集解云：「『沈』或作『寢』，寢縣也。」孔穎達正義云：「哀十八年，有『寢尹吴由于』。」】

成七年

州來。淮南下蔡縣。

吕。闕。又云，豫州新蔡外城古吕國也。【案：漢書地理志，新蔡屬汝南郡。續漢書郡國志同。

魏書地形志豫州下云，劉義隆置司州，治懸瓠城。皇興中，改豫州，領郡九，新蔡縣屬新蔡郡，則豫州元魏置。此條「又云」以下，係後人所增，謹訂于此。】

〔成〕十五年

鍾離。淮南縣也。

新石。闕。

〔成〕十六年

汝陰之田。汝水之南，近鄭之南地也。

瑕。闕。

〔成〕十七年

駕。闕。

䲅。闕。

虒。闕。

襄四年

繁陽。汝陰鮦陽縣南有繁陽亭。【案：集解：「繁陽在汝南鮦陽縣南。」攷前後漢書志，鮦陽並屬汝南。晉書地理志，魏置汝陽郡，後廢。晉泰始二年，復分汝南立汝南郡，鮦陽屬汝陰。集解所云，尚沿漢制，本書則據晉所分隸言之，謹識于此。】

〔襄〕十年

柤。闕。或曰，彭城傅陽縣西北有柤水溝。魯國薛縣西南有柤亭。譙國酇縣治戲鄉。【案：晉書地理志，酇縣屬譙郡。】皆去〔二〕鍾離五百餘里，非諸侯六日載會所至也。或曰，汝南安城縣西南有鍾離亭，西平縣北有柤亭。去偪陽近千里，又非自會九日之所能滅國。皆非也。

〔二〕孫本「去」誤「在」。

〔襄〕十三年

庸浦。闕。

〔襄〕十四年

棠。闕。

〔襄〕二十六年

雩婁。安豐雩婁縣。

棘。譙國酇縣東北有棘亭。

昭元年

犨。本鄭地，南陽犨縣。

郟。本鄭地，襄城郟縣。

〔昭〕三年

江南之雲夢中。南〔一〕郡枝江縣西有雲夢城。江夏安陸縣東南亦有雲夢城。或曰，南郡華容縣東南有巴丘湖，江南之雲〔二〕夢也。〔【案：杜集解云：「楚之雲夢，跨江南北。」】〕〔三〕

〔昭〕四年

櫟。汝南新蔡縣東北有櫟亭。【案：昭四年傳「吳伐楚，入棘、櫟、麻。」孔穎達正義云：「吳入楚之邑，知此三邑皆楚之東鄙。故疑新蔡東北有櫟亭者，是此櫟亭也。鄭有櫟邑者，則河南陽翟縣也。」又案：新蔡縣，續漢書郡國志，屬汝南。晉書地理志，屬汝陰。】

〔一〕孫本「南」上有「二名」二字。

〔二〕孫本無「雲」字。

〔三〕孫本有夾注，共十三字，應據補。

麻。闕。此麻當在汝陰之左右。若河南陽翟縣是鄭之櫟〔二〕襄縣，麻陂鄿〔三〕縣爲棘，皆非吴之所及。又惟汝陰自有棘櫟。【案：此條有訛誤，今無可是正，姑仍之。】

夏汭。漢水曲入江，今夏口也。

〔昭〕五年

瑮。闕。

鵲岸。廬江舒縣有鵲尾渚。

南懷。闕。

汝清。闕。

〔二〕孫本「櫟」下有「國爲」二字。

〔三〕孫本「鄿」作「陽」。

〔昭〕六年

乾谿。譙國城父縣南。【案：集解云：「楚東境。」又案：晉書地理志，城武縣屬譙郡。】

〔昭〕七年

章華。南郡華容縣，臺在城内。或曰，章華臺在譙國城父。傳曰：「楚子成章華之臺，願與諸侯落之。」如楚道由鄭，知不在城父者也。

〔昭〕九年

淮北之田。淮水北田。

夷濮西田。夷濮，本陳地也。

〔昭〕十一年

不羹。襄城縣東南有不羹城。定陵縣西北有不羹亭。【案：晉書地理志，襄城、定陵均屬襄城

郡。又案：續漢書郡國志，襄城有西不羹，定陵有東不羹，均屬潁川郡。晉書，帝分潁川立襄城郡，故属襄城。】

〔昭〕十二年

潁尾。潁水之尾淮南下蔡縣西。

〔昭〕十三年

中犨。闕。

息舟。闕。

鄧。潁川召陵縣西南有鄧城。

魚陂。江夏竟陵縣城西北有甘魚陂。

訾梁。闕。

棘闈。闕。

訾。闕。

豫章。定二年，楚人伐吴師于豫章。吴人見舟于豫章，而潛師于巢。吴軍楚師于豫章。又，柏舉之役，吴人舍舟于淮汭，而自豫章與楚夾漢。此皆當在江北、淮水[一]南，蓋後徙在江南之豫章也。

〔昭〕十四年

宗丘。闕。

〔昭〕十七年

長岸。闕。

〔昭〕十九年

陰。南鄉陰縣。【案：晉書地理志，陰縣屬順陽郡。】

〔一〕孫本無「水」字。

下陰。闕。

城父。襄城城父縣。

〔昭〕二十三年

雞父。安豐縣南有雞備亭。【案：晉書地理志，安豐縣屬安豐郡。】

蘧澨。闕。

〔昭〕二十四年

圉陽。闕。

〔昭〕二十五年

州屈。闕。

茄。闕

丘皇。闕。

卷。南陽葉縣南有卷亭。

〔昭〕二十七年

潛。廬江六縣西南潛城。

窮。闕。

〔昭〕三十三年

養。闕。

〔昭〕三十一年

南岡。闕。

定四年

容城。闕。

柏舉。闕。

大隧。闕。

直轅。闕。

冥阨。闕。

城口。闕。

雍澨。闕。

〔昭〕五年

稷。闕。

軍祥。闕。

麇。闕。

公壻之谿。闕。

成臼。江夏竟陵有臼水，出聊屈山，西南入漢水。

脾洩。闕。

哀四年

負函。闕。

繒關。闕。

豐。南鄉析縣南有豐鄉〔一〕。【案：晉書地理志，析縣屬順陽郡。】

三户。南鄉丹水縣北有三户亭。【案：晉書地理志，丹水縣屬順陽郡。酈道元水經丹水注云，漢建安中，割南陽右壤爲南鄉郡。逮晉，封宣帝孫暢爲順陽王，立爲順陽郡，因而南鄉爲縣。】

〔一〕孫本本條兩「豐」字俱作「酆」。

〔哀〕十二年

橐皋。淮南逡遒縣東南橐澤〔一〕亭。

十六年

白。汝陰褒信縣西南有白亭。

慎。汝陰慎縣。

隨地

桓六年

隨。義陽隨縣。

〔一〕孫本「澤」作「皋」。

瑕。闕。

〔桓〕八年

速杞。闕。

黄地

桓八年

黄。弋陽縣。【案：晉書地理志，弋陽縣屬弋陽郡。】

莊十九年

踖陵。闕。

梁地

桓九年

梁。馮翊夏陽縣。

僖十八年

新里。闕。

虞地

桓十年

虞。河東大陽縣東北吴城。

僖二年

郹。闕。

顛軨。河東大陽縣東北有地名顛軨坂。

鄖地

桓十一年

鄖。江夏雲杜縣東南有鄖城。

蒲騒。闕。

宣四年

夢。江夏安陸縣東南有雲夢城。

小邾地

莊五年

郳、小邾。二名，東海昌慮縣東北有郳城。

哀二年

句繹。闕。

徐地

僖三年

徐。下邳僮鄉東南大徐城。

〔僖〕十五年

婁林。大徐城東有婁林鄉。【案：集解作「下邳僮縣東南有婁亭」。】

〔昭〕十〔二〕六年

蒲隧。東海昌〔三〕慮縣東有蒲鄉。【案：蒲鄉，集解作「蒲如陂」。劉昭續漢書郡國志注引杜說，作「蒲姑陂」。】

燕地

莊三十年

燕、北燕。二名，燕國薊縣也。

〔二〕　孫本「十」上有「昭」字。

〔三〕　孫本「東海昌」三字作「下邳取」。

僖二十五年

阪泉。廣甯涿鹿縣涿泉。

昭四年

冀之北土。冀州名也。北土，燕、代之屬。

〔昭〕七年

虢。闕。

〔昭〕十二年

陽、唐。二名，中山有唐縣。〔【案：杜集解云：「陽即唐，燕别邑。中山有唐縣，無『都地也』三字。」】〕〔二〕

〔二〕孫本有夾注，共二十二字，應據補。

鄀地

僖二十五年

鄀。商密也。秦、楚界上小國，其後遷於南郡鄀縣。【案：孔穎達正義云：「言鄀本在商密者，據後鄀〔一〕移都而復稱鄀耳。其實此時都在商密，後始遷于鄀縣。國至彼縣而滅，故彼縣專得鄀名耳。」】

商密。南鄉丹水縣也。【案：晉書地理志，丹水縣屬順陽郡。】

麇地

文十一年

麇。闕。

〔一〕孫本「後」下無「鄀」字。星華案：正義作「據在後移都」。

防渚。闕。

錫穴。闕。

舒地

僖三年

舒。廬江舒縣。

文十二年

羣舒、舒龍、舒蓼、舒庸、舒鳩。五名，廬江六縣西南有龍舒城，蓼安豐蓼縣。【案：杜預集解云：「舒城西南有龍舒。」孔穎達正義云：「世本，偃姓。舒庸、舒蓼、舒鳩、舒龍、舒鮑、舒龔以其非一，故統言以包之。」又案：宣八年「楚人滅舒蓼」，集解云：「舒、蓼，二國名。」正義云：「『二』字轉寫誤，當云一國名。」】

襄二十四年

荒浦。闕。

〔昭〕二十五年

離城。闕。

庸地

文十六年

庸。庸，上庸縣。【案：晉書地理志，上庸縣屬上庸郡。】

方城。上庸縣東有方城亭。

禆。闕。

鰷。闕。

魚。魚復〔一〕縣。【案：續漢書郡國志，魚復縣屬巴郡。晉書地理志，魚復縣屬巴東郡。】今巴東永安縣【案：劉昭續漢書郡國志注、宋書州郡志，並引譙周巴記云：「初平中，荆州帳下司馬趙韙建議分巴郡、安漢以下爲永寧郡。建安六年，劉璋改永寧爲巴東郡。」而宋書又云：「魚復侯相漢，舊屬縣巴郡，劉備章武二年，改爲永安。晉武帝太康元年，復舊。」則永安縣蜀漢所置也。】

郯地

宣四年

郯。東海郯縣。

〔一〕孫本「復」作「腹」。

昭七年

羽淵。東海祝其縣西羽山西南也。

萊地

宣七年

萊。東萊黄縣。

襄六年

棠。或曰，北海即墨縣有棠鄉。【案：續漢書郡國志，即墨屬北海國。晉書地理志，即墨屬濟南郡。】

吴地

成七年

吴。吴郡吴縣。

襄三年

鳩兹。丹陽蕪湖縣東，今皋夷也。

〔襄〕十四年

皋舟之隘。闕。

〔襄〕二十八年

朱方。闕。

〔襄〕三十一年

延州來。闕。【案：孔穎達正義云：「釋例土地名，延州來闕，不知其處。則杜謂延州來三字共爲一邑。服虔云：『延，延陵也。州來，邑名。季子讓王位，升延陵爲大夫，食邑州來，傳家通言之。』案傳文，謂之『延陵季子』，則是延陵與州來必不得爲一，但不知何以呼爲延陵耳。或延陵亦是邑名，蓋並食二邑，故連言之。」又昭二十七年正義云：「釋例，延州來闕，杜意當謂吴地別有州來，非楚邑也。」】

昭五年

鵲岸。廬江舒縣東南江水有鵲尾渚。〔【案：鵲岸已見前楚地，無「東南江水」四字，此疑重出。】〕〔一〕

〔昭〕六年

房鍾。闕。

〔一〕孫本有夾注，共十八字，應據補。

哀九年

邗。在廣陵東南，自邗江穿溝，東北向射陽湖，西北末至朱口入淮。今謂之韓江口。

〔哀〕十二年

鄖、發陽。二名，廣陵海陵縣東南有發谿口〔一〕。

〔哀〕十五年

良。闕。

〔哀〕十六年

額黄氏。闕。

〔一〕孫本「谿口」作「谿亭」。

〔哀〕十七年

笠澤。闕

〔哀〕二十年

艾。豫章有艾縣也。

越地

定八年

越、於越。二名，會稽山陰縣。

〔定〕十四年

檇〔二〕李。吴郡嘉興縣南有醉李城。

陘。闕。

哀元年

夫椒。吴郡吴縣西南太湖中有椒山。〔【案：孔穎達正義云：「杜於此注以『椒』爲山名。土地名以『夫椒』爲地名，以『椒』必在山旁，以山表地耳。」】〕〔三〕

〔哀〕十三年

姑蔑。東陳太末縣。

〔二〕四庫本作「檇李」，左傳皆作「檇李」，據改。

〔三〕孫本有夾注，共三十六字，應據補。

〔哀〕十九年

冥。闕。

〔哀〕二十二年

甬東。會稽句章縣東海中洲〔一〕。

有窮地

襄四年

有窮、窮石。二名，闕。

〔一〕孫本「洲」下有「也」字。

鉏。闕。

三苗地

昭元年

三苗。闕。

襄十四年

瓜州。敦煌郡敦煌縣。

有虞地

哀元年

有虞。梁國有虞縣。【案：孔穎達正義云：「有鰥在下，曰『虞舜』，又曰『釐降二女于嬀汭，嬪于虞。』皇甫謐云：『嬪于虞，因以虞爲氏。』虞，今河東大陽縣西山上虞城是也。然則舜有天下，其代號『虞』，本河東大陽之虞。及周之興，封仲雍之後爲虞國，即彼地是也。但舜既禪禹，禹封舜後爲諸侯，雖取虞爲國名，未必封於河東虞地。而梁國有虞縣，其地以虞爲名，疑是夏時虞國。杜于地名言「有」者，皆是疑辭。言「有」，以示不審也。」】

綸。闕。

右國四十，并周凡四十一，經、傳地名九百一十三，【案：本文，地名實八百八十九條。】其四百五十七闕。【案：本文，闕者實四百六十條。】

中外哲學典籍大全

總主編　李鐵映　王偉光

中國哲學典籍卷

春秋釋例（下）

經部春秋類

〔晉〕杜預　著

徐淵　整理

中國社会科學出版社

春秋釋例卷七

土地名第四十四之三

小國地

隱元年

虢。滎陽縣。【案：晉書地理志，滎陽縣屬滎陽郡。】

共。汲郡共縣。

宿。東平無鹽縣。

祭。闕。

申。南陽宛縣。

夷。城陽壯武縣所治夷安地〔一〕。

〔隱〕二年

向。譙國龍亢縣東南有向城。【案：晉書地理志，龍亢縣屬譙郡。】

極。闕。

〔隱〕五年

燕。東郡燕縣。【案：隱五年正義云：「燕有二國，一稱北燕，此則南燕也。世本，燕國，姞姓。地理志，東郡燕縣。南燕國，姞姓，黄帝之後也。小國無世家，不知其君號謚。惟莊二十年，『燕仲父』見傳耳。」又案：續漢書郡國志，燕縣屬東郡。攷晉書地理志，故漢東郡地分屬濮陽國及平陽、頓丘諸郡，無東郡，亦無燕縣。】

〔一〕孫本「地」作「縣」。

〔隱〕七年

滕。沛國公丘縣東南有滕城。【案：續漢書郡國志，公丘縣属沛國。晉書地理志，公丘縣屬魯國。】

凡。汲郡共縣東南有凡城。

〔隱〕十年

戴。陳留外黄縣東南有戴地〔一〕。【案：隱十年正義云：「漢書地理志云：『梁國甾縣，故戴國。』應劭曰：『章帝改曰考城。』古者『甾』、『戴』聲相近，故鄭玄詩箋讀『俶戴』爲『熾甾』，是其音大同，故漢於戴國立甾縣，於晉屬陳留。」】

〔隱〕十一年

息。汝南新息縣。

〔一〕孫本「地」作「城」。

桓二年

郜。濟陰成〔一〕武縣東南有北郜城。

〔桓〕三年

芮。馮翊臨晉縣有芮鄉〔二〕。

魏。河東河北縣。

〔桓〕五年

州、淳于。二名，國都於東莞淳于縣。【案：東莞淳于縣，集解作「城陽淳于縣」。攷晉書地理志，淳于縣屬城陽郡，不屬東莞郡。集解是。】

〔一〕孫本「成」作「城」。
〔二〕孫本「鄉」下有「是也」二字。

〔桓〕七年

穀。南鄉筑陽縣北穀城。【案：晉書地理志，後漢獻帝建安十三年，魏武分南陽西界立南鄉郡。晉武帝平吴改南鄉爲順陽郡，筑陽縣屬順陽。】

〔桓〕九年

巴。巴郡江州縣。

荀。闕。

賈。闕。

〔桓〕十一年

貳。闕。

軫。闕。

絞。闕。

州。南郡華容縣東南有州陵城。

蓼。義陽棘陽縣東南湖陽城。

〔桓〕十二年

羅。在宜城縣西山中，後徙南郡枝江縣。【案：晉書地理志，宜城屬襄陽郡。】

〔桓〕十三年

賴。義陽隨縣賴鄉。

〔桓〕十五年

牟。泰山牟縣。【案：續漢書郡國志，作牟縣。晉書地理志，作東牟縣。均屬泰山。】

葛。梁國寧陵縣東北葛鄉。【案：孔穎達桓十五年正義云：「漢書地理志〔二〕，陳留郡寧陵縣。應劭曰：『古葛伯國』，然則於晉屬梁國也。」】

莊二年

於餘丘。闕。【案：莊二年正義云：「公羊、穀梁皆以於餘丘爲邾之別邑。左氏無傳。春秋未有伐人之邑而不繫國者，此無所繫，故知是國。釋例注闕，不知其處，蓋近魯小國也。」】

〔莊〕十年

譚。濟南平陵縣西南譚城。【案：續漢書郡國志，東平陵屬濟南郡。晉書地理志，濟南郡無此縣。】

〔莊〕十二年

蕭。沛國蕭縣。【案：孔穎達正義云：「宣十二年，『楚子滅蕭』，定十一年，『宋公之弟辰入于蕭以

〔二〕孫本「志」下有「泰山郡牟縣，故牟國也」，共九字，應據補。星華案：「漢書地理志」，正義無「漢書」二字。

叛』，則此後復爲宋邑也。」】

〔莊〕十三年

遂。濟北蛇丘縣東北有遂鄉。

〔莊〕十六年

滑、費滑。二名，滑國都於費河南緱氏縣。【案：成十七年傳「鄭子駟侵晉虛、滑。」杜預集解云：「滑國爲秦所滅，時屬晉，後屬周。」孔穎達正義云：「僖三十三年，秦人滅滑，經書『入』，則是滅而不有，不知滅後屬何國也。此言『侵晉』，知此時屬晉耳。襄十八年傳『楚公子格侵費滑、胥靡』，注云：『胥靡，鄭邑』，不言費滑，杜意當以費滑爲周邑也。然若是周邑，當言侵周以別之。定六年傳稱『鄭伐周馮、滑、胥靡』，爾時胥靡亦爲周邑。蓋費滑、胥靡，周、鄭之間，襄時屬鄭，定時屬周。」】

〔莊〕十八年

權。南郡當陽縣東南有權城。

〔莊〕三十年

鄣。東平無鹽縣東北有鄣城。

閔元年

耿。平陽皮氏縣東南有耿鄉。

霍。平陽永安縣東北有霍太山。

〔閔〕二年

陽。闕。

僖二年

江。汝南陽安縣。

冀。平陽皮氏縣東北有冀亭。

〔僖〕**五年**

弦。弋陽軑縣東南〔二〕。

道。汝南陽安縣南有道亭。

柏。汝南西平縣有柏亭。

〔僖〕**六年**

微。東平壽張縣西北有微鄉微子冢。

〔二〕孫本「南」下有「弦亭」二字。

〔僖〕十四年

鄫。琅琊繒〔一〕縣。

〔僖〕十五年

厲。義陽隨縣北有厲鄉。

韓。闕。【案：杜預集解云：「韓國在河東郡界。」】

〔僖〕十七年

英氏。闕。

項。闕。【案：杜預集解云：「項國今汝陰項縣。」攷晉書地理志，項屬梁國，不屬汝陰。】

密。滎陽密縣。

〔一〕孫本「繒」作「鄫」。

〔僖〕二十一年

任。任城縣也。【案：晉書地理志，任城縣屬任城國。】

須句。東平須昌縣西北有須句。

顓臾。泰山南武陽縣東北有顓臾城。

〔僖〕二十三年

頓。汝陰南頓縣。【案：續漢書郡國志、晉書地理志，南頓並屬汝南。本文汝陰當是汝南之誤。】

〔僖〕二十四年

管。滎陽京縣東北管城。

毛。闕。

聃。闕。

雍。河内山陽縣西有雍城。

畢。京兆長安縣西北周武王冢。武王葬畢地。

酆。始平鄠縣東有酆邑亭。

邘。河内野王縣西北有邘城。

應。襄城城父縣西南有應城〔一〕。

蔣。弋陽期思縣所治蔣鄉亭。

茅。高平昌邑縣西有茅鄉。【案：劉昭續漢書郡國志注引杜説云，茅鄉在昌邑西南。】

胙。東郡燕縣西南有胙亭。

〔僖〕二十六年

夔。建平胇歸縣也。

〔一〕孫本「城」下有「鄉」字。

〔僖〕二十八年

有莘。闕。

〔僖〕二十九年

介。城陽黔陬縣。

〔僖〕三十年

焦。弘農陜縣焦亭。

文三年

沈。汝南平輿縣北有沈亭。

〔文〕五年

六。廬江六縣。

〔文〕六年

偪。闕。

〔文〕十二年

〔宗。近羣舒地。〕〔一〕

巢。廬江六縣東有居巢城。【案：居巢，西漢故縣也。漢書地理志，居巢屬廬江郡。】

〔一〕孫本有此條，應據補。

宣元年

崇。闕。

〔宣〕四年

邛。闕。

〔宣〕九年

根牟。琅琊陽都縣東有牟鄉〔一〕。

〔宣〕十二年

唐。義陽安昌縣東南有上唐鄉。

〔一〕孫本「鄉」下有「城」字。

〔宣〕十五年

黎。上黨壺關縣有黎亭。

成六年

鄟。闕。

郇、郇瑕氏。二名，河東解縣西北有郇城。

襄四年

寒。北海平壽縣東有寒亭。【案：晉書地理志，平壽縣屬濟南郡。】

有鬲。平原鬲縣。

斟灌。樂安壽光縣東南有灌亭。

斟尋。北海平壽縣東南有斟亭。

過、有過。二名，東萊掖縣北有過鄉亭。

戈。哀十二年，宋、鄭之間有戈邑。

〔襄〕十年

偪陽。彭城傅陽縣也。

〔襄〕十三年

邿。任城亢父縣有邿亭。

〔襄〕二十三年

鑄。濟北蛇丘縣所治鑄鄉城也。

〔襄〕二十四年

豕韋。東郡白馬縣東南有韋城。【案：晉書地理志，晉初分東郡置濮陽國，白馬縣屬濮陽。】

唐。太原晉陽縣。

杜。京兆杜陵縣。

〔襄〕二十九年

揚。平陽揚〔一〕縣。

邶。闕。

鄘。闕。

鄘。新平漆縣東北邠城。

鄶。滎陽密縣東北鄶城。

〔一〕孫本此條，「揚」俱作「楊」。

昭元年

觀。頓丘衛縣。

扈。始平鄠縣扈鄉。

姺。闕。

邳。下邳縣。【案：晉書地理志，下邳縣屬下邳國。】

奄、商奄。二名，闕。

褭。闕。

姒。闕。

蓐。闕。

〔昭〕四年

胡。汝陰縣西北胡城。【案：晉書地理志，汝陰縣屬汝陰郡。又案酈道元水經潁水注引杜預釋地，

西北下有「有」字。】

有緡。闕。又云，兗州金鄉城，緡國也。【案：續漢書郡國志，金鄉屬山陽郡。舊唐書地理志，金鄉屬兗州。杜佑通典、新唐書地理志，並同。則以金鄉屬兗州，乃唐制也。此條「又云」以下，非杜氏本文，謹訂於此。】

黎。或曰東夷國，或曰魏郡黎陽縣，疑。

〔昭〕五年

大庭氏。今在魯城中。

〔昭〕九年

駘。始平武功縣所治鰲城。

岐。扶風美陽縣西北有岐山。

蒲姑。樂安博〔一〕昌縣西北蒲姑城。

亳。闕。〔【案：孔穎達正義云：「土地名又云：『燕國薊縣也。亳是小國，闕，不知所在。』蓋與燕相近，亦是中國也。」】〕〔二〕

〔昭〕十二年

昆吾。東郡濮陽縣。【案：晉書地理志，晉初分東郡置濮陽國，濮陽縣屬焉。】

〔昭〕十三年

房。汝南有吴房縣。

〔昭〕十五年

密須。安定陰密縣也。

〔一〕四庫本作「愽」，當作「博」，據改。

〔二〕孫本有夾注，共三十字，應據補。

闕鞏。闕。

〔昭〕十六年

甲父。高平昌邑縣東南有甲父亭。

〔昭〕十八年

鄅。琅琊開陽縣。

〔昭〕二十七年

鍾吾。闕。

〔昭〕二十九年

飂。闕。

郯川、郯夷氏。二名，闕。

窮桑。闕。【案：杜預集解云：「窮桑地在魯北。」】〔【又案：孔穎達正義云：「定四年傳稱『封伯禽於少皞之虚』，故云『窮桑地在魯北』。土地名：『窮桑，闕。』言在魯北，相傳云耳。」】〕〔一〕

定二年

桐。廬江舒縣西南有桐鄉。

〔定〕四年

封父。闕。

〔一〕此條有案語二條，四庫本僅載一條。今據孫本補録其第二條，共四十二字。

哀元年

仍、有仍。二名，闕。

右小國一百二十九，經、傳惟見國名，其二十八闕。【案：本文，闕者實三十五條。】

闕屬國地

桓十年

共池。

〔桓〕十一年

惡曹。

折。

僖二年

垂棘。

多魚。

〔僖〕十五年

牡丘。

文十年

女栗。

厥貉。

〔文〕十三年

沓。

成二年

上鄍。

〔成〕十二年

瑣澤。

交剛。

〔成〕十七年

貍脤。壬申，公孫嬰齊卒于貍脤。舊説，壬申，十月十五日。貍脤，魯地也。傳曰：

十月庚午，圍鄭。然則二月未得及魯之境也。

〔成〕十八年

虚朾。

台谷。

襄五年

善道。

〔襄〕十九年

大隧。

〔襄〕二十一年

商任。

〔襄〕二十五年

泮。

昭元年

曠林。

〔昭〕十一年

祲祥、祥。二名。

〔昭〕十一年

厥慭。

〔昭〕二十六年

鄟陵。

定三年

拔、郯。二名。

〔定〕十年

安甫。

〔定〕十五年

渠蒢、渠挐。二名。

右地二十六，未聞古屬何國，並闕。

戎地

隱二年

戎。陳留濟陽縣東南有戎城。

〔隱〕九年

北戎、山戎、無終。三名，北平有無終縣。

桓十三年

盧戎。闕。

莊二十八年

驪戎。京兆新豐縣。

閔二年

犬戎。西戎别在中國者，闕。

僖十一年

揚〔一〕。闕。

〔一〕孫本「揚」作「楊」。

拒。闕。

泉。河南洛陽縣西南有泉亭。【案：杜預集解云：「伊闕北有泉亭。」】

皐。闕。

伊洛之戎。雜居洛水、伊水之間者，河南洛陽縣西南有戎城。

〔僖〕二十二年

陸渾之戎、九州之戎。河南陸渾縣。【案：杜預集解云：「允姓之戎居陸渾，在秦、晉西北，二國誘而徙之伊川，遂從戎號，至今爲陸渾也。」孔穎達正義云：「昭九年傳曰：『允姓之姦，居於瓜州。』注云：『瓜州，今敦煌』，則陸渾是敦煌之地名也。後徙之伊川，復以陸渾爲名。】

〔僖〕三十三年

姜戎。晉南鄙。

成元年

茅戎。河東大陽縣西有茅亭。

徐吾氏。茅戎之别種。【案：孔穎達正義云：「茅戎已〔一〕是戎内之别，徐吾又是茅戎之内聚落之名。」】

昭九年

陰戎。晉陰地。

哀四年

狄戎。闕。

〔一〕四庫本作「以」，成公元年正義作「已」，據改。

〔哀〕十七年

戎州。戎邑近衛者，闕。

狄地

莊二十八年

廣莫。北狄地之曠絶，蒲與〔一〕北屈左右。

閔二年

東山、皋落氏狄。二名，赤狄别種，在晉東闕。【案：孔穎達正義云：「狄有赤狄、白狄。成

〔一〕孫本「與」作「子」。

十三年傳『晉侯使呂相絶秦云：『白狄及君同州』』，則白狄與秦相近，當在晉西，此云東山，當在晉東。宣十五年『晉師滅赤狄潞氏。』潞，上黨潞縣，在晉之東。此云伐東山皐落氏，知此亦在晉東，是赤狄別種也。」】

僖二十三年

廧咎如。赤狄別種，闕。【案：成三年傳云：「晉郤克、衛孫良夫伐廧咎如，討赤狄之餘焉。」杜集解云：「宣十五年『晉滅赤狄潞氏，其餘民散入廧咎如，故討之。』」孔穎達正義云：「赤狄餘種散入咎如之内。今伐咎如者，來就咎如之内討彼赤狄餘黨。然廧咎如容赤狄餘民，則咎如亦赤狄矣。劉炫以爲廧咎如即是赤狄之餘，今知不然者，以赤狄極多，潞氏、甲氏、鐸辰、皐落氏等，皆是其類，並爲建國。假令潞氏、甲氏、鐸辰、皐落雖滅，自外猶存不滅者多，止應言討赤狄之類，不得稱餘。且以廧咎如容受赤狄餘黨，故伐而討責。若以廧咎如即是赤狄之餘，應取土地，興兵絶滅，何當惟伐討而已？劉炫以廧咎如即是赤狄之餘而規杜，非也。」】

〔僖〕三十三年

白狄。故西河郡地有白部胡。

文十一年

長狄鄋瞞。鄋瞞長狄國，闕。

潞、赤狄潞氏。二名，在上黨。又云，潞城縣東有古城赤狄潞氏國也。【案：漢書地理志，潞縣屬上黨郡，續漢書郡國志同。隋書地理志，潞城屬上黨郡。開皇十六年置。舊唐書地理志，潞城，古邑。隋特〔二〕置潞城縣，則潞爲漢縣，潞城則隋所改也〔三〕。此條「又云」以下，係後人所增，謹訂於此。】

宣三年

赤狄。故上黨郡地有赤沙城。

〔宣〕十一年

欑函。闕。

〔二〕孫本「特」作「時」。
〔三〕孫本無「則」、「也」二字。

衆狄。闕。

〔宣〕十六年

赤狄甲氏、留吁、鐸辰。三名，赤狄別種，闕。

昭十二年

鮮虞。白狄別種，中山新市縣也。

昔陽。肥國都也，樂平沾縣東有昔陽城。

肥。白狄別種，鉅鹿下曲陽縣西〔二〕有肥累城。【案：傳云：「晉荀吳僞會齊師者，假道於鮮虞，遂入昔陽。秋八月壬午，滅肥，以肥子緜皋歸。」孔穎達正義云：「劉炫以爲齊在晉東，僞會齊師，當自晉而東行也。假道鮮虞，遂入昔陽。則昔陽當在鮮虞之東也。今案，樂平沾縣在中山新市西南五百餘里，何當假道於東北之鮮虞而反入西南之昔陽也？既入昔陽，而別言滅肥，則肥與昔陽不得爲一，安得以昔陽爲肥國之

〔二〕孫本「西」下有「南」字。

都也？昔陽即是肥都，何以復言鉅鹿下曲陽有肥累之城？疑是肥名取於彼也。肥爲小國，境必不遠，豈肥名取鉅鹿之城，建都于樂平之縣也？十五年，『荀吴伐鮮虞，圍鼓。』杜云：『鼓，白狄之别，鉅鹿下曲陽縣有鼓聚。』炫謂肥、鼓並在鉅鹿，昔陽即是鼓都，在鮮虞東南也。二十二年傳云『晉荀吴使師僞糴者，負甲以息於昔陽之門外，遂襲鼓，滅之。』則昔陽之爲鼓都，斷可知矣。今案，杜以昔陽爲肥國都，其説爲是。傳云『遂入昔陽』，即云『壬午，滅肥』，是因入而滅之。故云『昔陽，肥國都』也。昔陽既在樂平沾縣，而杜又云『鉅鹿下曲陽縣西南有肥累城』，相去遠者，以肥是本封之名，後遷於昔陽，猶若杞國本都陳留，後遷緣陵；鄭本都京兆，後遷虢、鄶耳。昔陽今屬廉州，去下曲陽道路非遠，在中山南二百餘里。劉炫自云肥之與鼓，俱在曲陽，足知肥累城與昔陽不甚懸絶。劉意欲破杜，乃云樂平沾縣在中山新市西南五百餘里。又自云昔陽，鼓國都，與肥相近，在中山東南，是自相矛盾也。然鮮虞在北，昔陽在南，所以得假道鮮虞，遂入昔陽者，荀吴意欲滅肥，恐肥國防備，故從晉之北境，僞欲東南而行，往會齊師。故先迴路假道鮮虞，南入昔陽。如湯之放桀，迂路從陑，出其不意故也。且杜君土地例稱有者，皆疑辭，故杜云『樂平沾縣東有昔陽』，是疑而不定。又且都縣移動，古今不一，則晉時樂平沾縣何知不是今之昔陽？但肥都昔陽，與鼓相近，晉既滅得肥國，故二十二年，息昔陽之門外，遂襲鼓而取之，昔陽非鼓都也。劉意好異，而妄規杜過，非也。」又案：續漢書郡國志，下曲陽屬鉅鹿郡。晉書地理志，下曲陽屬趙國，不屬鉅鹿國。又案：隋書地理志趙郡稾城下云，後齊廢下曲陽屬焉，改爲稾城縣。開皇十年置廉州，大業初，州廢。舊唐書地理志鎮州稾城下云，唐初，置鉅鹿郡。武德

元年，改爲廉州。貞觀元年，州廢。正義所云昔陽今屬廉州，唐初之制也。】

〔昭〕十三年

中人。鮮虞地也，中山望都縣西北有中人城。

〔昭〕十五年

鼓。白狄別種，鉅鹿下曲陽縣有鼓聚。

定四年

中山。鮮虞地，中山國治盧奴縣。

夷地

僖十三年

淮夷東夷。東夷居淮水者，闕。

文十六年

百濮。建寧郡南有濮夷[一]，濮夷無君長總統，各以邑落自聚，故稱百濮也。【案：此四句永樂大典止有「建寧縣南有小夷」七字，從文十六年正義所引釋例增改。】

昭九年

〔**肅慎。**〕**北夷在玄菟北三千餘里。**【案：孔穎達正義曰：「書序云：『武王既伐東夷，肅慎來賀。』魯語云：『武王克商，肅慎氏貢楛矢。』韋昭云：『肅慎，東北夷之國，去扶餘千里。』晉之玄菟，即在

〔一〕孫本「夷」下有「地」字。

遼東北。杜云：『玄菟，三千里，是北夷之近東者。』故杜言北夷，韋言東北夷。」】〔一〕

哀四年

夷虎。闕。

〔哀〕十九年

三夷。闕。

敖。三夷地，闕。

蠻地

〔一〕孫本有此一條，又有夾注，計八十二字，均應據補。

文十六年

羣蠻。闕。

成十六年

陸渾蠻氏、戎蠻蠻氏。二名，河南新城縣東南有蠻城。

右四夷四十，其二十一闕也。【案：本文，闕者實十八條。】

山名

隱八年

泰山。奉高縣西北。

桓六年

二山。具山、敖山。

僖四年

方城。南陽葉縣南。

〔**僖**〕**十四年**

沙鹿。陽平元城縣東南有沙鹿，土山也。

〔**僖**〕**十五年**

華山。弘農華陰縣西南。

〔僖〕三十二年

殽。弘農黽池縣西。

文十三年

繹。魯國鄒縣北。【案：晉書地理志，鄒縣屬魯郡。】

〔文〕十六年

阜山。闕。

宣二年

首山。河東蒲坂縣東南首陽山。

〔宣〕十二年

敖。滎陽滎澤縣西北是也。【案：晉書地理志，滎陽郡治滎陽，敖正滎陽縣所屬，別無滎澤縣。又攷續漢書郡國志，滎陽有敖亭，有費澤。劉昭注云：「左傳宣十二年，晉師在敖、鄗之間」，即此。又楚潘黨逐魏錡，及滎澤。杜預曰：「縣東滎澤也，與本書鄭地滎澤條合。」則滎澤在河南者，亦屬滎陽縣。本文「滎澤縣」當是「滎陽縣」之誤，謹訂于此。】

鄗。滎陽縣西北，敖山東南。

成二年

靡笄。闕。

華不注。闕。

〔成〕五年

梁山。馮翊夏陽縣北。又云，同州韓城縣有梁山。【案：杜佑通典云，西魏改華州爲同州，以漆、沮既從，灃水攸同，言二水至斯，同流入渭。城居其地，故曰同州。又云，韓城，漢爲夏陽縣，有梁山。後周分爲郃陽及今縣，則同州西魏置，韓城宇文周置。此條「又云」以下，非杜氏本文，謹訂于此。】

襄三年

衡山。吴興烏程縣南。

〔襄〕十八年

巫山。濟北盧縣東北。

梅山。滎陽密縣東北。

魚齒。南陽犨縣北。

〔襄〕二十三年

大行。河内郡北。

昭四年

四嶽。東嶽，泰山奉高縣泰山也。南嶽，長沙湘南縣衡山也。【案：續漢書郡國志，湘南侯國屬長沙郡。晉書地理志，孫權分長沙，立衡陽、湘東二郡，湘南縣屬衡陽。】西嶽，弘農華陰縣西南華山也。北嶽，中山上曲陽縣西北恒山也。【案：續漢書郡國志，上曲陽屬中山國。晉書地理志，上曲陽屬常山郡，不屬中山國。】

三塗。河南陸渾縣南山名。或曰，三塗，伊闕、大谷、轘轅三道也。傳曰：「晉將伐陸渾，而先有事於洛與三塗」，先祭山川也。謂三道者，非也。【案：孔穎達正義云：「服虔云：『三塗，太行、轘轅、殽黽也。』謂三塗爲三處道也。杜則以三塗爲一。」又案：水經云：「伊水過陸渾縣南」，酈注云：「伊水歷崖口山峽，即古三塗山也。是山在陸渾故城東南八十許里，周書『武王問太公曰：『吾將因有夏之居南望，過于三塗。』』服虔曰：『三塗，太行、轘轅、崤澠，非南望也。』或言宜爲轘轅、大谷、伊闕，皆非也。」】

陽城。河南陽城縣東北山洧水所出〔二〕。

太室。河南陽城縣西北嵩高山，中嶽也。地理志云：武帝置嵩高縣，以奉太室之山，是爲中嶽。有少室在太室之西，謂之少室。〔【案：正義引土地名，「有少室」作「又有少室，在太室之西」，無「謂之少室」四字。】〕〔三〕

荆山。新城沶鄉縣南。

中南。始平武功縣西南有大臺山。〔【案：「西南」，杜集解無「西」字。】〕〔三〕

岐。扶風美陽縣西北。

塗山。淮南壽春縣東北山也〔四〕。

〔二〕孫本「出」下有「也」字。

〔三〕孫本有夾注，共二十七字，應據補。

〔三〕孫本有夾注，共九字，應據補。

〔四〕孫本無「也」字。

〔昭〕五年

萊山。闕。

坻箕之山。闕。

〔昭〕七年

萊柞。闕。

羽山。東海祝其縣西南。

〔昭〕十一年

岡山。闕。〔【案：孔穎達正義云：「土地名，岡山，闕。不知其處，經言以歸用之，必是楚地山也。」】〕〔一〕

〔一〕孫本有夾注，共二十九字，應據補。

〔昭〕十二年

坻。闕。

〔昭〕十六年

桑山。闕。

〔昭〕二十二年

北山。洛北邙山是也。

定四年

小別。闕。

大別。闕。或曰，大別在安豐縣西南。【案：此係鄭康成之説，水經亦同。】傳曰：「吴既與楚夾漢，然後楚乃濟漢而陳，自小别至於大别。」然則二别近漢之名，無緣反在安豐也。

【案：杜集解云：「禹貢，漢水至大别，南入江，然則二别在江夏界。」】

〔定〕十年

〔龜。泰山博縣西。〕〔一〕

哀元年

會稽。在會稽山陰縣南。

〔哀〕四年

菟和。在上雒縣東。【案：晉書地理志，上雒縣屬上雒郡。】

〔一〕孫本有此一條，應據補。

〔哀〕十三年

首山。闕。〔一〕

右山四十五【案：本文實止山四十二。】，其十二闕。

水名

隱三年

濟。自滎陽卷縣，東經陳留，至濟陰，北經高平，東經濟北，東北經濟南，至樂安博〔二〕昌縣入海。【案：隱三年正義云：「案檢水流之道，古今或殊，杜既玫校元由，據當時所見，載于釋

〔一〕此條四庫本在「大別」、「小別」之後，孫本在「四年菟和」條後，應據改。
〔二〕四庫本作「愽昌」，當作「博昌」，據改。

例。今一皆依杜，雖與水經乖異，亦不復根尋也。」】

〔隱〕四年

濮。闕。〔【案：杜集解云：「陳地水名。」】〕〔二〕

桓六年

漢。一名沔水，出武都沮縣，東經漢中、魏興，至南陽，東南經襄陽，至江夏安陸縣入江。〔【案：此下或以禹貢釋淮水之語誤入於漢水下，此襲用正義之言而誤者，原本無。」】〕〔三〕

〔桓〕八年

淮。出義陽平氏縣桐栢山，東北經汝南汝陰、淮南譙國、沛國下邳，至廣陵縣入海。

〔二〕孫本有夾注，共九字，應據補。

〔三〕孫本有夾注，共三十二字，應據補。

【案：譙國，晉書地理志作譙郡。廣陵縣，晉書地理志屬廣陵郡。】

〔桓〕十二年

彭。出新城昌魏縣，東北至南鄉筑陽縣入漢。【案：晉書地理志，晉武帝改南鄉爲順陽郡，筑陽屬順陽。】

〔桓〕十三年

鄢。出新城沶鄉縣，東經襄陽，至宜城縣南入漢。

〔桓〕十八年

濼。出濟南歷城縣故城西北入濟。【案：晉書地理志，濟南郡統縣五，無歷城縣。】

莊四年

溠。義陽厥縣西有潹水，源出縣北，從縣西，東南至隨縣，入鄖水。【案：莊四年正義

云：「杜以濟解泲，蓋聲相近而字轉耳。」此條永樂大典誤作「義陽門西縣東北入須水」，今從正義所引釋例改正。】

〔莊〕九年

洙。出魯國東北，西南入沇水，下合泗。

〔莊〕十八年

涌。南郡華容縣南，出自江也。

閔二年

渭。出隴西狄道縣鳥鼠同穴山，東經南安、天水、畧陽、扶風、始平、京兆，至弘農華陰縣入河。

僖元年

汶。出泰山萊蕪縣，西南經濟北，至東平須昌縣入濟也〔一〕。

〔僖〕四年

東海。自遼西、北平、漁陽、章武、渤海、樂陵、樂安、北海、東萊、城陽、東海、廣陵、吴郡、會稽十四郡之東界以東也。【案：晉書地理志，無漁陽郡，其地多屬燕國。無北海國，其地分屬齊國及濟南、城陽、東莞諸郡。】

河。出西平西南二千里，從西平東北經金城、故北地、朔方、五原，至故雲中，南經平陽、河東之西界，東經河東、河内之南界，東北經汲郡、魏郡、頓丘、陽平、平原、樂陵之東南，入於海也。【案：孔穎達正義云：「杜之此言，據當時之河耳。禹貢『導河積石，至於龍門，南至於華陰，東至於底柱。又東至於孟津，東過洛汭，至于大伾。北過洚水，至於大陸。又北播爲九河，同爲

〔一〕孫本無「也」字。

逆河，入于海。』案驗其地，自大伾以上，河道不改。大伾以下，即是汲郡以東，河水東流，秦、漢以來始然也。古之河道，自大伾而北過洚水，故迹不可復知。其大陸則趙之廣澤也。大陸以北，播爲九河，九河故道，河〔一〕間成平以南，平原鬲縣以北。其九河者，徒駭一、太史二、馬頰三、覆釜四、胡蘇五、簡六、潔七、鉤盤八、鬲津九。徒駭最西，以次而東，故鄭注禹貢，河間弓高縣，往往有其處。中侯云：『齊桓霸，遏八流以自廣』，計桓公之時，齊之西境，當在九河之最西，徒駭蓋是齊之西界，其東至于海，當盡樂安、北海之東界也。」又案：晉書地理志，無朔方、五原、雲中三郡。】

〔僖〕十一年

伊。出上雒盧氏縣熊耳山，東北至河南洛陽縣入雒也。

雒。出上雒縣冢領山，東北經弘農，至河南鞏縣入於河。

〔僖〕十六年

汾。出太原故汾陽縣東南。【案：漢書地理志，汾陽縣屬太原郡。顏師古注，北山，汾水所出。續

〔一〕四庫本「播爲九河」下作「者徒駭太史」五字，僖公三年正義作「九河故道河」五字，此抄手誤抄所致，據改。

漢書郡國志，太原無此縣。】至晉陽縣，西南經西河平陽，至河東汾陰縣入河。〔【案：孔穎達正義云：「汾水從平陽南流，折而西，入于河。臨汾縣在汾水北。」】〕〔二〕

〔僖〕十九年

睢。汴水自滎陽受河，睢水受汴，東經陳留、梁國、譙郡、沛國，至彭城縣入泗。【案：孔穎達正義云：「凡水首從水出謂之受，流歸他水謂之入。漢書之例爲然，言汴從河出，睢從汴出也。」】

〔僖〕二十二年

泓。闕。

〔二〕孫本有夾注，二十七字，應據補。

〔僖〕三十三年

泜。魯〔一〕陽縣有滍〔二〕水，東注襄城，至定陵縣入汝〔三〕。【案：晉書地理志，魯陽縣屬南陽國。】

宣四年

漳。出新城沶鄉縣，南至荆山，東南經襄陽〔四〕、南郡當陽縣入沮。〔【案：傳文云：「漳澨。」考爾雅釋水，邊之名，惟有「涯」「涘」「岸」「滸」，無以「澨」爲水邊者。但此云「漳澨」，成十五年云「決睢澨」，皆水名。舉水名而言「澨」，知「澨」是水邊也。惟當於本書之例無，故不兼言「澨」。】〕〔五〕

〔一〕孫本「魯」上有「南陽」二字。
〔二〕孫本「滍」作「泜」。
〔三〕孫本作「東南經襄城，至潁川安陸縣入汝」，與此互異。
〔四〕孫本「陽」下有「至」字。
〔五〕孫本有夾注，共七十字，應據補。

〔宣〕八年

滑。闕。

〔宣〕十年

潁。出河南陽城縣陽乾山，東南經潁川汝陰縣，至淮南下蔡縣入淮。〔【案：正義引釋例，乾山作陽乾山。】〕〔一〕

成六年

澮。出平陽絳縣，南西入汾。

〔一〕孫本有夾注，共十二字，應據補。

〔成〕十三年

涑。出河東聞喜縣，西南至蒲坂縣入河。【案：晉書地理志，蒲坂縣亦〔二〕屬河東郡。】

涇。出安定朝那縣西，東南經新平、扶風，至京兆高陸縣入渭。

〔成〕十七年

洧。出滎陽密縣西北陽城山，東南至潁川長平縣入潁。

汝。出南陽魯陽縣大蓋山，東北至河南梁縣，東南經襄城、潁川、汝南，至汝陰褒信縣入淮。

洹。洹〔三〕出汲郡林慮縣，東北至魏郡長樂縣，入清水。

〔二〕孫本無「亦」字。
〔三〕孫本「洹」下有「水」字。

襄三年

彤。闕。

〔襄〕十六年

湨。出河内軹縣，東南至温縣入河。【案：晉書地理志，温縣亦屬河内郡。】

湛。出襄城昆陽縣北，東入汝。

〔襄〕十八年

濰。自東莞縣東北經城陽，北至北海都昌縣入海。【案：晉書地理志，東莞縣屬東莞郡。又故漢北海國地，晉時分屬齊國及濟南、城陽、東莞諸郡。地理志無北海國，亦無都昌縣。】

沂。出東莞蓋縣艾山，東南經琅琊、東海，至下邳縣入泗。【案：此齊地之沂，水經所謂出泰山蓋縣艾山者也。漢書地理志泰山郡蓋縣下注云，沂水南至下邳，入泗，過郡五，行六百里，青州寖。】

旃然。出滎陽成臯縣東南入汴水。【案：晉書地理志，成臯縣屬河南郡，不屬滎陽郡。又案：「東南入汴水」句，酈道元水經濟水注引杜説，作「東入坂〔一〕」。】

〔襄〕十九年

漷。出東海合鄉縣，西南經魯國，至高平湖陸縣入泗。

泗。出魯國卞縣，西南至高平湖陸，東經沛國、彭城、下邳，至臨淮郡左右，入淮水。

〔襄〕二十三年

少水。闕。

〔襄〕二十五年

泮。闕。

〔一〕孫本「坂」作「汳」。

〔襄〕二十八年

黄。出滎陽宛陵縣西，西南至新鄭城，西入洧。【案：續漢書郡國志，新鄭屬河南尹。晉書地理志，河南、滎陽俱無此縣。】

昭元年

洮。闕。〔【案：正義云：「洮水，闕。不知所在，當亦是晉地之水，後世竭涸，無其處耳。」】〕〔一〕

〔昭〕三年

江。出汶山升遷縣岷山，南經蜀郡、建寧，至江陽，北經巴郡，東經建平、宜都、南郡、江夏、弋陽、安豐，至廬江，東南經淮南、下邳，至廣陵入海。

〔一〕孫本有夾注，共三十六字，應據補。

〔昭〕五年

羅。闕。

〔昭〕六年

豫章。豫章郡今治南昌縣，縣西有水，北入江。當春秋時，豫章在江、淮之南。

〔昭〕七年

濡。出高陽縣，東北至河間鄚縣，入易水。【案：孔穎達正義云：「今案高陽縣無此水也，水源皆出于山。其出平地，皆是山中平地。燕、趙之界，無泉出者，未知杜言何所案據。」又案：晉書地理志，高陽縣屬高陽國。】

〔昭〕十二年

澠。出齊國臨淄縣，北經樂安博昌縣南界，西入時水。

〔昭〕十二年

彭。闕。

姑。出東萊黄縣山，西北經即墨縣，至城陽黔陬縣，東南入海。【案：晉書地理志，即墨縣屬濟南郡。】

尤。在城陽郡東南入海。〔【案：杜預集解云：「姑尤，齊東界也。」又案：孔穎達正義云：「聊攝、姑尤，皆是邑也。管仲夸楚，言其境界所至，故遠舉河海也。晏子言其人多，故唯舉屬邑言之也。」】〕〔二〕

〔昭〕二十五年

沂。出魯國魯縣，西南入泗。【案：此魯地之沂，即酈道元水經泗水注，所謂泗水自城北，南逕魯城，西南合沂水。沂水出魯城東南尼丘山，流逕魯縣故城南，右注泗水〔三〕者也。】

〔二〕孫本有夾注二條，共五十八字，應據補。

〔三〕孫本無「水」字。

〔昭〕二十六年

淄。出泰山梁父縣，西北入汶。

〔昭〕二十七年

沙。闕。

〔昭〕二十九年

闞。闕。

定四年

清發。闕。

〔雍澨。闕。〕〔一〕

睢。出新城昌魏縣東南〔二〕河山【案：睢水，水經作沮水，酈道元注引杜説云：水出新城郡之西南發阿山。與本書小異。】，東南經襄陽，至南郡枝江縣入江。【案：孔穎達正義云：「此水在郢都之西。」】

哀十三年

泓。闕。

〔哀〕十五年

桐。出宣城廣德縣西南白石山，西北入丹陽湖。

雍。闕。

〔一〕孫本有此一條，應據補。

〔二〕孫本「南」下有「發」字。

〔哀〕二十七年

濮。自陳留酸棗縣傍河東北，經濟陰，至高平鉅野縣入濟。【案：酈道元水經濟水注引杜説云，濮水出酸棗縣，首受河。〔一〕】

右水五十八【案：本文實水五十九。】，其十四闕。

盟會圖疏附【案：此疏所載郡縣，多非晉初所有，疑是杜氏原書已佚，而唐人補輯以附益者。】

共。音恭，今衛州共城縣也。【案：續漢書郡國志，共縣屬河内郡。而隋書地理志則云，汲郡，東魏置義州，後周改衛州。又云：共城屬河内郡，舊曰「共」，後齊廢。開皇六年復置，曰共城。杜佑通典説與隋書同，而共城則屬衛州，是衛州宇文周置，共城縣隋置。而以共城隸衛州，則唐制也。】

城父。亳州縣也。【案：隋書地理志譙郡下云，後魏置南兗州，後周改曰亳州，城父屬焉，宋曰浚義，開皇十八年，改。舊唐書地理志，唐改爲亳州，城父仍隸焉。則亳州乃宇文周置，城父縣隋置也。】

〔一〕孫本有「又隱四年正義引杜説，亦作『受河』，此作『傍河』，應誤。」共十九字，應據補。

上陽。在陝州。【案：杜佑通典陝州下云，漢屬弘農郡，後魏置陝州。隋煬帝初，州廢，唐復置。則陝州元魏置也。】

南宮。冀州縣。【案：漢書地理志，南宮屬信都國。續漢書郡國志，南宮屬安平國，統隸冀州刺史。隋、唐俱以信都郡爲冀州，南宮仍屬焉。】

淮陽。今陳州宛丘縣。【案：杜佑通典，漢汝南郡淮揚國之地。隋置陳州，煬帝初，州廢，置淮陽郡。唐爲陳州，宛丘屬焉。漢淮陽郡故城在今縣西南。隋書地理志，宛丘屬淮陽郡，後魏曰項。開皇初，改名。】

襄城。許州縣。【案：襄城，漢書地理志、續漢書郡國志，俱屬潁川郡。隋書地理志，潁川郡，後周曰許州。隋後爲潁川郡，襄城仍隸潁川。舊唐書地理志，唐復爲許州，隸如故。】

滕。在徐州。【案：杜佑通典，徐州彭城郡，漢爲楚國沛郡地。晉立徐州，以爲重鎮。隋改彭城郡，唐爲徐州，滕縣屬焉。舊唐書地理志，滕縣，古滕國，隋置縣。】

高陵。在雍州〔一〕。【案：漢書地理志，高陵屬左馮翊。續漢書郡國志同。杜佑通典，今之雍州，晉爲

〔一〕孫本「州」下有「高陵縣」三字。

京兆郡，兼置雍州，領郡國七，理於此。隋、唐俱爲雍州，高陵屬焉。】

隴西。渭州。【案：魏書地形志，隴西郡屬渭州。】

東陽。在鄧州南陽。【案：隋書地理志，南陽郡舊置荆州。開皇初，改爲鄧州，南陽縣屬焉。】

雲中。在并州榆次縣東北。【案：漢書地理志，榆次縣屬太原郡。續漢書郡國志同。】

南越。廣州。【案：杜佑通典，漢獻帝立南越爲交州，孫吴分爲廣州。】

中山。今定州。【案：魏書地形志，魏太祖皇始二年置安州。天興三年，改定州，中山郡屬焉。】

濟北。濟州盧縣。【案：漢書地理志，盧縣屬泰山郡，續漢書郡國志，屬濟北國。隋書地理志，濟北郡舊置濟州，盧縣屬焉。】

汝南。今豫州。【案：宋書州郡志，豫州刺史，曹魏治汝南安成。】

齊國。今青州臨淄縣。【案：杜佑通典，青州，漢置北海郡。晉爲北海、樂安二國之地，兼置青州，領郡國五，理於此。唐爲青州。】

平陸。西河縣。【案：漢書地理志，平陸縣屬西河郡。續漢書郡國志同。】

膠東。括地象云：即墨故城在萊州膠水縣東南六十里，即膠東國。【案：隋書地理志東萊郡下云：舊置光州，開皇五年，改爲萊州，統縣九。膠水、即墨並屬焉。】

河東。蒲州。【案：隋書地理志河東郡下云，後魏曰秦州，後周改曰蒲州。】

西河。今汾州。【案：魏書地形志汾州下云，太和十二年，置州，治蒲子城。孝昌中，移治西河，西河郡屬焉。】

南郡。今荆州。【案：續漢書郡國志，南郡屬荆州。杜佑通典，晉置荆州，領郡十九，理南郡。】

沙丘宛臺。在邢州。【案：隋書地理志，開皇十六年，置邢州。】

鄂。在慈州。【案：舊唐書地理志，隋耿州。武德八年，改爲慈州，以郡近慈烏戍故也。】

邘城。在懷州。【案：魏書地形志懷州下云，永安二年置。】

牧野。紂南郊地名。

梁山。雍州。

不窋故城。在慶州。【案：隋書地理志弘化郡下云，西魏置朔州，後周廢。開皇十六年，置慶州。】

邰。天來入邰，炎帝之後姜姓所封，周棄外家。

驪故城。在雍州新豐縣，殷時國。【案：晉書地理志，晉初於長安置雍州，統郡國七，新豐屬京兆郡。】

洛水。一名漆沮水，源出慶州。【案：尚書孔安國傳解「又東過漆沮，入于河」之文云：「漆、沮，二水名，亦曰洛水出馮翊北。」又案：漢書地理志北地郡歸德縣下注云，洛水出北蠻、夷中，入河。杜佑通典，秦北地郡，隋文帝置慶州，洛源屬焉。漢歸德縣地也，洛水所出。】

帝王紀云：黄帝都有熊。今河南新鄭縣。【案：漢書地理志，新鄭縣屬河南。】

虞城。在陜州河北縣。【案：魏書地形志，太和十一年，置陜州，領郡九。舊唐書地理志，陜州平陸縣即隋河北縣。】

芮城。在芮城縣。【案：舊唐書地理志，芮城屬陜州隋縣。】

密須。括地象云：陰密故城在涇州鶉觚縣。密、密氏，姞姓，在安定。【案：魏書地形志，涇州領郡五，鶉觚屬焉，隸隨平郡。杜佑通典，魏、晉安定郡，後魏太武帝置涇州，盖以涇水爲名。】

酆、鎬。相去二十五里，在長安南。

文王陵。在雍州萬年縣西南二十五里畢原上。【案：杜佑通典，漢京兆尹，晉爲京兆郡，兼置雍州，領郡國七。理于此。隋初，置雍州，唐仍之，萬年屬焉。漢有萬年，屬左馮翊，今在櫟陽東北二十五里，櫟陽故城是。後周始于長安城中置萬年縣，隋改爲大興縣。武德初，復舊。】

曲阜。在魯城中，委曲長七八里。

管。在鄭州管城縣。【案：杜佑通典，虢、鄶之地，漢置河南郡，後漢因之分置滎陽郡，後周改爲鄭州，隋置管州。煬帝初，復爲鄭州，尋廢州置滎陽郡。隋書地理志，管城屬滎陽郡，舊曰中牟，隋開皇十六年，析置管城。】

蔡。括地象云：豫州北七十里上蔡縣，古蔡國，周武王封弟叔度於是。蔡縣東十里有蔡山，則國名也。【案：隋書地理志，汝南郡，後魏置豫州，後周改曰舒州，尋復曰豫州。隋爲汝南郡，上蔡屬焉。】

桃林。括地象云：在陜州桃林縣西。山海經云：夸父之山，其北有林名桃林，廣三百里。【案：陜州，後魏置桃林縣，隋開皇十六年置。而隋時桃林尚屬河南郡。其以桃林屬陜州，則唐初制也。至天寶中，以桃林掘得靈符，改爲靈寶縣。】

徐。括地象云：泗州徐城縣北。【案：漢書地理志，徐縣屬臨睢郡。杜佑通典，古徐國地，後周改爲泗州，唐亦爲泗州，徐城屬焉。】

奄國。奄州曲阜縣奄里即奄國也。【案：杜佑通典，古少皡之墟，後漢爲任城國，山陽泰山郡地，兼置兗州，領郡國八，理於此。其以魯郡爲兗州，則隋初所置也。隋書地理志，汶陽縣，開皇四年，改名曲阜。】

商國。括地象云：在商州。【案：杜佑通典，西魏洛州，後周改爲商州。】一説商丘〔二〕即宋州。【案：隋書地理志，開皇十六年，置宋州。】

南燕。南燕，滑州胙城縣。【案：隋書地理志，開皇九年，置杞州，十六年改爲滑州，胙城屬焉。舊曰東燕，開皇十八年改。】

祭國。國名云：祭在河南。

〔**兖國。上有兖州公後所封。**〕〔三〕

褒。梁州褒城縣。【案：杜佑通典，秦漢中郡，魏末平蜀，置梁州，理於此。晉、宋、齊、梁、元魏並因之。晉初，領郡八，後領郡二十。宋、齊、梁同。元魏領郡五。隋始以周之漢川郡爲梁州，褒城屬焉。】

衛。濮州。【案：杜佑通典，後魏濮陽郡，隋文帝置濮州。煬帝初，州廢，唐復置。】

平王東徙于洛邑。即王城也。平王以前，號「東都」，至敬王以後及戰國，爲西周。

王居於汎。音凡。括地象云：汎城在汝州襄城縣南。【案：杜佑通典，臨汝郡，隋初置伊

〔二〕孫本「丘」作「州」。
〔三〕孫本有此一條，應據補。

州。煬帝初，改爲汝州，後廢州，以其地分屬襄城、潁川二郡。唐爲汝州，襄城屬焉。】

陽城。屬河南，武皇后改曰告成。【案：漢書地理志，陽城縣屬潁川郡。續漢書郡國志同。杜佑通典河南府下云，告城，漢陽城縣，武太后封中岳，改曰告成。舊唐書地理志，縣係登封元年改。】

武城。在貝州。【案：漢書地理志，東武城屬清河郡。續漢書郡國志，屬清河國。杜佑通典，後周爲清河郡，兼置貝州，武城屬焉。漢曰東武城，盖定襄有武城，同屬趙。故此加「東」字也。】

樂陵。在滄州。【案：隋書地理志勃海郡下云，開皇六年，置棣州。大業二年，爲滄州，樂陵屬焉。】

河陽。在懷州河陽縣。【案：魏書地理志，懷州。天安二年置，領郡二。河陽屬河内郡。】

蓼。在光州。【案：杜佑通典，弋陽郡。梁末置光州，唐亦爲光州。】

祁。在并州。【案：杜佑通典，漢武帝置并州，領郡九，理晉陽。隋始以太原郡爲并州，祁縣屬焉。】

汾陰。在蒲州。【案：漢書地理志，汾陰在河東郡，續漢書郡國志同。杜佑通典，兩漢河東郡，後魏置雍州，後周改爲蒲州，唐初仍爲蒲州。】

臨汝。在汝州。【案：杜佑通典，臨汝郡。隋初，置伊州。煬帝初，改爲汝州，後州廢。唐仍爲汝州，臨汝縣屬焉。】

舞陽。在許州。【案：杜佑通典，漢潁川郡，後周改曰許州。】

范陽。在易州。【案：杜佑通典，晉范陽國。隋初，置昌黎郡，後兼置易州。煬帝初，州廢，置上谷郡。隋書地理志上谷郡注云，開皇元年置，易州其屬縣。淶水注云，舊曰遒縣，開皇元年，以范陽爲遒，更置范陽于此。遒縣注云，舊范陽居此，俗號小范陽。開皇初，改爲遒。】

蕭。徐州蕭縣，古之蕭國。【案：杜佑通典，漢楚國沛郡地，晉立徐州，領郡國七，理于此。唐爲徐州，蕭縣屬焉。】

九江郡。即壽春。【案：漢書地理志，壽春屬九江郡。】

召陵。在豫州郾城縣。【案：杜佑通典，郾城屬豫州，有古召陵城在今縣中。】

葵丘。在曹州考城縣東南一里。【案：杜佑通典，漢梁國地，後周改爲曹州，隋爲濟陰郡，唐復爲曹州，考城屬焉。】又，青州臨淄縣有葵丘。【案：杜佑通典，漢武置青州，後漢因之，領郡國五，理臨淄。唐以北海郡爲青州，臨淄屬焉。】

申。在鄧州南陽縣。【案：隋書地理志南陽郡下云，舊置荆州，開皇初，改爲鄧州，南陽屬焉。】

安邑。在絳州。【案：漢書地理志，安邑屬河東。杜佑通典，漢河東郡。後魏置東雍州，後周改曰絳州。】

沂水。在兖州亦名雩水。【案：此魯地之沂，昭二十五年季孫「請待於沂上以察罪」者也。酈道元

水經注，沂水北對稷門，亦曰雩門。門南隔水有雩壇，壇高三丈，曾點所欲風舞處。】

蒙山。在沂州。【案：杜佑通典，漢東海、琅琊二郡地。後周改爲沂州，隋復爲琅琊郡，唐爲沂州，費縣屬焉，有蒙山。】

大野。即鉅鹿。括地象云：大野澤在鄭州。【案：以杜佑通典攷之，大野在鄆州。云在鄭州者，誤也。漢之鉅鹿郡鉅鹿縣，在唐爲邢州平鄉縣，此云大野即鉅鹿，亦誤。】

嶧山。在兖州。【案：杜佑通典，兖州鄒縣有嶧山。】

沮水。即漢水。【案：酈道元水經沔水注云：沔水一名沮水。闞駰曰：以其初出沮洳然，故曰沮水也。案，沔水即漢水。】

漆水。出岐州普潤縣。【案：杜佑通典，岐州，隋初置，其屬有普潤縣，隋大業初置。】

沮水。一名石川水，出雍州富平縣。【案：酈道元水經沮水注，濁水與沮水合，分爲二水，一水東南出，即濁水也，俗謂之漆水。又謂之爲漆沮水，其水又南屈，更名石川水，南入于渭，其一水東出，即沮水也，注于洛。又案：舊唐書地理志，富平屬雍州，隋縣也。】

澧水。出鄠縣終南山。【案：漢書地理志，鄠縣屬右扶風，澧水出東南，北過上林苑，入渭。】

汶水。出泰山郡萊蕪縣。【案：漢書地理志，萊蕪縣屬泰山郡，汶水出西南，入濟。】

伊水。出虢州鑾山。【案：舊唐書地理志，虢州，隋爲弘農、鳳林二郡。武德元年，改弘農爲虢州，鳳林爲鼎州。貞觀八年，廢鼎州，移虢州於今治，則虢州唐置也。】

斟尋故城。在青州北海縣【案：杜佑通典，漢武置十三州，青州領郡國六，後復領郡國五，理臨淄，即唐北海郡也。宋置青州，領郡國九，唐始以益都等縣爲青州。又隋書地理志，北海縣屬北海郡，舊曰下密，大業初改。】

斟灌。亦青州，二國在宋、鄭之間。

寒國。在北海平壽縣東寒亭。【案：漢書地理志，平壽縣屬北海郡。隋時已無此縣。杜佑通典，青州北海縣，漢平壽縣地。】

故過鄉亭〔一〕。在萊州掖縣西北二十里，本過國。【案：杜佑通典，兩漢東萊郡，後魏置光州，隋改萊州。隋書地理志，東萊郡舊置光州。開皇五年，改曰萊州，掖縣屬焉。】括地象云：倚姓國也。

㶀。在晉州霍邑縣。【案：魏書地形志晉州下云，孝昌中，置唐州。建義元年，改晉州，領郡十二。其屬郡永安郡有永安縣。隋書地理志臨汾郡下云：即後魏晉州，霍邑屬焉，後魏曰永安，開皇十八年改。】

〔一〕孫本「亭」作「國」。

下陽。在陝州河北縣。【案：舊唐書地理志，陝州平陸縣即隋河北縣。】

蒲城。在隰州。【案：隋書地理志龍泉郡下云，後周置汾州，開皇五年，改爲隰州，蒲縣屬焉。】

東山皐落。在潞州。【案：隋書地理志、杜佑通典並云：潞州，後周置。】

翟。在慈州。【案：舊唐書地理志，隋耿州，武德八年，改爲慈州。】

乾侯。在相州。【案：魏書地形志司州下云，治鄴城，太祖天興四年，置相州。天平元年，遷都，改。杜佑通典，後周置相州，隋時州廢，唐復爲相州。】

北屈。在慈州。【案：杜佑通典，慈州所屬吉昌仵城，皆漢北屈縣地。】

故魏城。在陝州，嬴姓國。【案：魏書地形志，太和十一年，置陝州。】

祊田。在沂州。【案：杜佑通典，漢東海、琅琊二郡地，後周改爲沂州。】

防風氏地。在湖州武康縣。【案：隋書地理志吴郡烏程縣下云，舊置吴興郡，隋平陳，郡廢。仁壽中，置湖州。大業初，州廢。杜佑通典，隋平陳，吴興郡廢，後置湖州，因州東有大湖也。煬帝初，廢。唐復置湖州。又案：杜佑通典，武康縣，吴名永安，晉改武康。晉書地理志，武康，故防風氏國，屬吴興郡。隋書地理志，屬餘杭郡。舊唐書地理志，屬湖州。】

費。在沂州。【案：舊唐書地理志、杜佑通典，並云費縣屬沂州。】〔二〕

孟津。在河陽縣〔三〕南門外。【案：漢書地理志，河陽縣屬河内郡。舊唐書地理志，杜佑通典，河陽縣並屬河南府。】

黄池。在汴州封丘縣。【案：杜佑通典，漢陳留郡。後周爲汴州，隋廢，唐復置汴州，封丘屬焉。又案：漢書地理志，封丘縣屬河南郡。】

丹陽。括地象云：歸州巴東縣。【案：舊唐書地理志，武德二年，割夔州之秭歸、巴東二縣，分置歸州。】

葛。在豫州新蔡縣。【案：杜佑通典，新蔡縣屬豫州。】

陸渾。在洛州西南。【案：杜佑通典，漢河南郡。北齊置洛州，唐初亦爲洛州。開元元年，改爲河南府，陸渾縣屬焉。】

郟鄏。在河南。【案：杜佑通典，河南縣屬河南府。】

〔二〕孫本作「【案：漢書地理志，費縣屬東海郡。杜佑通典，唐制，費縣屬沂州，古魯費邑。】」與此互異。
〔三〕孫本無「縣」字。

故王城。周公所築在洛邑。

郟。今汝州郟縣。【案：杜佑通典，臨汝郡。隋煬帝初，爲汝州，後廢。唐復爲汝州，郟城屬焉。漢陜縣也。】

鈞臺。在洛州陽翟。【案：杜佑通典，陽翟縣屬洛州。河南府，禹所都也，有鈞臺。】

景亳。在宋州北。【案：隋書地理志，開皇十六年，置宋州。】

塗山。今濠州鍾離縣。【案：隋書地理志鍾離〔二〕郡下云，後齊曰西楚州，開皇二年，改曰濠州，鍾離〔三〕縣屬焉。】

踐土。在鄭州滎澤縣。【案：隋書地理志滎陽郡下云，舊鄭州。開皇十五年，置管州。大業初，復曰鄭州，滎澤縣屬焉。】

緡國。在兗州金鄉縣。【案：杜佑通典，漢魯郡、泰山、山陽三郡地。隋初，置兗州。煬帝改魯郡。唐復爲兗州，金鄉縣屬焉。】

〔二〕四庫本作「鐘離」，隋書地理志作「鍾離」，據改。

〔三〕四庫本作「鐘離」，隋書地理志作「鍾離」，據改。

章華臺。在荊州。

乾谿。在亳州城父縣。【案：杜佑通典亳州下云，晉置南兗州，後周改爲亳州，隋煬帝初，州廢。唐爲亳州，城父縣屬焉。】

方城。許州葉縣。【案：隋書地理志潁川郡下云，東魏曰鄭州，後周改曰許州，葉縣屬焉。】

棠。揚州六合縣。【案：杜佑通典，隋初，始以廣陵郡爲揚州，後廢。唐爲揚州，六合縣屬焉，楚棠邑也。】

䢵子國。在安州。【案：隋書地理志安陸郡下云，西魏置安州總管府。杜佑通典云：安陸郡，春秋䢵子國，唐爲安州。】

唐。括地象云：唐鄉故地在隨州。【案：杜佑通典，晉義陽郡，西魏曰隨州。隋置漢東、春陵二郡，唐復爲隨州。】

鄾城。在豫州。

堂谿。在豫州郾城。

頓。在陳州南。【案：隋書地理志淮揚郡下云，開皇十六年，置陳州。】頓，姬姓也。

胡。在豫州郾城。

巢。在廬州。【案：隋書地理志，梁置南豫州。開皇初，改爲廬州。】

白。在豫州褒信縣。【案：杜佑通典，褒信縣屬豫州。】

莒。在密州。【案：隋書地理志，舊置膠州。開皇五年，改爲密州。】

商於。商在商州商洛縣，於在鄧州内鄉於林也。【案：杜佑通典，商洛縣屬商州，内鄉縣屬鄧州。舊唐書地理志，商洛，漢商縣。隋又加「洛」字。内鄉，漢淅縣地，後周曰中鄉，隋曰内鄉。】

上庸。在房州竹山縣。【案：杜佑通典，隋房陵郡。唐武德初，於竹山縣置房州。隋書地理志，竹山屬房陵郡，梁曰安城，西魏改竹山。】

漢。在漢中郡。【案：杜佑通典，漢中郡，秦置。二漢因之，唐爲梁州，或爲漢中郡。】

上黨。澤、潞等州。【案：隋書地理志，澤州。隋開皇初置。潞州，後周置。】

河外。陜、虢等州。【案：杜佑通典，陜州，後魏置。虢州，唐置。】

重丘。括地象云：曹州城武縣有重丘故城。【案：隋書地理志，後魏置西兖州，後周改曰曹州，隋曰濟陰郡，城武縣屬焉。】

伊闕山。在洛州。【案：杜佑通典，伊闕縣屬洛州，河南府有陸渾山。】

圉城。汴州雍丘縣東。【案：杜佑通典，雍丘縣屬汴州漢圉縣，故城在東南。】

蕭臺。是恒山之別名。

莒。周武王封少昊之後嬴姓於莒。

即墨。萊州。【案：隋書地理志東萊郡下云，舊置光州。開皇五年，改曰萊州，即墨縣屬焉。】

壽春。壽春。【案：漢書地理志，壽春屬九江郡。隋書地理志，屬淮南郡。舊唐書地理志，屬壽州。】

鄴中。相州。【案：魏書地形志，相州。太祖天興二年置。】

鄶。在鄭州新鄭縣東。【案：杜佑通典，新鄭縣屬鄭州，本鄶國之地。】詩譜云：高辛氏火正祝融之墟，歷官至於周。重黎之後鄶仲之國，爲鄭武公所滅也。

鄀。世本云：允姓之國，昌意降居爲侯也。在襄州樂鄉縣也。【案：隋書地理志襄陽郡下云，江左並僑置雍州，西魏改爲襄州。杜佑通典，隋後改爲襄陽郡，唐因之，樂鄉縣屬焉。春秋郡國地也。】

綸。虞邑。洛州嵩陽縣是，漢綸氏縣，隋改曰嵩陽。【案：漢書地理志，綸氏屬潁川郡。續漢書郡國志，綸氏，建初四年置，亦屬潁川郡。隋書地理志，嵩陽縣屬河南郡，後魏置，曰潁陽。開皇十八年，改曰輪氏。大業元年，改曰嵩陽。舊唐書地理志，登封，隋嵩陽縣，初屬洛州。開元元年，改爲河南府。】

鄫〔一〕。在沂州承縣。【案：舊唐書地理志，承縣屬沂州，武德四年置。】

邾故城。在兖州。【案：杜佑通典，鄒縣屬兖州，故邾國，城在縣東南。】

羑里。在相州湯陰縣北。【案：漢書地理志，湯陰屬河内郡，有羑里城，西伯所拘也。續漢書郡國志同。舊唐書地理志、杜佑通典，湯陰並屬相州。】

崇國。在雍州西南，鄠縣東，故酆宫是。【案：漢書地理志，鄠縣屬右扶風。續漢書郡國志同。杜佑通典，鄠縣屬雍州京兆府，殷之崇國在其界。】

密國。姬姓國，畿内國，宣王滅之。

無棣。在滄州無棣縣南無棣溝是。【案：隋書地理志渤海郡下云，開皇六年，置棣州。大業二年，改滄州，無棣縣屬焉。縣係開皇六年置。】

蒲姑。在青州博〔二〕昌縣。【案：隋書地理志，博〔三〕昌縣屬北海郡。舊唐書地理志，博〔四〕昌縣屬青

〔一〕孫本「鄫」作「鄶」。
〔二〕四庫本作「愽」，當作「博」，據改。
〔三〕四庫本作「愽」，當作「博」，據改。
〔四〕四庫本作「愽」，當作「博」，據改。

州。】

紀國。在青州壽光縣。【案：隋書地理志，壽光縣屬北海郡。舊唐書地理志，壽光縣屬青州。】

堂阜。在兖州句陽縣，阜高三尺，周百步。【案：杜土地名云，東莞蒙陰縣西北有夷吾亭，古堂阜也。杜佑通典沂州新泰縣下云，漢蒙陰縣故城在今縣東南，堂阜在縣東。案東莞，前漢屬琅琊郡，後漢屬琅琊國，即唐之沂州琅琊郡也。漢書地理志，句陽縣屬濟陰郡。續漢書郡國志同。晉書地理志，屬濟陽郡，隋、唐無此縣。】

郯。音炎。少昊之後嬴姓之國，屬東海郡。

譚。在齊州南平陵縣。【案：後魏書地形志云，齊州，皇興三年置，領郡六，平陵屬濟南郡。】

遂城。在兖州。

柯。在濟州東阿縣。【案：隋書地理志濟北郡下云，舊置濟州，東阿縣屬焉。杜佑通典，唐改濟北郡爲濟州，東阿仍屬濟州。春秋時齊之柯邑。】

鄄。音絹。在濮州。【案：杜佑通典，鄄城，漢舊縣，屬濮州。】

山戎。今夷國是。

孤竹城。在平州盧龍縣。【案：隋書地理志，北平郡舊置平州，盧龍屬焉。縣本名新昌，開皇十八

年改。】

流沙。括地象云：居延海在甘州。【案：杜佑通典，漢張掖郡，西魏置西凉州，尋改爲甘州。唐亦爲甘州，張掖縣屬焉。漢居延縣城在縣東北。】地理志云：居延縣，居延澤在東北，古文以爲流沙。【案：此漢書地理志之文也。居延縣，漢屬張掖郡。】

東虢國。一名武牢，亦鄭之制邑，漢之成皋縣。

杞。汴州雍丘縣，故杞國城是。【案：杜佑通典，雍丘縣屬汴州，故杞國。】

洮水。一名涑水，出絳州。【案：酈道元水經涑水注云，洮水出清野山，西合涑水，則涑水殆洮水之兼稱也。】

靡笄山。括地象云：一名磨笄山，亦云馬頭山。在蔚州飛狐縣。【案：杜佑通典，蔚州後周置，飛狐縣隋置，隋屬上谷郡，唐屬蔚州。】趙襄子既殺代王，迎其子，代王夫人曰：以弟侵夫，非仁也。以夫怨弟，非義也。磨笄自殺，遂以名焉。

中牟。在河北〔一〕。

〔一〕孫本「北」下有「又鄭有中牟」五字。

崆峒山。在原州高平縣。【案：魏書地形志，原州，正光五年置，領郡二，高平縣屬高平郡。杜佑通典，高平縣，唐屬原州，有笄頭山，一名崆峒山。】

應城。在汝州魯山縣。【案：杜佑通典，唐時魯山縣屬汝州。】

平州。在汾州介休縣西。【案：杜佑通典，唐時介休縣屬汾州。】

濟南城。在淄州。【案：隋以漢之濟南郡及甾川國地分置齊州及淄〔一〕州。煬帝并爲齊郡。唐初，爲齊州。乾元元年，復分齊州置淄州。】

郕。在濮州雷澤，武王封季載於郕。【案：杜佑通典，唐置雷澤縣，属濮州，古郕伯國也。】

韋國。在滑州北三十里白馬縣南，有韋城。【案：杜佑通典，隋以漢東郡地爲滑州。唐因之，白馬縣屬焉。】

淮陽。今陳州。【案：隋書地理志，淮陽郡。開皇十六年，置陳州。杜佑通典，唐爲陳州淮陽郡。】

漢中。梁州。【案：舊唐書地理志，唐以漢川郡爲梁州。天寶元年，改爲漢中郡】

千畝。晉州岳陽縣。【案：隋書地理志，後魏置晉州，隋改臨汾郡，岳陽縣屬焉。後魏置，曰安澤，

〔一〕孫本「淄」作「菑」。

大業初改。】

謝城。在兗州龔丘縣。【案：隋書地理志，魯郡，舊兗州，龔丘屬焉。後齊曰平原。開皇十六年改。】

費。在沂州。【案：漢書地理志，費縣屬東海郡。杜佑通典，唐制費縣，屬沂州，古魯費邑。】

菟裘。在兗州泗水縣。【案：隋書地理志，泗水屬魯郡，開皇十六年置。】

三脊茅。辰州盧溪縣南有苞茅山。【案：隋書地理志沅陵郡下云，開皇元年，置辰州。舊唐書地理志，武德四年，置辰州，盧溪屬焉。武德三年，分沅陵縣置。】武陵記云：山際出茅，有刺三脊。

如越。今蘇州西南三十五里橫山南，有魯都村，村内有城，哀公居之。【案：隋書地理志，陳置吴州，隋平陳，改曰蘇州。】

河内。古帝王都多在河東北，故呼河北爲河内。

春秋釋例卷八

世族譜第四十五之上【案：此篇見永樂大典，其原目亦存。又案：鄭樵通志引此篇，作小公子譜。】

魯〔人〕

魯國，姬姓，文王子周公旦之後也。周公股肱周室，成王封其子伯禽於曲阜，爲魯侯，今魯國是也。自哀以下，九世二百一十七年，而楚滅魯矣。

周公。旦。

禽父。魯公伯禽。

煬公。熙。

獻公。具，煬公孫。

武公。敖。

孝公。稱。

惠公。弗皇。

隱公。息姑，即位十一年。

桓公。太子〔一〕軌，即位十八年。

莊公。子同，即位三十二年。

閔公。啓方【案：孔穎達閔元年正義云：「漢景帝諱啓，『啓』、『開』因是而亂。魯世〔二〕家，閔公名開。杜譜云：『名啓方』，從世本文。」】，即位二年。

僖公。申，即位三十三年。

文公。興，即位十八年。

〔一〕孫本「太子」上有「惠公」二字。

〔二〕四庫本「世家」誤寫爲「氏家」，據改。

〔宣公。倭，即位十八年。〕〔二〕
成公。黑肱，即位十八年。
襄公。午，即位三十一年。
昭公。稠父，即位三十二年。
定公。宋，即位十五年。
哀公。蔣，即位二十七年。
悼公。寧。
自哀十四年獲麟已上，二百四十二年。

夫人

元妃孟子。惠公夫人。
聲子。君氏。惠公繼室，生隱公。

〔二〕　此处脱去「宣公」一條，孫本有夾注，應據補。

夫人子氏。仲子。惠公妃，生桓公。
夫人姜氏。文姜。桓公妃，生莊公。
夫人姜氏。哀姜。莊公妃。
叔姜。莊公妃，生閔公。
孟任。莊公妃，生子般。
成風。夫人風氏。莊公妃，生僖公。
夫人姜氏。聲姜。僖公妃。
出姜。夫人姜氏。哀姜。文公妃，生惡及視。
敬嬴。夫人嬴氏。文公妃。
夫人姜氏。穆姜。宣公妃，生宋伯姬。
夫人姜氏。齊姜。成公妃。
夫人姒氏。定姒。成公妃。
胡女敬歸。襄公妃，生子野。

夫人歸氏。齊歸。襄公妃，生昭公。
夫人孟子。昭公妃。
公衍之母。昭公妃。
公爲之母。昭公妃。
姒氏〔一〕。定姒。定公妃。

公子

子般。莊公子。
子惡。文公子。
子視。子惡弟。
公子偃。宣公子。
公子鉏。宣公子。

〔一〕孫本「姒氏」上有「夫人」二字。

公衡。衡父。成公子。
子野。襄公子。
公衍。昭公子。
公爲。公叔務人。昭公子。
公果。昭公子。
公賁。昭公子。
公子荆。哀公子。

公女

紀伯姬。
紀叔姬。惠公女。
杞伯姬。莊公女。
宋蕩伯姬。

鄫季姬。

子叔姬。

郯伯姬。

宋伯姬。

共姬。宣公女。

杞叔姬。宣公女。

叔姬。宣公女。

臧氏

臧僖伯。公子彄，字子臧。孝公子。

臧哀伯。臧孫達。

臧文仲。臧孫辰。哀伯孫。

臧宣叔。臧孫許。文仲子。

臧武仲。臧孫紇。宣叔子。
定伯。爲。
臧昭伯。賜。定伯子。
臧會。頃伯。宣叔孫。
臧賓如。臧會子。
臧宣叔妻。鑄女，及其姪。
臧疇。臧宣叔子。
臧賈。臧宣叔子。
臧石。賓如之子。
臧倉。賓如從兄。【案：程公説春秋分記云：「世族譜云：『賓如從兄曰倉。』賓如既爲會子，則倉當是賜子。」又案：此條永樂大典闕，從春秋分記補入。】

衆氏

公子益師。衆父。孝公子。

衆仲。衆父子。

仲孫氏

慶父。桓公子，共仲也。

公孫敖。穆伯。慶父之子也。

難。惠叔。敖之子。

穀。文伯。亦敖之子也。

孟獻子。穀之子。仲孫蔑，即孟孫也。

孟孺子速。獻子之子，莊子。

孺子秩。莊子之子。

仲孫羯。秩之弟，孝伯。

孟僖子。仲孫貜。

南宫敬叔。説。貜之子。

懿子。説之弟，何忌也。

孺子洩。懿子之子，武伯彘也。【案：程公説春秋分記云：「彘生捷，世族譜闕。」又案：定公

傳八年「孟懿子爲公期築室」，杜氏注爲孟氏支子，則公期當系之懿子下。世族譜並闕。】

戴己。

聲己。

己氏。

並公孫敖妻。

泉丘人。

其僚。

並孟僖子妻。

子服氏

懿伯。子服仲叔也。仲叔蔑之子。〔「叔」，永樂大典底本作「孫」。【案：「仲孫也」乃「仲孫它」之誤。魯語，子服之妾。韋注以爲孟獻子之子仲孫它，然則它字子服，故其子椒以子服爲氏。但昭三年傳注以懿伯爲椒之叔父，則與它非一人，與此不同。】〕〔二〕

孟椒。子服惠伯，子服椒。

子服昭伯。惠伯子，子服回。

子服景伯。子服何。

叔孫氏

公子牙。慶父同母弟，即僖叔也。

公孫兹。牙之子，戴伯也。

〔二〕孫本有夾注，共七十六字，應據補。

叔孫得臣。牙之孫，莊叔也。
叔孫僑如。得臣之子，叔孫宣伯。
叔孫豹。僑如之弟，穆叔也，即穆子。
叔孫昭子。叔孫豹之庶子，叔孫婼也。
叔孫成子。昭子之子，叔孫不敢。
叔孫武叔。成子之子，叔孫州仇。
叔孫舒。武叔之子，文子也。
國姜。叔孫豹妻，生孟丙及仲壬。
庚宗婦人。叔孫豹外妻，生豎牛。
孟丙。叔孫豹子。
仲壬。丙之弟。
豎牛。叔孫豹子。

叔仲氏

叔仲惠伯。叔牙孫，叔仲彭生也。
叔仲昭伯。惠伯之孫。叔仲帶，叔仲昭子，即叔仲𢕟。
叔仲穆子。帶之子，叔仲小也，即叔仲子也。
叔仲志。定伯。帶之孫也。

季孫氏

公子友。季友。成季。季子。公子季。友。桓公子。
季孫行父。季文子。公子友之孫。
季孫宿。行父之子，武子也。
悼子。紇宿之子。
平子。意如。悼子之子。

桓子。斯。平子之子。
康子。肥桓子之子。
公甫。季孫紇之子。
公之。季孫紇之子。
季魴侯。意如子。
季寤。子言。意如子。
小邾夫人。生宋元夫人，季孫宿女。
平子妻。宋元夫人，曹氏女。
秦歂之妻。秦姬，季孫宿女。
季公鳥。季孫宿子。
季公亥。公若。季孫宿子。
申。公亥子。
鮑氏季姒。

公烏之妻。齊鮑文子之女。

南孺子。南氏。季桓子妻，生男。

季姬。季孫斯女。

公鉏氏

公彌。季孫宿子，公鉏也。

公鉏極。彌之曾孫。【案：程公説春秋分記云：「公彌生頃伯，頃伯生隱侯伯，隱侯伯生公鉏極，世族譜闕。不可續者二世，至公鉏極。」杜注云「桓子族子」，而不詳所系。今考得，以補公鉏氏闕文。】

公父氏

公父靖。穆伯。季孫紇子。

公父文伯。桓子從父昆弟，公父歜。

東門氏

公子遂。東門襄仲。仲遂。東門遂。莊公子。
公孫歸父。子家。
仲嬰齊。昭子。

叔氏

叔肸。惠伯。文公子。
公孫嬰齊。肸之子。子叔聲伯，即子叔嬰齊。
叔老。齊子。嬰齊之子。
叔弓。老之子，敬子也。
叔輒。子叔伯張，弓之子。

叔鞅。穆伯，弓[一]之子。

叔詣。鞅之子。

叔還。成子。叔弓曾孫。【案：杜預定十一年集解云：「叔還，叔詣曾孫。」孔穎達正義云：「世族譜云：『叔還，叔弓曾孫。』又世本云：『叔弓生定伯閱，閱生西巷敬叔，敬叔生成子還，還爲叔弓曾孫。』杜云：『叔詣曾孫，傳寫誤耳。』陸德明經典釋文説同。」又案：程公説春秋分記云：「閱、敬叔二人，世系譜闕不書。」】

叔青。僖仲。

聲伯之母。叔肸妻。

榮氏

榮成伯。榮駕鵝。叔肸曾孫。

〔一〕孫本「弓」上有「叔」字。

展氏

司空無駭。公子展之孫，魯公族。

夷伯。展氏，桓〔一〕父。

展禽。食邑柳下，謚曰「惠」。

展喜。

郈氏

郈成叔。郈孫也，孝公八世孫。

郈昭伯。郈孫。

〔一〕孫本「桓」作「祖」。

施氏

施孝叔。惠公五世孫。

施氏婦。孝叔妻，齊管于奚女。

子家氏

子家文伯。歸父子，莊公曾孫析。

子家懿伯。莊公玄孫，子家子子家羈。

南氏

南遺。

南蒯。遺之子。

孔氏

鄹人紇。叔梁紇，孔父嘉玄孫。

孔丘。仲尼。孔子。尼父。孔父嘉以上並在宋譜。

秦氏

秦堇父。

秦丕兹。堇父之子。

苫氏

苫夷。即苫越。

陽州。越之子。

〔魯〕雜人

費伯。庈父。
公子豫。
公子翬。羽父。
挾。未賜族。
申繻。
〔公子達。〕〔一〕
柔。未賜族。
溺。疾其專命，故去氏也。
秦子。
梁子。

〔一〕孫本有此一條，應據補。

曹劌。

公子偃。

公右歂孫生〔一〕。

公子結。御孫。

圉人犖。

鍼巫氏。鍼季。

公傅〔二〕。

卜齮。

公子魚。奚斯。

巫尪〔三〕。

公子買。子叢。

〔一〕公右歂孫生，「生」當屬下讀，作「生博之」。杜預釋例誤「公右歂孫」爲「公右歂孫生」。

〔二〕孫本「傅」作「傳」。

〔三〕「尪」非巫之名，故此條並非人名。

夏父弗忌。

侯叔夏。

縣房甥。

公冶。

富父終甥。

公冉務人。

太史克。

禽鄭。管于奚之子。

匡句須。

鮑國。本齊臣。

師己。

匠慶。

狄虒彌。

臧堅。

秦周。

御叔。

申豐。

閔子馬。閔馬父。

豐點。

孟公綽。

梓慎。

展莊叔。

展瑕。

展玉父。玉，石經作王。

顏莊叔。

公巫召伯仲〔二〕。

鄫鼓父。

黨叔。

曾夭。

梁其踁。

曾阜。

萊書。

杜洩。

謝息。

公子憖。子仲。

冶區夫。

〔二〕　公巫召伯仲，「仲」當屬下讀，作「仲颜庄叔」。路史高辛纪下谓「公巫，仲颜皆公族」。杜預釋例誤「公巫召伯」爲「公巫召伯仲」。

司鐸射。
司徒老祁。
慮癸。
申須。
琴張。
公思展。
申夜姑。
饔人檀。
秦遄。
寺人僚柤。
鬷戾〔二〕。
左師展。

〔二〕孫本「戾」作「房」。

郈魴假。

女賈。

公孫朝。

泄聲子。野泄。

冉豎。

林雍。

顏鳴。

仲梁懷。

公山不狃。子洩。

公何藐。

公斂處父。公斂陽。

顏高。

顏息。

叔孫輒。子張。【案：程公説春秋分記云：「輒，州仇庶子也。世族譜附在雜人，非是。」】

茲無還。

林楚。

公若藐。公若。

公南。

侯犯。

駟赤。

仲由。季路。子路。〔【案：仲由又見衛譜雜人内。】〕〔二〕

申句須。

子貢。衛賜。

樂頎。

富父槐。

〔二〕孫本有夾注，共十字，應據補。

正常。

共劉。

公賓庚。

公甲叔子。

析朱鉏。

微虎。

顏羽。子羽。

有若。有子。

冉求。冉子。

邴泄。

管周父。

樊遲。須。

孟之側。【案：程公說春秋分記云：「孟之側注爲孟氏。世族譜乃載之雜人，非也。」】

林不狃。

嬖童汪錡。

弦多。本齊臣，施父也。

太史固。

公孫有山。公孫有陘[一]氏。

高柴。季羔，本衛臣。

釁夏。鉏商。

公孫宿。公孫成也。

郭重。

陽虎。

陽越。陽虎從弟。

冉會。

〔一〕四庫本作「公孫有山氏」，左傳哀公二十七年作「公孫有陘氏」，據改。

冉猛。冉會弟。

澹臺子羽。

卜楚丘之父。

施父。

公期。

右魯人二百九十七。【案：本文實三百人。】

周〔人〕

周氏，黄帝之苗裔，姬姓后稷之後也。后稷封於郃，及夏之衰，后稷之子不窋失其官守，竄于西戎。至太王，爲狄所逼，去邠至岐。【案：隱元年傳正義引釋例，「至」作「居」。】文王受命，武王克殷而王有天下。幽王見弑【案：隱元年正義引釋例，此句作「幽王爲犬戎所殺。」】，平王遷都王城，今河南縣是也。【案：「是」字永樂大典無之。從隱元年正義所引釋例增。】平王四十九年，魯隱公之元年也。敬王又遷成周，今洛陽是也。敬王三十九年，魯哀公十四年，獲麟之歲也。四十二年，而敬王崩。敬王子元王八年，春秋之傳終矣。元王以下，十有一世二百二十六年，而周亡。〔【案：哀十九年孔穎達正義云：「『叔青如京師』，自爲敬王崩，未知敬王何年崩也。史記十二諸侯年表『敬王四十一年，孔子卒；四十三年，敬王崩。則敬王崩在他年也。』周本紀云：『敬王崩，子元王立。八年，崩，子定王立。』六國年表『定王元年，左傳盡此。』則傳以定王元年終矣。杜世族譜云：『敬王三十九年，魯哀公十四年，獲麟之歲也。四十二年，而敬王崩。敬王子元王十年，春秋之傳終矣。』與史記不同者，史記世代年月，事多舛錯，故班固以文多抵牾，謂此類也。案世本『敬王崩，貞王介立。貞王崩。元王赤立。』宋忠注引太史公書云：『元王仁生貞王介。』與世本不相應，不知誰是，則宋忠不能定也。又帝王世紀『敬王三十九年，春秋元終。四十四年，敬王崩，子貞定王立。貞定王崩，子元王立。』是世本與史記參差不同。良以書籍久遠，事多紕謬，故杜違史記，亦何怪焉？」又案：「十年」舊作「八年」。據正義說，則杜確作「十年」也，今改正。又正義引此譜，一作「八年」，一作「九年」，應誤。】〕〔一〕

后稷。棄。

不窋。

〔一〕孫本有夾注，凡二條，共三百二十三字，應據補。

高圉。僕。不窋九世孫。
亞圉。靈都。
太王。亶父。亞圉孫。
王季。歷。
文王。昌。
武王。發。
成王。誦。
康王。釗。
昭王。瑕。
穆王。滿。
夷王。燮。穆王曾孫。
厲王。胡。
宣王。靖。

幽王。宮湦。
平王。宜臼。幽王之子也。
桓王。林。平王之孫也。
莊王。他〔二〕。桓王之子也。
僖王。胡齊。莊王之子也。
惠王。閬〔三〕。僖王之子也。
襄王。鄭。惠王之子也。
頃王。壬臣。襄王之子也。
匡王。班。頃王之子也。
定王。瑜。匡王之弟也。
簡王。夷。定王之子也。

〔二〕 孫本「他」作「它」。
〔三〕 孫本「閬」作「涼」。

靈王。泄心。簡王之子也。
景王。遺〔一〕。靈王之子也
悼王。猛。景王之子也。
敬王。匄。悼王之母弟也。

王后

后稷元妃。姞姓。
太姒。文王后。
邑姜。武王后。
褒姒。生伯服，幽王后。
紀季姜。桓王后。
王姚。莊王后。

〔一〕孫本「遺」作「貴」。

陳嬀，惠后。惠王后。
隗氏。狄后，襄王后。
逆王后于齊。靈王后。
穆后。景王后。

王子

擕王伯服。幽王子。
王子狐。平王子。
王子克。子儀。桓王子。
王子頹。莊王子。
王子帶。惠王之子。太叔帶，即甘昭公也。
儋季。簡王子，靈王弟。
儋括。王子之子。

王子佞夫。靈王子，景王弟。

太子壽。景王子。

王子朝。景王之長庶子。

祭氏

祭公謀父。爲周穆王作祈招詩者。

祭伯。

祭公。

祭叔。

尹氏

尹子。尹武公。

尹圉。尹文公。

蘇氏

蘇忿〔一〕生。己姓。周武王司寇蘇公是。

蘇温〔二〕子。【案：杜預集解云：「蘇子，周司寇蘇公之後也，國於温，故曰蘇温子。」】

毛氏

毛伯。衛。

毛伯。過。

毛得。毛伯得。

樊氏

仲山甫。宣王時樊侯。

〔一〕孫本「忿」下多「入」字。

〔二〕四庫本作「蘇子温」，孫本「温」上空一格，下有「子」字。

樊皮。樊仲皮。
樊頃子。樊齊。

鄩氏

鄩肸。
鄩羅。

成氏

成肅公。成子。
成簡公。
成桓公。

單氏

單伯。食采於單。

襄公。單伯之子。

頃公。襄公之子。

靖公。頃公之子。

獻公。靖公之子。

成公。獻公之弟。

穆公。單伯之子。

武公。穆公之子。

平公。

甘氏

甘成公。

甘景公。

甘簡公。

甘悼公。過。簡公弟。

甘平公。鰌。成公孫。

甘桓公。

劉氏

康公。王季子也，食采於劉。

定公。即劉夏也，又曰官師。

獻公。摯。定公之子也。

伯蚡。卷。獻公之庶子，文公也。【案：定四年正義引世族譜云：「伯蚡，劉文公。劉狄、劉卷、劉子爲一人。」】

桓公。文公之子。

南宫氏

南宫極。

南宮嚚。極之子也。

鞏氏

鞏成公。

鞏簡公。

周氏

周桓公。周公黑肩。

宰周公。宰孔。

周公閱。

周公忌父。

周公楚。

原氏

原莊公。〔一〕

原襄公。

原伯絞。

公子跪尋。【說曰：「絞弟。」】

原伯魯。

原壽過。

王叔氏

王子虎。王叔文公。

王叔桓公。

〔一〕孫本此下有「原伯」二字。

王叔陳生。

召氏

召穆公。賦棠棣者。

召伯廖。

召昭公。

召桓公。

召戴公。

召武公。

召襄公。

召莊公。召伯奐。

召簡公。召伯盈。

召桓公。宣六年有召桓公，成八年復有召桓公，未知一人二出也。

凡氏

凡伯。周公之胤也。〔一〕

〔周〕雜人

周任。

史佚。

檀伯達。

辛甲。

聃季。

陶叔。

宰咺。

〔一〕孫本「凡氏」條後有「夷氏」及「夷詭諸」一條並夾注。四庫本在「南燕」條下。

武氏子。

辛有。

南季。

家父。

仍叔之子。

渠伯糾。

詹父。

辛伯。

榮叔。

王人子突。

蔿國。子國。

邊伯。

子禽。

祝跪。

石速〔一〕。

王子黨。

内史過。

内史叔興。内史叔興父。

富辰。

伯服。

游孫伯。

頹叔。

桃子。

倉葛。

簡師父。

〔一〕孫本「速」作「遬」。

左鄩父。

原伯貫。

王孫滿。

叔服。内史叔服。

王孫蘇。

聃啓。

甘歜。

子服。

王子札。王子札，蓋經文倒「札」字，即王子捷也。【案：孔穎達正義云：「傳稱此人爲王子捷，捷、札一人，而『札』在『子』上。故疑經文倒『札』字也。公羊傳曰：『王札子者何？長庶之號也。』何休云：『天子之庶兄也。』左傳言札爲王孫蘇所使，非是尊貴，不得爲王之庶兄。故譜以爲雜人，不知何王之子。」】

伯輿。

史狡。
瑕禽。
單公子愆期。
成愆。
尹言多。
王子瑕。
劉毅。
單蔑。
鞏成。
王子廖。
甘襄〔一〕。
詹桓伯。

〔一〕孫本作「甘大夫襄」。

賓滑。
萇弘。萇叔。
瑕辛。
宮嬖綽。
王孫没。
劉州鳩。
陰忌。
老陽子。
泠州鳩。
賓起。賓孟。
王子還。
摯荒。
姑。

|發。

|弱。

|醱。

|延。

|定。

|稠。

|王子處。

|司徒醜。

|子旅氏。

|劉佗。

|尹辛。

|陰不佞。

|王子趙車。

富辛。
石張。
儋翩。
慶氏。
公族黨氏。
石尚。
庾皮之子過。
右周二百五人。

郳〔人〕

郳國，曹姓。【案：「曹姓」二字，永樂大典無之，從隱元年傳正義所引釋例增入。】顓頊之後，有陸終氏，産六子，其第五子曰「晏〔二〕安」。郳即安之後也。周武王封其苗裔郳挾爲附庸居

〔二〕孫本無「晏」字。

郲，今魯國翳縣是也。自挾[一]至儀父十二世【案：隱元年正義引釋例，作「自安至儀父十二世」。】，始見春秋。齊桓公伯【案：「公」字，隱元年正義引釋例，作「行」。】，儀父附從，進爵稱子，文公徙于繹。桓公以下，春秋後八世，而楚滅之。

鄭〔人〕

鄭國，姬姓。周厲王子宣王母弟桓公友之後也。宣王封友于鄭，今京兆鄭縣是也。及周幽王無道，友徙其民于虢、鄶。【案：「徙」字，隱元年傳正義引釋例作「遷」。】虢、鄶之君分其地【案：本文虢、鄶之君上似闕一字，通鑑音注引世族譜，作「友徙其人於虢、鄶之間，遂有其地[二]。」】，遂國焉。今河南新鄭縣是也。【案：隱十一年傳正義云：「漢書地理志云：河南郡新鄭縣。詩，鄭桓公之子武公所國。京兆鄭縣，周宣王弟鄭桓公邑。」又云：「本周宣王弟友，爲周司徒，食采於宗周畿内，是

〔一〕孫本「挾」作「俠」。
〔二〕四庫本作「遂有其人」，當作「遂有其地」，據改。

爲鄭桓公。桓公問於史伯曰：『王室多故，何所可以逃死？』史伯爲桓公謀取虢、鄶之地，令寄帑與賄，而虢、鄶受之。後二年，幽王敗，桓公死，其子武公與平王東遷，卒定虢、鄶之地。然則武公始居新鄭也。」今案：正義所引，「本周宣王弟」以下今本漢書無之，附録於此，以訂漢書之闕。】莊公之二十二年，魯隱公之元年。聲公二十年，獲麟之歲也。三十三年，而春秋之傳終矣。聲公三十七年卒。自聲公以下，五世八十七年，而韓滅鄭矣。【案：昭四年正義引世族譜云：「鄭在春秋後五世，九十一年，韓滅鄭。」】

桓公。友。

武公。滑突。

莊公。寤生。

公子忽。太子忽，昭公也。

公子突。厲公。突。

文公捷。鄭捷。捷。

公子蘭。太子，穆公。蘭。

太子夷。靈公。本謚「幽公」。子蠻。一名子貉。
公子堅。襄公。堅。
悼公。費。
成公。睔。
太子髡頑。僖公。
簡公。嘉。
定公。寧。
獻公。蠆。
聲公。勝。

夫人

武姜。姜氏。夫人，生莊公、太叔段。武公夫人。
鄧曼。生忽，莊公夫人。

雍姞。生厲公，莊公妃。
嬀氏。昭公妃。
夫人羋氏。文羋。生二姬，文公夫人。
姜氏。文公妃。
燕姞。生穆公，文公妃。
宋子。穆公妃。生子然、子孔。
圭嬀。穆公妃。
少妃姚子。生靈公，穆公妃。
陳嬀。子儀妃，文公報之。生子華及子臧。
〔江女。文公妾。江國女，生公子士。〕
〔蘇女。文公妾。蘇國女，生子瑕、子俞彌。〕〔二〕

〔二〕孫本有此二條，此本俱脱，應據補。

公子

公子亹。莊公子。
鄭子儀。莊公子。
弟語。子人。莊公子。
世子華。子華。文公子。
子臧。文公子。
公子士。文公子。
子俞彌。文公子。
公子瑕。文公子。
二姬。文公女。

良氏

子良。公子去疾。穆公子。

子耳。公孫輒。
良霄。伯有。
良止[一]。

罕氏

子罕。公子喜。成子。穆公子。
子展。公孫舍之。桓子。
子皮。罕虎。冢宰。
子齹。孺子嬰齊。
罕達。子姚。武子賸。
公孫鉏。子罕子。

[一] 孫本此下有「伯有子」三字。

馬師氏

罕朔。

罕魋。子皮之弟。

豐氏

子豐。公子平。去疾弟，穆公子。

子石。伯石。公孫段。景伯。

豐施。子旗。

大季氏

士子孔。公子志，穆公子。

大季。子良。

孔氏

公子嘉。子孔。司徒孔。穆公子。
公孫泄。
孔張。公孫申。子張。

駟氏

子駟。公子騑。武子、穆公子。
子西。公孫夏。襄子。
駟帶。子上。定子。
子游。駟偃。
襄子。絲。
子瑕。駟乞。獻子。

駟歂。子然。莊子。

子般。駟弘。子思。

〔駟泰。〕〔一〕

子晳氏【案：程公説春秋分記云：「世族譜既譜駟氏，而於黑别譜爲子晳氏。不知子晳即駟氏也。襄三十年傳曰『駟、良方争，伯有侈而愎，子晳好在人上』，杜預注：『駟氏，子晳、良氏、伯有。』未始分爲子晳氏也。」】

公孫黑。子晳。子駟子。

公子印。穆公子。【案：程公説春秋分記云：「世族譜以子印爲穆公之子，誤也。公子印乃公子睔，印氏之别祖，黑之子乃印爾，當爲穆公曾孫。豈得以爲穆公子？」】

國氏

子國。公子發、惠子。穆公子。

〔一〕孫本有此一條，應據補。

子産。少正。公孫僑。子美。成子。

國參。子思。桓子。

游氏

公子偃。子游。宣子。穆公子。

子蟜。公孫蠆。司馬子蟜。桓子。

游眅。子明。昭子。

良。眅子。

子太叔。太叔。游吉。公孫蠆子。

游速。子寬。渾罕〔二〕。〔【案：游速、渾罕，時本作二人。考昭十八年正義曰：「子寬，游吉之子。世族譜：子寬與游速、渾罕爲一人。」今據此改正。】〕〔三〕

〔二〕孫本「罕」下有「子太叔子」四字。

〔三〕孫本有夾注，共四十二字，應據補。

子南氏

公孫楚。子南子。游子。穆公之孫。

印氏

公子睔。悼子。子印。穆公子。〔【案：成公名睔，亦悼公子也，此「睔」字似誤，永樂大典底本作「倫」。又，子印，成十三年與子羽同爲公子班所殺。】〕〔一〕

子張。公孫黑肱。伯張。

印段。子石。獻子。

子柳。印癸。

印堇父。印氏別族。

〔一〕孫本有夾注，共四十字，應據補。

然氏

子然。穆公子。

然丹。子革。【案：程公説春秋分記云：「然氏別祖子然，生丹，丹生皵明。世族譜，然氏闕皵明。今考杜譜，然明見雜人。」】

羽氏

子羽。翬。穆公之子。【案：孔穎達襄二十六年正義引世族譜云：「子羽，穆公子，其後爲羽氏，即馬師頡是其孫，非行人子羽公孫揮也。」】

羽頡。馬師頡。子羽孫。【案：程公説春秋分記云：「羽氏別祖公孫翬，生公孫申，申生頡，世族譜羽氏闕公孫申。」】

太叔氏

共叔段。京城太叔。太叔段。武公子。

公孫滑。〔一〕

公父定叔。〔二〕

子狐氏

子狐。

孫擊。

孫惡。

祭氏

祭仲。祭封人。仲足。

雍姬。雍糾妻，祭仲女。

〔一〕孫本此下有「段之子」三字。

〔二〕孫本此下有「滑之子」三字。

皇氏

皇武子。

皇戌〔二〕。

皇耳。

尉氏

尉止。

尉翩。止之子。

子如氏

公子班。子如。

〔二〕四庫本作「皇戍」，當作「皇戌」，據改。

孫叔。班之子。

公子黶。班之弟。

孫知。黶之子。

司氏

司臣。

司齊。〔二〕

〔鄭〕雜人

公子呂。子封。

潁考叔。潁谷封人。

原繁。原伯。

〔二〕孫本此下有「臣之子」三字。

泄駕。泄伯。泄氏。

曼伯。

檀伯。〔【案：永樂大典底本以「曼伯」爲「公子亶伯」。桓五年「曼伯爲右拒」，注「曼伯，檀伯」蓋「亶」乃「檀」之誤。又桓十五年傳注：「檀伯，鄭守櫟大夫。」】〕[一]

宛。

良佐。

子元。

祝聃[二]。

公孫閼。子都。

强鉏。

瑕叔盈。

[一] 孫本有夾注，共四十七字，應據補。

[二] 四庫本作「聃祝」，當作「祝聃」，據改。

公孫獲。

高渠彌。高伯。

傅瑕。

公子閼。

詹。叔詹。

高克。

聃伯。

孔叔。孔氏。

申侯。

堵叔。

堵俞彌。

泄堵寇。〔一〕

〔一〕孫本此條在「泄堵寇」條後。或曰，「泄堵寇」即「堵俞彌」，二者當屬同條。

佚之狐〔一〕。

燭之武。

孔將鉏。

石甲父。石癸。

商人弦高。

侯宣多。

外僕髡屯。

公子歸生。子家。

師叔。

公子堅。

公子尨。

樂耳。

〔一〕 四庫本作「佚之孤」，今本左傳作「佚之狐」，據改。

石楚。

公子宋。子公。

共仲。

公子曼滿。

王子伯廖。

石制。子服。

公子魚臣。僕叔。

侯羽。

伯觿。

公子繻。

〔公子鰌。〕〔一〕

姚句耳。

〔一〕孫本有此一條，應據補。

石首。

唐苟。

侯獳。

皇辰。

子熙。

子侯。

子丁。

堵汝父。

王子伯駢。

侯氏。侯晉。

子師氏。子師僕。

石㚖。石孟。

師悝。

師觸。
師蠲。
師茷。
師慧。
堵狗。
宛射犬。公孫。
公孫揮。
子羽。行人揮。
然明。〔鬷蔑。〕〔一〕
皇頡。
裨竈。
裨諶。

〔一〕孫本此下有「鬷蔑」二字，應據補。

公孫肸。
僕展。
樂成。
豐卷。子張。
馮簡子。
尹何。
徐吾犯。
富子。
子上。
屠擊。
祝款。
豎柎。
里析。

公孫登。

商成公。

鄧析。

公孫林。

許瑕。

郟張。

鄭羅。

雍糾。

子人九。【案：孔穎達僖二十八年正義云：「桓十四年『鄭伯使其弟語來盟』，傳稱『子人來盟』，杜云：『即弟語也，其後爲子人氏。』僖七年傳『子華云：泄氏、孔氏、子人氏三族，實違君命。』子人九必是語之後也，杜譜以九爲雜人，謬矣。」】

公孫申。叔申。

叔禽。

右鄭人二百三人。

宋〔人〕

宋國，子姓。其先契，佐唐虞爲司徒，封于商，成湯受命，王有天下。及紂無道，周武王滅之，而封其子武庚以紹殷後。武庚作亂，周公伐而誅之，更封紂兄帝乙之元子微子啓爲宋公，都商丘。今梁國睢陽縣是也。微子卒，其弟微仲代立。穆公七年，魯隱公之元年也。景公三十六年，魯哀公之十四年，獲麟之歲也。昭公得之元年，春秋之傳終矣。其後，五世百七十年，而齊、魏、楚共滅宋。【案：此條永樂大典闕佚，從左傳隱元年正義所引釋例補入。】

公子

母弟辰。

公子地。皆元公子。【案：昭二十年傳「華亥取太子欒與母弟辰、公子地以爲質」，〔一〕集解云：

〔一〕四庫本「以爲質」後有「樸」字，昭公二十年左傳無此「樸」字，據删。

「欒，景公也。辰及地皆元公弟。」孔穎達正義云：「定十年，經書『宋公之弟辰』，當景公之世。辰及地不得爲元公弟。世族譜，辰、地皆元公子。此諸本皆云元公弟，當時傳寫誤耳。」又案：此條永樂大典闕佚，據昭二十年正義所引世族譜補入。】

樂氏

樂鉏。將鉏。【案：成十六年傳「宋將鉏、樂懼敗鄭師于汋皮〔一〕」，杜集解云：「樂懼，戴公六世孫。將鉏，樂氏族。」孔穎達正義云：「樂懼，戴公六世孫，世本有文也。將鉏爲樂氏之族，不知所出。杜譜于樂氏之下，樂鉏、將鉏爲一人，傳無『樂鉏』之文，不知其故何也。」又案：此條永樂大典闕，從成十六年正義所引世族譜補入。】

皇氏

皇父充石。

〔一〕左傳正義各本作「汋陂」。

皇瑗。皇父充石八世孫。【案：皇氏以下永樂大典闕，從哀十八年正義所引世族譜補入。】

劓般。瑗世父。【案：程公説春秋分記云：「哀十七年傳『皇瑗之子麇，奪其兄劓般邑。』世族譜誤謂劓般爲瑗世父。劓般蓋瑗之猶子，麇之兄也。從世族譜，則是躋猶子爲諸父而兄爲從祖矣。當從左傳。」今據此補入，並正杜氏之失于此。】

皇懷。瑗昆弟。【案：程公説春秋分記云：「案哀二十六年傳，杜預云：『皇懷，非我從昆弟。』非我，瑗從子。則懷亦瑗從子也。世族譜乃謂懷爲瑗昆弟，是躋一世矣。」今據此補入，並訂正于此。】

皇鄖。瑗從父昆弟。

皇野。瑗昆弟。【案：「皇鄖」、「皇野」二條，永樂大典並闕，據程公説春秋分記所引世族譜補入。】

皇緩。充石十世孫。【案：哀十八年傳「宋使皇緩爲右師。」杜集解云：「緩，瑗從子。」孔穎達正義云：「據世族譜，則緩爲瑗從孫，非從子，二者必有一誤。」又案：此條永樂大典闕，從哀十八年正義所引世族譜補入。】

華氏

華督。

司馬子伯。督曾孫。【案：此條永樂大典闕，從程公説春秋分記所引釋例補入。又案：分記云：「世本，華督、子家、家子、御事，世族譜並闕。」】

向氏

向戌。〔一〕

向寧。戌曾孫。

向巢。戌曾孫。【案：程公説春秋分記云：「向氏别祖肸，生訾守。訾守生二子，曰鱣，曰戌。戌生五子，曰勝，曰宜，曰鄭，曰行，曰寧。寧生羅。羅生五子，曰巢，曰魋，曰頎，曰子車，曰牛昭。十九年傳『鄅夫人，宋向戌之女也，故向寧請師』，杜預注：『寧，向戌子也。』世族譜乃以寧爲戌曾孫，誤矣。又世族譜云：『巢爲戌曾孫。』據巢爲戌曾孫，則寧爲戌子。世族譜、杜預所述，自異若此，用正其誤。又肸、訾守、鱣，世族譜並闕。」今據此補入。】

〔一〕四庫本「戌」皆作「戍」，「向戍」乃「向戌」之誤，今本左傳皆作「戌」，據改。後仿此者不出校記。

鱗氏

鱗矔。桓公子。

鱗朱。桓公孫。【案：程公説春秋分記云：「鱗氏，祖公子鱗，生矔，矔生文，文生奏，奏生朱。世族譜誤以矔爲桓公子，以朱爲桓公孫，皆非也。杜氏于成十五年傳注：『朱爲矔孫』，又與世族譜大相矛盾，蓋世族譜闕鱗、文、奏三世，故于矔及朱之系前後錯亂耳。」今據此補入。】

〔宋〕雜人

子游。【案：孔穎達桓十二年正義引世族譜云：「子游，雜人，不知何公之子。」】

呂封人豹。華豹。【案：昭二十一年傳「公子城以晉師至，與華氏戰于赭丘。干犨御呂封人華豹，張匄爲右。」杜集解云：「呂封人華豹，華氏黨。」孔穎達正義云：「呂邑封人官名豹，即下文華豹是也。本或『豹』上有『華』字。王肅、董遇並云：『呂封人華豹。』釋例譜一人再見，名字不同，皆兩載之。宋雜人内有呂封人豹、華豹，爲一人。知此本無『華』字也。今定本有『華』字。」又案：此條永樂大典闕佚，從昭二十一年正義所引釋例補入。】

向勝。

向行。

向爲人。

向帶。【案：程公説春秋分記云：「向勝、向行，戌之子也。爲人及帶，向氏族也。世族譜置之雜人，非是。」今據此補入。】

高哀。穆公曾孫。【案：此條永樂大典闕，據程公説春秋分記所引世族譜補入。】

紀〔人〕

紀國，侯爵，姜姓也。莊公四年，齊滅之。舊譜，子爵。蓋取于公羊，非左氏之義。

紀侯。

紀季。紀侯弟。

裂繻。子帛。紀大夫。

春秋釋例卷九

世族譜第四十五之下

衛〔人〕

衛國，姬姓，文王子康叔封之後也。周公既誅禄父，殺管、蔡而以其地封康叔爲衛侯，居殷虚【案：永樂大典脱「虚」字，從隱元年正義所引釋例增。】，今朝歌是也。狄滅衛文公，居楚丘。成公徙都帝丘，今東郡濮陽是也。桓公十三年，魯隱公之元年也。出公輒十二年，獲麟之歲也。悼公二年，春秋之傳終矣。悼公三年卒。自悼公以下，十一世二百五十五年，而秦滅衛矣。【案：昭四年正義引世族譜云：「衛在春秋後，十一世，二百五十八年，而秦滅衛。」】

康叔封。

王孫牟。康伯髦。

武公。和。王孫牟八世孫。

莊公。揚。〔二〕【案：衛侯自「莊公」以下，永樂大典並闕。】

〔桓公。完。〕

〔宣公。晉。〕

〔惠公。朔。〕

〔懿公。〕

〔戴公。申。〕

〔文公。燬。〕

〔成公。鄭。〕

〔穆公。遬。〕

〔定公。臧。〕

〔二〕　孫本「莊公」條後有「桓公」至「悼公」止共十六條，四庫本均脱，應據補。

〔獻公。衎。〕
〔殤公。剽。〕
〔襄公。惡。〕
〔靈公。元。〕
〔莊公。蒯聵。〕
〔出公。輒。〕
〔悼公。黚。〕

夫人

莊姜。莊公夫人。
厲嬀。生孝伯，莊公妃。
戴嬀。生桓公，莊公妃，厲嬀娣。〔一〕

〔一〕孫本有此一條，應據補。

夷姜。宣公烝之，生急子。桓公夫人。〔一〕

宣姜。昭伯烝之，生齊子、戴公、文公、宋桓夫人、許穆夫人。本宣公夫人。

定姜。姜氏。定公夫人。

敬姒。生獻公。定公妃。

夫人姜氏。宣姜。襄公夫人。

婤姶。生孟縶及靈公。襄公嬖人也。

南子。少君。靈公夫人。

呂姜。莊公夫人。

夏戊之女。夫人。出公夫人。

公子

孝伯。莊公子。

〔一〕孫本此四字在「宣公烝」之上。

昭伯。頑。宣公子。
公子州吁。莊公子。
急子。宣公子。
壽子。宣公子。
叔武。夷叔〔一〕。衛武。文公子。
公子瑕。子適。文公子。
子儀。文公子。
鱄。子鮮。定公子。
子展。定公子。
公子荆。南楚。獻公子。
公孫般師。襄公孫。
公子起。靈公之子。

〔一〕四庫本作「夷」，左傳僖公二十八年作「夷叔」，據改。

太子疾。莊公子。
公子青。莊公子。
太子。出公子。
宋桓夫人。昭伯女。
許穆夫人。昭伯女。

孫氏

孫莊子紇。武公三世孫。
孫昭子。武公四世孫。
孫良夫。桓子。
孫林父。文子。
孫嘉。林父子。
孫襄。伯國。林父子。

孫蒯。林父子。

石氏

石碏。石子。靖伯孫。

石厚。碏之子。

石稷。成子。石碏四世孫。

石買。共子。稷之子。

石惡。悼子。買之子。

石圃。惡之從子。

石曼姑。懿子。石買孫。

石魋。昭子。

石祁子。靖伯八世孫。禮記曰：「石駘仲之子。」【案：程公説春秋分記云：「世族譜以祁子爲靖伯八世孫。據禮記，石祁子，駘仲子也。厚生駘仲，駘仲生祁子，當是靖伯五世孫，非八世孫也。」】

太叔氏

太叔儀。太叔文子。僖侯八世孫。
太叔申。太叔懿子。太叔儀孫。
太叔疾。悼子。齊。
太叔遺。僖子。
孔姞。太叔疾之妻，孔文子之女。

齊氏

齊子。昭伯子也。齊子無子，戴公以其子惡爲之後。
齊惡。齊子四世孫。
齊豹。齊子氏。

公孟氏

孟縶。襄公子〔二〕。〔【案：公孟，公孟縶，時本無之。一本或增此五字，未詳何本。考昭二十年傳，公孟、公孟縶，並見傳。今姑依增入。】〕〔三〕

公孟彄。孟縶無子，靈公以其子彄爲之後。【案：定十二年「衛公孟彄帥師伐曹。」杜集解云：「彄，孟縶子。」孔穎達正義云：「爲後則爲其子，故云孟縶子。此實公孫，而不稱公孫者，縶字公孟，故即以公孟爲氏。劉炫謂公孟生得賜族，故彄即以族告。」】

甯氏

甯跪。文仲。武公曾孫。

甯速。莊子。甯跪孫。

〔二〕孫本「襄公子」上有「公孟、公孟縶」五字。

〔三〕孫本有夾注，共四十字，應據補。

甯俞。武子。

甯相。成子。

甯殖。惠子。

甯喜。悼子。

子叔氏

黑背。穆公子。

公孫剽。子叔。殤公。

太子角。剽子。

公叔氏

公叔文子。公叔發。獻公孫。

公叔戍。發之子。【案：程公説春秋分記云：「公叔氏祖成子當，當生公孫發，發生戍。世族譜闕當

一世。」】

北宮氏

北宮括。北宮懿子。成公曾孫。

北宮遺。成子。

北宮佗。文子。

北宮喜。貞子。

北宮結。

南氏

公子郢。子南。靈公子。

子之。公孫彌牟。文子。

孔氏

孔達。莊叔。

成子。孔烝鉏。孔達孫。

孔羈。須叔。

孔圉。文子。孔羈孫。

孔悝。叔悝。孔叔。

孔伯姬。孔圉妻，太子蒯聵之姊。

王孫氏

王孫賈。

王孫齊。賈之子，昭子也。

史氏

史朝。

史狗。朝之子，文子也。

元咺氏

元咺。

角。咺之子也。

夏戊氏

夏戊。夏丁氏。

司徒期。戊之子。

趙氏

趙鬣。

趙陽。鬣之孫。【案：程公説春秋分記云：「鬣生擧，擧生陽。世族譜謂鬣之孫陽，而闕擧一世。」】

褚師氏

褚師定子。

褚師比。褚師定子之子，聲子也。

〔衛〕雜人

右宰醜。

獳羊肩。

公子黔牟。

右〔一〕公子泄。「泄」，左傳作「洩」。

左〔二〕公子職。

渠孔。

子伯。

黄夷。

孔嬰齊。

華龍滑。太史。

禮孔。

禮至及昆弟。

長牂。

華仲。〔三〕

〔一〕孫本「右」作「左」。

〔二〕孫本「左」作「右」。

〔三〕孫本此下有「子伯也」三字。

公子歂犬。
鍼莊子。
士榮。
周歂。
冶廑。
孫免。
師曹。
蘧伯玉。蘧瑗。
子蟜。
子伯。
子皮。
子行。
尹公佗。

庚公差。子魚。
子木。
公孫丁。
右宰穀。
殖綽。
公孫免餘。
雍鉏。
公孫無地。
公孫臣。
史鰌。〔一〕
子行敬子。
公子朝。

〔一〕孫本此下有「史魚」二字。

屠伯。

褚師圃。

宗魯。

祝鼃。

華齊。

慶比。

公南楚。

華寅。

鴻駵魋。

析朱鉏。成子。黑背孫。

渠子。

子玉霄。

彪傒。

子高魴。

祝佗。子魚。

彌子瑕。彭封彌子。

滑羅。

宋朝。本宋公子子朝也。

戲陽速。

甯跪。【案：左傳甯跪有二，一則莊六年傳「放甯跪于秦」，一則哀四年傳「衛甯跪救范氏」。杜集解于莊六年注云：「衛大夫」，哀四年則無注。今考世族譜，衛甯跪亦有二，一爲甯速之祖，當是莊六年傳之甯跪；一列于雜人，則哀四年傳之甯跪也。】

晉悼公子慭。本晉臣。

行人子羽。

公文懿子。公文要也。

渾良夫。

仲由。季路。本魯子路。

寺人羅。

欒寧。

高柴。子羔。

召獲。

公孫敢。

石乞。

鄖武子。肸。

盂黶。

司徒瞞成。〔二〕

子伯季子。

許公爲。

〔二〕孫本此下有「世子還成也」五字。

胥彌赦。

司寇亥。

優狡。

拳彌。

鄄子士。

祝史揮。

向禽。

仲叔于奚。

〔公孫青。子石。〕〔一〕

右衛人一百九十五。【案：本文實一百七十七人。】

〔一〕孫本有此一條，應據補。

虢〔人〕

虢國，姬姓。文王之弟虢仲後也。今弘農陝縣是也，僖五年晉滅之。

虢仲。

虢石父。

虢文公。

虢公忌父。

虢公仲郭。

虢公醜。

虢公林父。

大夫

祝應。太祝。虢大夫。

史嚚。太史。虢大夫。

宗區。宗人。虢大夫。

舟之僑。虢大夫。

右虢人十一。

莒〔人〕

莒國，嬴姓。少昊之後，周武王封兹輿期于莒。初都計，後徙莒，今城陽莒縣是也。世本，自紀公以下爲己姓。不知誰賜之姓者，十一世兹平公方見春秋。共公以下微弱，不復見。四世，楚滅之。【案：此條永樂大典闕佚，從隱二年正義所引釋例補入。】

齊〔人〕

齊國，姜姓。太公望之後，其先四岳佐禹有功。或封于吕，或封于申，故太公曰吕望也。太公股肱周室，成王封之于營丘，今臨淄是也。僖公九年，魯隱公之元年也。簡公四年，獲麟之歲也。簡公弟平公十三年，春秋之傳終矣。平公二十五年卒。後二世七十年，而田氏奪齊，太公之後滅矣。【案：此條永樂大典闕佚，從隱三年正義所引釋例補入。】

高氏

高武子。高鄰。高偃。【案：襄二十九年「齊高止出奔北燕。」傳云：「齊公孫蠆、公孫竈放其大夫高止于北燕。高竪以盧叛。閭丘嬰帥師圍盧。高竪請立後，而致邑齊人。立敬仲之曾孫鄰，良敬仲也。」孔穎達正義云：「依世本，敬仲生莊子，莊子生頃子，頃子生宣子，宣子生厚，厚生止，止是敬仲玄孫之子也。世本又云：『敬仲生莊子，莊子生頃子，頃子之孫武子偃。』據世本，則偃爲敬仲玄孫。今傳云『曾孫』，必有一誤也。此鄰即後所云高偃是也，世族譜以高武子、鄰、偃爲一人，蓋『鄰』、『偃』音相近而字爲二耳。董遇注此，亦作『偃』。劉炫云：『據世本，高止，敬仲玄孫之子，不立止近親，遠取敬仲曾孫者，齊人賢敬仲，故繫之。言敬仲曾孫，則此人祖父皆非正適。今别立之，遠繼敬仲後，高止祖父皆絶其祀也。』」又案：杜世族譜以高鄰即高偃，而昭十二年「齊高偃帥師納北燕伯于陽。」集解又云：「高偃，高傒玄孫」，與傳「齊人立敬仲之曾孫鄰」句不合。劉炫已辨之。又案：此條永樂大典闕佚，從襄二十九年正義所引釋例補入。】

國氏

國佐。賓媚人。武子。三事互見于經、傳。不知賓媚人是何等名號也。【案：此條永樂大典闕佚，從成二年正義所引釋例補入。又案：程公說春秋分記云：「歸父生佐，佐生二子，曰勝，曰弱。弱生夏，夏生書，書生讙，讙生高父。世族譜闕高父一人。」】

管氏【案：此及下一條，永樂大典佚，從僖十二年正義所引釋例補入。】

出自周穆王。【案：孔穎達僖十二年正義云：「哀十六年傳稱『楚白公殺齊管修』，杜云：『管修，楚賢大夫，故齊管仲之後。』是管氏之後，于齊没不復見也。」又案：路史後紀注亦引杜釋例云：「管仲，穆王後。」】

〔齊〕雜人

管于奚。【案：孔穎達僖十二年正義云：「成十一年傳有『齊管于奚』，譜以爲雜人，則非管仲之子孫也。」】

華免。【案：成十八年傳「齊侯使士華免以戈殺國佐于内宫之朝。」集解云：「華免，齊大夫。」正義曰：「杜世族譜于齊國雜人之中有華免，而無『士』字。此注以華免爲大夫，則士者爲士官也。」又案：此條永樂大典闕，從成十八年正義所引世族譜增入。】

祝固。

史嚚。【案：此二条永樂大典闕，從昭二十年正義所引世族譜增入。】

陳〔人〕

陳國，嬀姓。虞舜之後也，當周之興，有虞遏父者，爲周陶正。武王賴其利器用，以其先聖之後也，以元女太姬妃遏父之子滿，封于陳，賜姓曰嬀，號胡公。桓公二十三年，魯隱公之元年也。【案：元年，隱三年正義引釋例，作「立年」。】緡公二十一年，獲麟之歲也。二十四年，楚滅陳矣。

遏父。

胡公滿。

文公韋。胡公八世孫，一本作「幸」。【案：陳侯自「文公」以下，永樂大典皆闕。】（【又案：「幸」，程公説春秋分記，作「圉」。】）〔一〕

（桓公。鮑。文公子。）〔二〕

（厲公。躍。）

（莊公。林。）

（宣公。杵臼。）

（穆公。款。宣公子。）

（共公。朔。）

（靈公。平國。）

（成公。午。）

（哀公。溺。）

〔一〕此下案語兩條，四庫本僅載一條。今據孫本補録其第二條，共十二字。

〔二〕孫本「文公韋」條後有「桓公」至「閔公」止共十二條，四庫本均脱，應據補。

〔惠公。吴。悼太子偃師子。〕
〔懷公。柳。〕
〔閔公。越。〕

夫人

元女太姬。胡公夫人。
元妃鄭姬。生太子偃師。哀公夫人。
二妃。生公子留。哀公妃。
下妃。生公子勝。哀公妃。

公子

五父佗。文公子。
太子免。桓公子。

公子完。敬仲。工正。厲公子。

公子禦寇。太子。宣公子。

公子黄。成公子。

公子遇。成公子。

悼太子偃師。哀公子。

公子勝。哀公子。

〔公子留。哀公子。〕〔一〕

司徒招。公子招。過弟，成公子。

夏氏〔二〕。**少西氏。**〔【案：宣十一年傳「少西氏」，杜注：「少西，徵舒之祖子夏名。」】〕〔三〕

御叔。宣公孫。

〔一〕孫本有此一條，應據補。

〔二〕孫本此下有「少西氏」三字。

〔三〕孫本有夾注，共二十字，應據補。

夏徵舒。夏南。

夏齧。悼子。徵舒三世孫。

夏區夫。徵舒四世孫。【案：程公説春秋分記云：「夏氏祖宣公子少西生御叔，御叔生徵舒，徵舒生晉，晉生禦寇，禦寇生齧，齧生區夫。世族譜止列御叔、徵舒、齧、區夫四人，餘皆略焉。」又案：齧乃徵舒之曾孫，世族譜謂爲徵舒三世孫是也。杜預于昭二十三年注云：「徵舒玄孫」，自爲異同，當以世族譜爲正。】

御叔妻夏姬。徵舒母。

轅氏〔僖四年經音義，「轅」本又作「袁」。襄三年傳，作「爰」。【案：「轅」與「爰」同，「爰田」作「轅田」。】〕〔二〕

轅濤塗。轅宣仲。申公九世孫。

轅僑。桓子。濤塗四世孫。

〔二〕孫本有夾注，共二十七字，應據補。

宗氏

宗豎。宣公六世孫。

鍼氏

鍼子。僖公孫。

鍼宜咎。鍼子八世孫。

慶氏

慶虎。桓公五世孫。

慶寅。

司城氏

公孫貞子。哀公孫。

〔陳〕雜人

顓孫。
轅選。〔一〕
女叔。
原仲。
公孫寧。
孔寧。
泄冶。
儀行父。
司徒卬。
司馬桓子。

〔一〕孫本此條列「轅氏」、「轅僑」後。

慶樂。〔一〕

孔奂。

干徵師。

輿嬖袁克。

懿氏妻。

逢滑。

轅頗。〔二〕

公孫佗人。

轅咺。〔三〕

轅買。〔四〕

〔一〕孫本此條列「慶氏」、「慶寅」後。

〔二〕孫本此條列「轅氏」、「轅頗」後。

〔三〕孫本此條列「轅氏」、「轅選」後。

〔四〕孫本此條列「轅氏」、「轅咺」後。

芋尹蓋。

賈獲及母妻。

杞〔人〕

杞國，姒姓，夏禹之苗裔。武王克紂，求禹後【案：武王二句，隱四年正義引釋例，作「武王克殷，求禹之後。」】，得東樓公，而封之于杞。今陳留雍丘縣是也。九世及成公，遷緣陵，文公居淳于。【案：「文公」二字，永樂大典脱，從隱四年正義所引釋例增。】成公始見春秋。【案：隱四年正義云：「杞子魯隱四年已見春秋。桓二年有『杞侯來朝』，莊二十七年有『杞伯來朝』，于傳並無號謚，又不書其卒。僖二十三年『杞成公卒』，其謚乃見于傳。未知隱四年杞國定是何君，當是成公之父祖耳。」】僖公子湣公六年，獲麟之歲也。湣公弟哀公三年，春秋之傳終矣。哀公十年卒。自哀公以下，二世十三年，而楚滅之。【案：「之」字，隱四年正義引釋例，作「杞」。】

成公。

桓公。姑容。成公弟

孝公。丐。

文公。益姑。

平公。郁釐。

悼公。成。

隱公。乞。

僖公。過。悼公曾孫。【案：哀八年「冬十有二月癸亥，杞伯過卒。」孔穎達正義云：「案悼公父平公，以昭二十四年卒。悼公以定四年卒。未應有曾孫可以授之國也。杞世家，僖公過是悼公之子，疑譜誤。」】

右杞人八。

蔡〔人〕

蔡國，姬姓，文王子叔度之後也，武王封之于汝南上蔡，爲蔡侯，作亂見誅，其子蔡仲，成王復封之于蔡。至平侯徙新蔡，昭侯徙九江下蔡。宣侯二十八年，魯隱公之元年也。昭侯子成侯十年，獲麟之歲也。成侯子聲侯四年，春秋之傳終矣。聲侯十四年卒。自聲侯以下，三世二十八年，而楚滅蔡。【案：昭四年，正義引世族譜云：「昭四年後十一年，楚滅蔡。十三年，蔡復封。春秋後，二世，十八年，而楚滅蔡。」又案：此條永樂大典闕佚，從隱四年正義所引釋例補入。】

文侯。申。

景侯。固。

靈侯。般。

隱太子。〔有。〕

昭侯。申。隱太子之子。【案：自文侯以下，永樂大典闕。從哀四年正義所引世族譜補入。又案：正義云：「昭侯是文侯元孫，乃與高祖同名。周人以諱事神，二『申』必有誤者。俱是經文，未知孰誤。」】

郕〔人〕

郕國，周公之弟〔二〕，郕叔武之後也。

〔二〕孫本「弟」作「後」。

郕伯。

太子朱儒。郕伯。

晉〔人〕

晉國，姬姓，武王子唐叔虞之後也。成王滅唐而封之，今太原晉陽縣是也。燮父改之曰晉，燮父孫成侯徙都曲沃，今河東聞喜縣是也。穆侯徙都絳。鄂侯二年，魯隱公之元年也。定公三十一年，獲麟之歲也。出公八年，而春秋之傳終矣。出公十七年卒。自出公以下，五世八十二年，而韓、趙、魏滅晉也。【案：此條永樂大典闕佚，從隱五年正義所引釋例補入。】

欒氏

欒魴。欒氏族。【案：襄二十三年「晉欒盈復入于晉，入于曲沃」，傳云：「欒樂斷肘而死，欒魴傷。」杜集解云：「欒，盈之族。魴，欒氏族。」孔穎達正義云：「服虔云：『魴，盈之子。』計欒盈，范宣子之外孫，胥午謂爲孺子，未得有子已堪戰。十九年『欒魴已帥師伐齊』，必非欒盈子。故杜以爲欒氏族。世族譜，欒魴爲欒氏族，以欒盈爲雜人，不知杜意何故也。」此條永樂大典闕佚，從襄二十三年正義所引世族譜增入。又案：程公説春秋分記云：「世族譜闕欒鍼、欒盈二人。」】

羊舌氏

羊舌大夫。羊舌氏。晉之公族，羊舌其所食邑也。【案：正義云：「唯言晉之公族，不知出何公也。」】或曰，羊舌氏姓李，名果。【案：春秋分記，「李」字作「季」字。】有人盗羊，而遺其頭。不敢不受，受而埋之。後盗羊事發，辭連李氏。李氏掘羊頭而示之，以明已不食，誰識其舌，舌存，得免，號曰羊舌氏。【案：杜預集解云：「羊舌大夫，叔向祖父。」孔穎達閔二年正義云：「羊舌氏爵爲大夫，號曰『羊舌大夫』，不知其如何也。此人生羊舌職，職生叔向。至或所云，杜所不從，記異聞耳。」此條永樂大典闕從，閔二年、文十二年、昭三年正義所引釋例補入。】

郤氏【案：程公説春秋分記云：「豹字叔虎，生三子，曰稱，曰冀芮，曰義。芮生缺，缺生克，克生錡。又芮從子曰步揚，曰步招。招無後，揚生二子，曰犨，曰蒲城鵲居。犨生三子，曰至，曰溱，曰毅。世族譜闕豹及鵲居二人。」今録此以補本文之闕。】

韓氏

韓萬。

定伯簡。萬之孫。【案：程公説春秋分記云：「案系本，萬生求伯，求伯生定伯簡。世族譜謂萬之孫曰定伯簡，與系本及服虔之説同，獨闕求伯一世。」今據此補入。】

荀氏

荀罃。

知朔。

荀盈。朔之弟，罃之子。【案：「荀氏」以下，永樂大典並闕。據程公説春秋分記所引世族譜補入。】

魏氏

畢萬。

魏犨。萬之孫。【案：自畢萬以下，永樂大典闕。從程公説春秋分記所引世族譜補入。又案：分记云：「萬生芒季，芒季生武仲州，即武子犨也。」】

魏顆。魏犨子。【案：此條永樂大典闕，從襄三年正義所引世族譜補入。】

魏錡。魏犨子，爲吕氏。【案：此條永樂大典闕，從程公説春秋分記所引世族譜補入。】

魏絳。魏犨子。莊子。【案：「莊子」二字，從春秋分記所引世族譜補入。】顆別爲令狐氏。絳爲魏氏，蓋顆長而庶，絳幼而適故也。【案：孔穎達襄三年正義云：「魏世家，武子生悼子，悼子生絳，則絳是犨孫。計其年世，孫應是也，先儒悉皆不然，未知何故。」附録于此。】

魏頡。魏顆子。顆長，生頡，則絳是頡之叔父。【案：自「魏絳」以下，永樂大典闕，從襄三年正義所引世族譜補入。】

吕相。魏錡子。

魏舒。莊子之子。獻子。

魏曼多。舒之孫。【案：程公説春秋分記云：「系本，舒生侈，侈生曼多。」又案：自吕相以下，永樂大典並闕，從分記所引世族譜補入。】

范氏

士文伯。士丐。【案：襄三十一年傳「寡君使匄請命。」陸德明經典釋文云：「『匄』，本作『丐』，古害反，士文伯名也。攷今傳本，皆作『匄』字，或作『丐』字。釋例亦然。案士文伯字伯瑕。春秋時，人名、字皆相配，楚令尹陽丐字子瑕，與文伯名、字正同。又鄭駟乞字子瑕，『匄』與『乞』正同，則作『匄』者是。又案：魯有仲嬰齊，是莊公之孫。又有公孫嬰齊，是文公之孫。仲嬰齊于公孫嬰齊爲從祖，同時同名。鄭有公孫段，字子石，又云伯石。印段字伯石。傳又謂之『二子石』，印段即公孫段，從父兄弟之子尚同名、字，伯瑕與宣子何碍同乎？」孔穎達正義云：「晉、宋古本及釋例皆作『丐』，俗本作『匄』。此士文伯是范氏別族，不宜與范宣子同名。今定本作『匄』，恐非。考經典釋文以『匄』字爲是，正義以『丐』字爲是，而所引釋例之文則同。」永樂大典此條已佚，今據二書增入。又案：程公説春秋分記云：「杜伯生隰叔，隰叔生蔿，蔿生縠，縠生會，以『隨』爲氏，亦曰范氏。生二子，曰燮，曰魴。燮生匄，魴生臯裘。匄生鞅，鞅生二子，曰吉射，曰臯夷。又會從弟穆子爲士季氏，生渥濁，渥濁生弱，弱生伯瑕，名丐。伯瑕生爾牟。世族譜闕杜伯、隰叔二世。」】

趙氏

叔帶。

趙夙。叔帶五世孫。【案：叔帶以下，永樂大典闕，從程公説春秋分記所引世族譜補入。】

趙衰。趙夙之弟也。【案：此條永樂大典闕，從定十三年正義所引世族譜補入。】

趙盾。趙衰之子。【案：孔穎達正義云：「晉語云：『趙衰，趙夙之弟。』世本，夙爲衰祖，穿爲夙之曾孫。世本轉寫多誤，其本未必然也。」又案：此條永樂大典闕，從宣二年正義所引釋例補入。】

趙朔。趙盾子。

趙武。趙朔子。

趙成。趙武子。

趙鞅。趙成子，其家爲趙氏。【案：自趙朔以下，永樂大典並闕，從定十三年正義所引世族譜補入。】

趙穿。趙夙之庶孫，于趙盾爲從父昆弟，而爲盾側室。【案：孔穎達正義云：「穿，趙盾從

父昆弟子也，别爲邯鄲氏。趙旃、趙勝、邯鄲午，是其後也。」又案：此條永樂大典闕，從桓二年及十二年正義所引釋例補入。】

趙旃。趙穿子。

趙勝。趙旃子。

趙午。趙勝子，其家爲耿氏。【案：穿之後，别封邯鄲，世不絶祀，故亦稱邯鄲氏。又案：趙旃以下，永樂大典闕，從定十三年正義所引世族譜補入。】

籍氏

孫伯黶。

籍談。

籍秦。談子。【案：程公説春秋分記云：「黶生頡，頡生叔子，叔子生官正，官正生司徒公，司徒公生少襄，少襄生太伯，太伯生季，季生偃，偃生談，談生秦。世族譜止載伯黶、談、秦三世。」今據此補入。】

〔晉〕雜人

先縠。彘子。彘季。【案：宣十二年傳「荀林父將中軍，先縠佐之。」杜集解曰：「彘季代林父。」孔穎達正義云：「案傳文〔二〕皆稱彘子。今注云彘季，勘譜亦以彘子、彘季爲一人。則杜君别有所據，書傳殘缺，不可得而知也。劉炫云：『傳文皆稱彘子，何以知是彘季？』以縠非彘季以規杜。今知非者，杜以『子』爲男子之稱，『季』是幼小之辭，『季』之與『子』，是得通稱。子路或爲季路，舉其常稱，謂之『子』。論其字，謂之『季』，故公子友或稱季友。而劉以傳無彘季而規杜，非也〔三〕。」又傳云：「晉原縠、宋華椒、衛孔達、曹人同盟于清丘。」杜集解云：「原縠，先縠。」正義云：「杜譜以爲雜人，則不知誰之子也。案傳先軫或稱原軫。此蓋先軫之後也。傳有名號之異，杜譜皆並言之。『先縠』之下，不言『原縠』，是杜脱也。上文稱彘子，服虔以爲食采于彘。今復稱『原』，『原』其上世所食也。于時趙氏有原同，蓋分原邑而共食之也。」又案：此條永樂大典闕，從宣十二年正義所引釋例補入。】

欒樂。【案：杜集解云：「樂，欒盈之族。」譜又以爲雜人。孔穎達正義已疑其誤。又案，此條永樂大

〔二〕四庫本作「聞」，是「文」字之誤寫，據改。

〔三〕孫本有「惟稱彘子」四字。

典闕，從襄二十三年正義所引世族譜補入。】

王正。【案：昭六年傳「齊侯如晉，請伐北燕也。士匄相士鞅，逆諸河，禮也。」陸德明經典釋文云：「今傳本皆作『士匄相士鞅』，古本『士匄』或作『王正』。董遇、王肅本同。學者皆以士匄是范宣子，即士鞅之父，不應取其父同姓名人爲介。今傳本誤也，依『王正』爲是。王元規云：『古人質，口不言之耳，何妨爲介也。』案士文伯是士鞅之族，亦名『匄』，無妨。今相范鞅也。然士文伯名，古本亦有作『正』者。解見襄三十一年。」孔穎達正義云：「世族譜以王正爲雜人，諸本及王肅、董遇注皆作『王正』，俗本或誤爲『士匄』。此人不當取士鞅之父同姓名，而爲之介也。」觀此，則相士鞅者自是王正。今相傳作「士匄」者，誤。至陸德明以王正即士文伯，則士文伯名丐，不名正也。杜譜以士文伯爲范氏別族，王正爲雜人，其非一人可知矣。又案：此條永樂大典闕，從昭六年正義所引世族譜增入。】

郤稱。

步招。

郤溱。【案：程公説春秋分記云：「世族譜列郤稱、步招、郤溱于雜人。」今據此補入。】

薛〔人〕

薛國，任姓。黄帝之苗裔奚仲封爲薛侯，今魯國薛縣是也。奚仲遷于邳，仲虺居薛，以爲湯左相。武王復以其胄爲薛侯。齊桓霸諸侯，黜爲伯。獻公始與魯同盟。小國無記，世不可知，亦不知爲誰所滅。【案：此條永樂大典闕佚，從隱十一年正義所引釋例補入。】

〔奚仲。〕〔一〕

〔仲虺。〕

〔薛侯。〕

〔獻公。穀。〕

〔襄公。定。〕

〔薛公。比。〕

〔惠公。夷。又名寅。〕

〔一〕孫本自此「奚仲」至「右薛八人」止，此本均脱，應據補。

〔薛宰。〕

右薛八人。

許〔人〕

許國，姜姓，與齊同祖。堯四嶽伯夷之後也。周武王封其苗裔文叔於許，以爲太嶽胤。今潁川許昌是也。靈公徙葉，悼公遷夷，一名城父。又居析，一名白羽。許男斯處容城。自文叔至莊公十一世，始見春秋。元公子結元年，獲麟之歲也。當戰國首，結爲楚所滅矣。【案：此二句隱十一年正義引釋例，作「當戰國初，楚滅之。」】

莊公。苴人。弗。

桓公。鄭。莊公弟也。世本無許叔，疑鄭即是。

穆公。新臣。

僖公。業。

昭公。錫我。

靈公。甯。
悼公。買。
許男。斯。
元公。成。悼公孫

〔夫人〕〔二〕

〔穆夫人。〕
〔衛昭伯女。〕

公子

哀世子。太子止。

〔二〕孫本「元公」條後有「夫人」及「穆夫人」、「衛昭伯女」兩條，此本脱，應據補。

〔許〕雜人

百里。

許圍。

叔申。

秦〔人〕

百里氏

百里奚。

百里孟明視。百里奚之子。【案：孔穎達僖三十二年正義云：「世族譜以百里孟明視爲百里奚之子，則姓百里，名視，字孟明也。」】

〔秦〕雜人

西乞術。

白乙丙。或以西乞術、白乙丙爲蹇叔子。案傳稱「蹇叔之子與師」，言其在師中而已。若是西乞、白乙，則爲將帥不得云與也。或說必妄記異聞耳。【案：孔穎達僖三十二年正義云：「古人之言名字者，皆先字後名而連言之，其術、丙，必是名。西乞、白乙，或字，或氏，不可明也。」自百里氏以下，永樂大典闕佚，俱從左傳僖三十二年正義所引釋例補入。】

曹〔人〕

曹國，姬姓，文王子叔振鐸之後也。武王封之陶丘，今濟陰定陶縣是也。桓公三十五年，魯隱公之元年也。伯陽立十五年，魯哀公之八年，而宋滅曹。【案：此條永樂大典闕佚，從桓五年正義所引釋例補入。】

楚〔人〕

楚國，羋姓，顓頊之後也。其後有鬻熊，事周文王，早卒。成王封其曾孫熊繹于楚以子男之田，居丹陽，今南郡枝江是也。熊達始稱武王。武王十九年，魯隱公之元年也。武王居郢，今江陵是也。昭王徙都。惠王八年，獲麟之歲也。惠王二十一年，春秋之傳終矣。惠王五十七年卒。自惠王以下，十二世二百九年，而秦滅之。【案：此條永樂大典闕佚，從桓二年正義所引釋例補入。又案：路史後紀注引杜釋例云：「鬻熊子早卒。」附録于此。】

王子

季羋。

畀我。皆平王女。【案：孔穎達定四年正義云：「世族譜，季羋與畀我爲二人，皆平王女也。服虔云：『季羋許嫁而字畀我。』禮，婦人許嫁，笄而稱字。季羋稱字，是許嫁也。蓋遭亂夫死而改適鍾建〔二〕耳。」

〔二〕四庫本作「鐘建」，今本左傳作「鍾建」，據改。

陸德明經典釋文説同。案服以季芈、畀我爲一人，杜以季芈、畀我爲二人，今不可攷，姑並存之。又案此條永樂大典闕，從經典釋文及正義所引釋例增入。】

陽氏

陽令終。

陽完。令終子。

陽佗。令終子。【案：程公説春秋分記云：「陽氏別祖王子陽，生尹，尹生匄。匄生三子，曰令終，曰完，曰佗。昭二十七年傳『令尹子常殺陽令終與其弟及佗』，則完、佗與令終俱爲匄之子也。世族譜誤以陽完及佗爲令終之子，今正之。」今據此補入，並正杜氏之失于此。】

鬭氏

鬭射師。鬭廉。若敖子。【案：杜預莊三十年傳集解云：「射師，鬭廉也。」孔穎達正義曰：「杜注與譜並以射師、鬭廉爲一人，未知何據。服虔云：『射師，若敖子，鬭班也。』攷射師被梏，不言舍之，何以得殺子元？知射師與班非一人也。」又案：「鬭射師」、「鬭班」二條，永樂大典闕，從莊三十年正義所引釋例

補入。】

鬭班。若敖孫。

鬭宜申。鬭廉孫。【案：此條永樂大典闕，從程公説春秋分記所引世族譜補入。】

屈氏

屈蕩。

屈申。屈蕩孫。【案：此條亦從春秋分記所引世族譜補入。考襄二十五年傳「楚子使屈申圍朱方。」杜集解云：「屈申，屈蕩之子。」與譜互異，未知孰是。】

蔿氏

蔿艾獵。孫叔敖。

蔿子馮。叔敖子。【案：襄十五年正義云：「案世本，蔿艾獵是孫叔敖之兄，馮是艾獵之子，則馮是叔敖兄之子也。」杜集解及釋例皆以蔿艾獵、叔敖爲一人，馮是叔敖之子。世本轉寫多誤，杜當考得其真。又案：「蔿艾獵」、「蔿子馮」二條，永樂大典闕，從襄十五年正義所引釋例補入。】

申氏

申叔時。

申叔跪。【案：程公説春秋分記云：「楚之申氏有三，申公巫臣之後，屈氏别族也。申舟之後及申宇，即申氏也。申叔時而下，申叔氏是也。時生跪，跪生豫。世族譜乃以申叔時、申叔跪合于申氏之後，誤矣。」今據此補入，并正杜氏之失于此。】

虞〔人〕

虞國，姬姓，周太王之子太伯之弟仲雍，是爲虞仲。嗣太伯之後，武王克商，封虞仲之庶孫以爲虞仲之後。處中國，爲西吴。【案：此句永樂大典作「處中國，而西遷」，從桓五年正義所引釋例改正。】後世謂之虞公，僖公五年，晉滅之。

〔虞公。〕〔一〕

〔一〕孫本自此「虞公」條起，至「右虞四人」止，五條，四庫本均脱，應據補。

〔虞叔。〕

〔宫之奇。〕

〔井伯。〕

〔右虞四人。〕

小邾〔人〕

小邾國，邾挾之後也。夷父顔有功于周，其子友别封爲附庸，居郳。曾孫犂來始見春秋，附從齊桓，以尊周室，命爲小邾子。穆公之孫惠公以下，春秋後六世，而楚滅之。

【案：孔穎達莊五年正義云：「世本云：『邾顔居邾，肥徙郳。』宋仲子注云：『邾顔别封小子肥于郳，爲小邾子。』則顔是邾君，肥始封郳。」又云：「世本言肥。杜譜言友，當是一人，僖七年經書『小邾子來朝』，知齊桓請王命命之。」又案：此條永樂大典闕佚，從莊五年正義所引釋例補入。】

郳犂來。邾顔曾孫。

穆公。魁。犂來之孫。

射。哀十四年奔魯。

〔郳田。穆公子。奔宋。〕〔二〕

〔小邾夫人。魯季公若姊。〕

右小邾人三〔三〕。

北燕〔人〕

北燕國，姬姓，召公奭之後也。周武王封之于燕，居漁陽薊縣。其國僻小，不通諸夏。自召公至簡公款，二十九世，始見經。簡公子獻公十二年，獲麟之歲也。獻公子孝公七年，春秋之傳終矣。孝公立十五年卒。孝公以下六世，始大，稱王。十二世二百二十五年，秦滅之。【案：此條永樂大典闕佚，從左傳襄二十八年正義所引釋例補入。】

〔二〕　孫本有「郳田」條及「小邾夫人」條，應據補。

〔三〕　孫本「三」作「五」。

〔北燕伯。款。〕〔一〕

萊〔人〕

萊，不知其姓。【案：此條永樂大典闕，從襄二年正義所引世族譜補入。】

〔共公浮柔。〕〔二〕

〔正與子王湫。〕

吳〔人〕

吳國，姬姓，周太王之子太伯、仲雍之後也。太伯、仲雍讓其弟季歷，而去之荆蠻。自號「句吳」，或「工吳」。「句」〔三〕、「工」，夷言發聲也。太伯無子而卒，仲雍嗣之。

〔一〕孫本「北燕國」世繫後有「北燕伯」一條，應據補。

〔二〕孫本有「共公浮柔」及「正與子王湫」條，應據補。

〔三〕孫本「或工吳句」四字作「句或爲」三字。

當武王克殷，而因封其曾孫周章于吴，爲吴子。又别封章弟虞仲于虞。自太伯五世而得封，十二世而晉滅虞。虞滅而吴始大，至壽夢而稱王。壽夢以上，世數可知，而不紀其年。壽夢之元年，魯成公之六年也。夫差十五年，獲麟之歲也。二十三年，魯哀公之二十二年，而越滅吴矣。

泰伯。

仲雍。

吴子乘。壽夢。

吴子諸樊。遏。

吴子餘祭。戴吴。

吴子夷末。句餘。

州于。僚。

公子光。闔閭。吴子光。

夫差。

公子

蹶由。壽夢子。

公子燭庸。壽夢子。

公子掩餘。壽夢子。

季札。公子札。延州來季子。壽夢子。

夫槩王。闔閭弟。

太子諸樊。王僚子。〔【案：昭二十三年傳音義「吴子遏，號『諸樊』。」王僚是遏之弟子。先儒又以爲遏弟，何容僚子乃取遏號爲名，恐傳寫誤耳，未詳。疏云：「吴子諸樊，吴王僚之伯父也。僚子又名諸樊，乃與伯祖同名。」吴人雖是東夷，亦不應然也。】〕〔一〕

太子終纍。闔閭子。

子山。闔閭子。

〔一〕孫本有夾注，八十二字，應據補。

王子姑曹。

王子地。

太子友。夫差子。

〔吴〕雜人

狐庸。屈狐庸。本晉臣巫臣子。

壽越。

公子黨。

慶封。本齊臣。

鱄設諸。

公子苦雉。

偃州員。

太宰嚭。子餘。本楚伯州犁孫。

泄庸。
叔孫輒。子張。本魯臣。
王犯。
公山不狃。子泄。本魯臣。
徐承。
胥門巢。
展如。
王孫彌庸。
行人且姚。
壽於姚。
申叔儀。
公子慶忌。
伍員子。其在齊爲王孫氏。

右吴人四十一。

越〔人〕

越，姒姓，其先夏后少康之庶子也。封于會稽，自號「於越」。「於」者，夷言發聲也。濱在南海，不與中國通。後二十餘世，至于允常。魯定公五年，始代吴。允常卒，子句踐立，是爲越王。越王元年，魯定公之十四年也。魯哀公二十二年，句踐滅吴，霸中國。卒，春秋後七世，大爲楚所破，遂微弱矣。外傳曰：芈姓歸越，是越本楚之别封也。或非夏后之後也。【案：此條永樂大典闕佚，從宣八年正義所引釋例補入。】

滕〔人〕

滕，姬姓，文王子錯叔繡之後也。武王封之，居滕，今沛郡公丘縣是也。自叔繡及宣公十七世，乃見春秋。隱公以下，春秋後六世，而齊滅滕矣。【案：左傳隱七年正義云：「世本言齊景公亡滕。案齊景之卒，在滕隱之前，世本言隱公之後，仍有六世爲君。而云齊景亡滕，爲謬殊甚。服虔昭四年注亦云：『齊景亡滕』，亦誤。攷漢書地理志『沛郡公丘縣，故滕國也。周文王子錯叔繡所封，二十一世，爲齊所滅。』」】

宣公。嬰齊。

昭公。毛伯。宣公孫。

文公。繡。

成公。原。文公子。【案：文公子三人，永樂大典脱佚，從昭三年正義所引世族譜補入。】

悼公。寧。

頃公。結。

隱公。虞母。

右滕人七。

南燕〔人〕

南燕，伯爵，不知所出。【案：此條用服虔之說，永樂大典闕，從莊二十年正義所引釋例補入。】

〔伯儵。〕

〔燕仲父。〕〔二〕

夷〔人〕

夷國，夷詭諸，妘姓。【案：此條永樂大典闕，從隱元年正義所引世族譜補入。又案：正義云：「世本，夷，妘姓，傳無其人，不知爲誰所滅。釋例土地名，夷國在城陽莊武縣。莊十六年『晉武公伐夷，執夷詭諸。』杜云：『詭諸，周大夫。夷，采地名。』釋例土地名注爲闕，則二夷別也。世族譜于『夷詭諸』之下注云『妘姓』，則以二夷爲一。計莊武之縣遠在東垂，不得爲周大夫之采邑，而晉取其地。是譜誤也。」】

〔二〕以上二條，孫本在「南燕，伯爵，不知所出」條後，此本脱，應據補。

白狄〔人〕

白狄子。姬姓。

鮮虞中山。白狄。姬姓。

昔陽肥子綿皐。白狄别種。

鼓子鳶鞮。

赤狄〔人〕

赤狄子。姬姓。

赤狄潞氏。潞子嬰兒。隗姓。

赤狄甲氏。

留吁、〔鐸辰〕〔一〕。潞氏之餘。

〔一〕 孫本此條上有「鐸辰」二字，應據補。

廧咎如。狄別種。隗姓。

學者上采太史公書、世本，旁引傳記、諸子，多有異同，莫得其真，故止集傳所載古人名字，不復他取。【案：此條永樂大典闕，從程公説春秋分記所引世族譜補入。】

少皞氏，其官以鳥爲名。然則此五官皆在高陽之世也。【案：此條永樂大典闕，從昭二十九年正義所引釋例、世族譜補入。又案：傳云「史墨對魏獻子曰：『五行之官，是謂五官。木正曰『句芒』，火正曰『祝融』，金正曰『蓐收』，水正曰『玄冥』，土正曰『后土』。少皞氏有四叔，曰重，曰該，曰修，曰熙。實能金、木及水，使重爲『句芒』，該爲『蓐收』，修及熙爲『玄冥』。世不失職，遂濟窮桑，此其三祀也。顓頊氏有子，曰犂，爲『祝融』。共工氏有子，曰句龍，爲『后土』，此其二祀也。』」又案：此條及上三條全文已佚，無可係屬，附録于此。】

修及熙皆爲玄冥，未知昧爲誰之子。或是其子孫也。【案：此條永樂大典闕，從昭元年正義所引釋例補入。又案：傳云「昔金天氏有裔子曰昧，爲玄冥師，生允格、臺駘。正義云：昧爲金天裔子，當是修、熙之後。】

案：鯀則舜之五世從祖父也，而及舜共爲堯臣。堯則舜之從高祖，而妻以其女，此史記之可疑者。【案：此條永樂大典闕，從文十八年正義所引釋例、世族譜補入。又案：傳云「高辛氏有才子八人，伯奮、仲堪、叔獻、季仲、伯虎、仲熊、叔豹、季貍。」杜集解云：「高辛，帝嚳之號。八人，其苗裔，即稷、契、朱、虎、熊、羆之倫。」正義云：「史記，稷、契與堯，皆爲帝嚳之子。稷、契，堯之親弟。以堯之聖，有大德之弟，久而不知，舜始舉用，以情而測，理必不然。且云『世濟其美』，其間必應累世，不容高辛之下，即至其身。馬遷傳聞昔人，未必盡得其實，故世族譜取史記之説，又從而譏之。」】

密須，姞姓。【案：此條永樂大典闕，從程公説春秋分記所引釋例補入。】

春秋釋例卷十

經傳長歷第四十六之一【案此篇見永樂大典，其篇目亦存】

桓十七年

冬十月朔，日有食之。

傳曰：冬十月朔，日有食之。不書，日官失之也。天子有日官，諸侯有日御。日官居卿以底日，禮也。日御不失日，以授百官于朝。

莊二十五年

夏，云云，六月辛未朔，日有食之。鼓，用牲于社。

傳曰：夏六月辛未朔，日有食之。鼓，用牲于社，非常也。惟正月之朔，慝未作，于是乎用幣于社，伐鼓于朝。

僖十五年

夏五月，日有食之。

傳曰：夏五月，日有食之。不書朔與日，官失之也。

文元年

春，云云，二月癸亥，日有食之。

傳曰：于是閏三月，非禮也。先王之正時也，履端于始，舉正于中，歸餘于終。履端于始，序則不愆；舉正于中，民則不惑；歸餘于終，事則不悖。

閏當在僖公末年。

〔文〕十五年

夏，云云，六月辛丑朔，日有食之，鼓，用牲于社。

傳曰：六月辛丑朔，日有食之，鼓，用牲于社，非禮也。日有食之，天子不舉，伐鼓于社；諸侯用幣于社，伐鼓于朝。以昭事神、訓民、事君，示有等威，古之道也。

襄二十七年

冬十有二月乙亥朔，日有食之。

傳曰：十一月乙亥朔，日有食之。辰在申，司歷過也，再失閏矣。

昭十七年

夏六月甲戌〔二〕朔，日有食之。

〔二〕四庫本長歷「戌」皆寫作「戍」，當作「戌」。長歷干支之「戌」字寫作「戍」字者，皆徑改，不另出校記。

傳曰：夏六月甲戌朔，日有食之。祝史請所用幣。昭子曰：「日有食之，天子不舉，伐鼓于社；諸侯用幣于社，伐鼓于朝，禮也。」平子禦之，曰：「止也。惟正月朔，慝未作，日有食之，于是有伐鼓、用幣。其餘則否。」太史曰：「在此月也。日過分而未至，三辰有災，于是乎百官降物；君不舉，辟移時，樂奏鼓。祝用幣，史用辭。故夏書曰：『辰不集于房，瞽奏鼓，嗇夫馳，庶人走』，此月朔之謂也。當夏四月，是謂孟夏。」平子弗從。昭子退曰：「夫子將有異志，不君君矣。」

哀十二年

冬十有二月，螽。

傳曰：冬十二月，螽，季孫問諸仲尼，仲尼曰：「丘聞之，火伏而後蟄者畢。今火猶西流，司歷過也。」

歷見經、傳七百七十九。傳發有八。

釋例曰：

書稱朞三百六旬有六日，以閏月定四時成歲，允釐百工，庶績咸熙。是以天子必置日官，諸侯必置日御，世修其業，以攻其術。【案：「攻」字，劉昭續漢書律歷志注引長歷，作「攷」。】舉全數而言，故曰六日，其實五日四分日之一日。一日行一度，而月日行十三度十九分度之七有奇。日官當會集此之遲速【案：「速」字，劉昭續漢書律歷志注及晉書引長歷，並作「疾」。】，以攷成晦朔，錯綜以設閏月。閏月無中氣，而北斗斜指兩辰之間，所以異于他月也。積此以相通，四時八節無違，乃得成歲。其微密至矣，得其精微，以合天道，則事叙而不悖。故傳曰：「閏以正時，時以作事，事以厚生，生民之道于是乎在矣。」然陰陽之運，隨動而差，差而不已，遂與歷錯。故仲尼、丘明每于朔閏發文，蓋矯正得失，因以宣明歷數也。

桓十七年，日有食之，得朔。而史闕其日，單書「朔」。

僖十五年，日食亦得朔，而史闕其朔與日。故傳因其得失，並起時史之謬。兼以明其餘日食，或歷失其正也。

莊二十五年，經書「六月辛未朔，日有食之，鼓，用牲于社。」周之六月，夏之四月，所謂正陽之月也。而歷數誤。【案：「歷數」，劉昭續漢書律歷志注引長歷，作「時歷」。】寔是七月之朔，非六月。故傳曰：「非常也。惟正月之朔，慝未作，日有食之，于是乎有用幣于社，伐鼓于朝。」明此食非用幣伐鼓常月，因變而起歷誤也。

文十五年，經文皆同，而更復發傳曰「非禮者」，明前傳欲以審正陽之月，後傳發例，欲以明諸侯之禮，而用牲爲非禮也[二]。此乃聖賢之微旨，而先儒所未喻也。

昭十七年，夏六月日食。而平子言「非正陽之月」，以誣一朝，近于指鹿爲馬。故傳曰：「不君君。」且因以明此月爲得天正也。

劉子駿造三統歷以修春秋，春秋日有食之，有甲乙者三十四。而三統歷惟得一食。歷術比諸家既最疏，又六千餘歲輒益一日。凡歲當累日爲次，而無故益之，此不可行之甚者。班固，前代名儒，而謂之最密。非徒班固也，自古以來，諸[三]論春秋者多違謬。【案：

[二] 孫本無「而用牲爲非禮」六字。
[三] 孫本無「諸」字。

多違謬劉昭律歷志注及晉書引長歷，並作多述謬誤。】或造家術，或用黃帝以來諸歷，以推經、傳朔日。皆不得諧合。日食于朔，此乃天驗，經、傳又書其朔日食，可謂得天。而劉、賈諸儒說，皆以爲月二日或三日，並公違聖人明文。其蔽在于守一元，不與天消息也。余感春秋之事，嘗著歷論，極言歷之通理。其大指曰：天行不息，日月星辰各運其舍，皆動物也。物動則不一，雖行度大量【案：「行度」下，晉書律歷志引長歷，有「有」字。】，可得而限，累日爲月，累月爲歲，以新故相攷【案：「攷」字，劉昭續漢書律歷志注引長歷，作「序」。】，不得不有毫毛之差【案：「毫毛」，晉書律歷志引長歷，作「毫末」。】，此自然之理也。故春秋日有頻月而食者，有曠歲而不食者，理不得一，而算守恒數。故歷無有不差失也，始失于毫毛，而尚未可覺。積而成多，以失弦望朔晦，則不得不改憲以順之。【案：「順」字，劉昭續漢書律歷志注及晉書引長歷，並作「從」字。】書所謂「欽若昊天，歷象日月星辰」，易所謂「治歷明時」，言當順天以求合，非爲合以驗天者也。【案：此句文元年正義引釋例，作「非苟合以驗天者也。」】推此論之，春秋二百餘年，其治歷通變多矣。【案：「通變」，劉昭續漢書律歷志注及晉書引長歷，並作「論體」。】雖數術絶滅，還尋經、傳微旨，大量可知。時之違謬，則經、傳有驗，學者固當曲循〔一〕經、傳月、日、日食以攷晦朔也〔二〕。以推時驗，而見皆不然；各據其學，以非〔三〕春秋。此無異度己之跡而欲削他人之足也。余爲歷論之後，至咸寧中，有善算者李修、夏顯【案：「夏顯」，晉書律歷志引長歷，作「卜顯」。】，依歷體爲術【案：「歷體」，劉昭續漢書律歷志注及晉書引長歷，並作「論體」。】，名乾度歷。表上朝廷，其術合日行四分之數，而微增月行。【案：「月行」，晉書律歷志引長歷，作「月術」。】用三百歲改憲之意，二元相推，七十餘歲，承以强弱。强弱之差蓋少，而適足以遠通盈縮，時尚書及史官以乾度歷與泰始歷參校古今記注，乾度歷殊勝。【案：晉書律歷志引長歷，此句下有「泰始歷上勝官歷四十五事」十一字。】今其術具存，時又并攷古今十歷，以驗春秋，知三統歷之最疏也。今具列其時得失之數，又據經、傳微旨證據及失閏旨，攷日辰朔晦，以相發明，爲經、傳長歷如左。諸經、傳證據及失閏違時、文字謬誤，皆甄發之。雖未必其得天，蓋是春秋當時之歷也，學者覽焉。

大凡經、傳有七百七十九日，三百九十三日經，三百八十六日傳，其三十七日食，三

〔一〕孫本「循」誤「修」。
〔二〕孫本無「也」字。
〔三〕孫本「非」作「推」。

無甲乙。

黄帝歷得四百六十六日，一日食。失三百一十三日，三十六日食，三無甲乙。

顓頊歷得五百九日，八日食。失二百七十日，二十九日食，三無甲乙。

夏歷得五百三十六日，十四日食。失二百四十三日，二十三日食，三無甲乙。

真夏歷得四百六十六日，一日食。失三百一十三日，三十六日食，三無甲乙。

殷歷得五百三日，十三日食。失二百七十六日，二十四日食，三無甲乙。

周歷得五百六日，十三日食。失二百七十三日，二十四日食，三無甲乙。

真周歷得四百八十五日，一日食。失二百九十四日，三十六日食，三無甲乙。

魯歷得五百二〔二〕十九日，十三日食。失二百五十日，二十四日食，三無甲乙。

三統歷得四百八十四日，一日食失。二百九十五日，三十六日食，三無甲乙。

乾象歷得四百九十五日，七日食。失二百八十四日，三十日食，三無甲乙。

〔二〕孫本「二」作「三」。

泰始歷得五百一十日，十九日食。失二百六十九日，十八日食，三無甲乙。
乾度歷得五百三十八日，十九日食。失二百四十一日，十八日食。三無甲乙。
今長歷得七百四十六日，三十三日食。失三十三日。經、傳日月誤四日食，三無甲乙。
漢末宋仲子集七歷以攷春秋。案其夏、周二歷，術數皆與藝文志所記不同，故更其名爲真夏、真周歷也。

隱公

隱公元年，己未。

正月，辛巳，小。　二月，庚戌，大。　三月，庚辰，小。
四月，己酉，大。　五月，己卯，小。　六月，戊申，大。
七月，戊寅，小。　八月，丁未，大。　九月，丁丑，小。
十月，丙午，大。　十一月，丙子，大。　十二月，丙午，小。

五月辛丑，二十二日。

十月庚申，十五日。

隱公二年，庚申。

正月，乙亥，大。　二月，乙巳，小。　三月，甲戌，大。

四月，甲辰，小。　五月，癸酉，大。　六月，癸卯，小。

七月，壬申，大。　八月，壬寅，小。　九月，辛未，大。

十月，辛丑，小。　十一月，庚午，大。　十二月，庚子，小。

閏十二月，己巳，大。

八月庚辰。八月無庚辰，七月九日有庚辰，日月必有誤。【案：左傳正義云：「杜檢勘經、傳，此年八月壬寅朔，其月三日甲辰，十五日丙辰，二十七日戊辰，其月無庚辰也。七月壬申朔，則九日有庚辰。杜觀上下，若月不容誤，則指言日誤。若日不容誤，則指言月誤。此則上有秋，下有九月，則日月俱得有誤。」】

十二月乙卯，十六日。

隱公三年，辛酉。

正月，己亥，大。　二月，己巳，小。　三月，戊戌，大。

四月，戊辰，小。　五月，丁酉，大。　六月，丁卯，小。

七月，丙申，大。　八月，丙寅，小。　九月，乙未，大。

十月，乙丑，小。　十一月，甲午，大。　十二月，甲子，小。

二月己巳，日食。一日。

三月庚戌。十三日。

〔三月〕壬戌。二十五日。

四月辛卯。二十四日。

八月庚辰。十五日。

冬庚戌。十二月無庚戌。十一月十七日也。【案：左傳正義云：「傳紀庚戌無月，而云『十二月』者，以經『盟于石門』在十二月。知此亦十二月也。經書『十二月』下云：『癸未，葬宋穆公。』計庚戌在癸未之前三十三日，不得共在一月。故長曆推此年十二月甲子朔，十一日有甲戌，二十三日有丙戌，不得有庚戌。而月有癸未，則月不容誤，知日誤也。」】

十二月癸未。二十日。

隱公四年，壬戌。

正月，癸巳，大。　二月，癸亥，小。　三月，壬辰，大。

四月，壬戌，小。　五月，辛卯，大。　六月，辛酉，大。

七月，辛卯，大。　八月，庚申，大。　九月，庚寅，小。

十月，己未，大。　十一月，己丑，小。　十二月，戊午，大。

〔三月〕戊申，衛州吁弑其君完。三月十七日也。有日而無月也。【案：左傳正義云：「戊申在癸未之後二十五日，更盈一周，則八十五日。往年十二月癸未，葬宋穆公，則此年二月不得有戊申。雖承二月之下，未必是二月之日。故長曆推此年二月癸亥朔，十日壬申，二十二日甲申，不得有戊申也。三月壬辰朔，則十七日有戊申也。此經上有二月，下有夏戊申，當在三月之內，不是字誤。故云『有日而無月』。僖二

十八年，冬下無月，而經有壬申，公朝于王所，有日而無月。全經凡如此者有十四事，知此亦同之也。」】

隱公五年，癸亥。

正月，戊子，大。　二月，丁巳，大。　三月，丁亥。小。

四月，丙辰，大。　五月，丙戌，小。　六月，乙卯，大。

七月，乙酉，小。　八月，甲寅，大。　九月，甲申，小。

十月，癸丑，大。　十一月，癸未，小。　十二月，壬子，大。

閏十二月，壬午，大。

十二月辛巳。三十日

隱公六年，甲子。

正月，壬子，小。　二月，辛巳，大。　三月，辛亥，小。

四月，庚辰，大。　五月，庚戌，小。　六月，己卯，大。

七月，己酉，小。　八月，戊寅，大。　九月，戊申，小。

十月，丁丑，大。　十一月，丁未，大。　十二月，丁丑，小。

五月庚申。十一日。

〔五月〕辛酉。十二日。

隱公七年，乙丑。

正月，丙午，大。　二月，丙子，小。　三月，乙巳，大。

四月，乙亥，小。　五月，甲辰，大。　六月，甲戌，小。

七月，癸卯，大。　八月，癸酉，小。　九月，壬寅，大。

十月，壬申，小。　十一月，辛丑，大。　十二月，辛未，小。

閏十二月，庚子，大。

七月庚申。十八日。

十二月壬申。二日。

〔十二月〕辛巳。十一日

隱公八年，丙寅。

正月，庚午，大。　二月，庚子，小。　三月，己巳，大。

四月，己亥，小。　五月，戊辰，大。　六月，戊戌，小。

七月，丁卯，大。　八月，丁酉，小。　九月，丙寅。大。

十月，丙申，小。　十一月，乙丑，大。　十二月，乙未，小。

三月庚寅，二十二日。

四月甲辰，六日。

〔四月〕辛亥。十三日。

〔四月〕甲寅。十六日。

六月己亥。二日。

〔六月〕辛亥。十四日。

七月庚午。四日。

八月丙戌。七月有庚午，丙戌誤。九月有辛卯，二十六日。八月不得有丙戌，丙戌誤也。【案：左傳正義云：「庚午之後，十六日而有丙戌，二十一日而有辛卯，七月有庚午，九月有辛卯。其間不容一月，是八月不得有丙戌，更遥一周。則丙戌去庚午七十七日，八月亦不得有丙戌，足明丙戌爲日誤。長曆推七月丁卯朔，四日庚午，至二十日，是丙戌。九月丙寅朔，二十六日辛卯，其月二十一日是丙戌。八月小，丁酉朔，十日丙午，二十日丙辰，二日戊戌，十四日庚戌，二十六日壬戌。未知『丙』、『戌』二字孰爲誤也。」】

九月辛卯。二十六日。

隱公九年，丁卯。

正月，甲子，大。　二月，甲午，小。　三月，癸亥，大。

四月，癸巳，大。　五月，癸亥，小。　六月，壬辰，大。

七月，壬戌，小。　八月，辛卯，大。　九月，辛酉，小。

十月，庚寅，大。　閏十月，庚申，小。　十一月，己丑，大。

十二月，己未。小。

三月癸酉。十一日。

〔三月〕庚辰。十八日。

十一月甲寅。二十六日。

隱公十年，戊辰。

正月，戊子，大。　二月，戊午，小。　三月，丁亥，大。

四月，丁巳，小。　五月，丙戌，大。　六月，丙辰，大。

七月，丙戌，小。　八月，乙卯，大。　九月，乙酉，小。

十月，甲寅，大。　十一月，甲申，小。　十二月，癸丑，大。

正月癸丑。二十六日。【案：杜氏集解曰：傳言「正月會，癸丑盟。」釋例推經、傳日月，癸丑是正月二十六日，知經「二月」誤。】

六月戊申。六月無戊申，五月二十三日也。上有五月，則誤在日。【案：左傳正義云：

「六月無戊申者，下有辛巳取防。亦在六月之内，戊申在辛巳之前三十三日，不得共在一月。上有五月，今別言六月，知日誤，月不誤。長歷推六月丙辰朔，三日戊午，五日庚申，未知二者孰誤。」】

〔六月〕壬戌。七日。

〔六月〕庚午。十五日。

〔六月〕辛未。十六日。

〔六月〕庚辰。二十五日。

〔六月〕辛巳。二十六日。

七月庚寅。五日。

八月壬戌。八日。

〔八月〕癸亥。九日。

九月戊寅。九月無戊寅，八月二十四日也。上有八月，下有冬，則誤在日也。【案：左傳正義云：「經有十月壬午。長歷推壬午，十月二十九日。戊寅在壬午之前四日耳，故九月不得有戊寅。知誤有日也。」】

十月壬午。二十九日。

隱公十一年，己巳。

正月，癸未，小。　二月，壬子，大。　三月，壬午，小。
四月，辛亥，大。　五月，辛巳，小。　六月，庚戌，大。
七月，庚辰，小。　八月，己酉，大。　九月，己卯，小。
十月，戊申，大。　十一月，戊寅，大。　十二月，戊申，小。
五月甲辰。二十四日。
七月庚辰。一日。
〔七月〕壬午。三日。
十月壬戌。十五日。
十一月壬辰。十五日。

桓公

桓公元年，庚午。

正月，丁丑，大。　二月，丁未，小。　三月，丙子，大。
四月，丙午，小。　五月，乙亥，大。　六月，乙巳，小。
七月，甲戌，大。　八月，甲辰，小。　九月，癸酉，大。
十月，癸卯，小。　十一月，壬申，大。　十二月，壬寅，小。
閏十二月，辛未，大。
四月丁未。二日。

桓公二年，辛未。

正月，辛丑，小。　二月，庚午，大。　三月，庚子，大。
四月，庚午，小。　五月，己亥，大。　六月，己巳，小。
七月，戊戌，大。　八月，戊辰，小。　九月，丁酉，大。

十月，丁卯，小。　十一月，丙申，大。　十二月，丙寅，小。

正月戊申。八日。

〔正月〕戊申，納于太廟。五月十日也。有日而無月。【案：左傳正義云：「長歷此年四月庚午朔，其月無戊申，五月己亥朔，十日得戊申。是有日而無月也。」】

桓公三年，壬申。

正月，乙未，大。　二月，乙丑，小。　三月，甲午，大。

四月，甲子，小。　五月，癸巳，大。　六月，癸亥，小。

七月，壬辰，大。　八月，壬戌，大。　九月，壬辰，小。

十月，辛酉，大。　十一月，辛卯，小。　十二月，庚申，大。

七月壬辰朔，日有食之，既。一日。

桓公四年，癸酉。

正月，庚寅，小。　二月，己未，大。　三月，己丑，小。

四月，戊午，大。　五月，戊子，小。　六月，丁巳，大。
七月，丁亥，小。　八月，丙辰，大。　九月，丙戌，小。
十月，乙卯，大。　十一月，乙酉，小。　十二月，甲寅，大。

桓公五年，甲戌。

正月，甲申，大。　閏正月，甲寅，小。　二月，癸未，大。
三月，癸丑，小。　四月，壬午，大。　五月，壬子，小。
六月，辛巳，大。　七月，辛亥，小。　八月，庚辰，大。
九月，庚戌，大。　十月，庚辰，小。　十一月，己酉，小。
十二月，戊寅，大。
正月甲戌。四年十二月二十一日也。書于正月，從赴。
〔正月〕己丑。六日。

桓公六年，乙亥。

正月，戊申，小。　二月，丁丑，大。　三月，丁未。大。
四月，丁丑，小。　五月，丙午，大。　六月，丙子，小。
七月，乙巳，大。　八月，乙亥，小。　九月，甲辰，大。
十月，甲戌，小。　十一月，癸卯，大。　十二月，癸酉，小。
八月壬午。八日。
九月丁卯。二十四日。

桓公七年，丙子。

正月，壬寅，大。　二月，壬申，小。　三月，辛丑，大。
四月，辛未，小。　五月，庚子，大。　六月，庚午，小。
七月，己亥，大。　八月，己巳，大。　九月，己亥，小。

十月，戊辰，大。　十一月，戊戌，小。　十二月，丁卯，大。
閏十二月，丁酉，小。邢云：此不合有閏，若來年，五月不得有丁丑。
二月己亥。二十八日。

桓公八年，丁丑。

正月，丙寅，大。　二月，丙申，小。　三月，乙丑，大。
四月，乙未，小。　五月，甲子，大。　六月，甲午，小。
七月，癸亥，大。　八月，癸巳，小。　九月，壬戌，大。
十月，壬辰，大。　十一月，壬戌，小。　十二月，辛卯，大。
正月己卯。十四日。
五月丁丑。十四日。

桓公九年，戊寅。

正月，辛酉，小。　二月，庚寅，大。　三月，庚申，小。

四月，己丑，大。　五月，己未，小。　六月，戊子，大。
七月，戊午，小。　八月，丁亥，大。　九月，丁巳，小。
十月，丙戌，大。　十一月，丙辰，小。　十二月，乙酉，大。

桓公十年，己卯。

正月，乙卯，大。　二月，乙酉，小。　三月，甲寅，大。
四月，甲申，小。　五月，癸丑，大。　六月，癸未，小。
七月，壬子，大。　八月，壬午，小。　九月，辛亥，大。
十月，辛巳，小。　十一月，庚戌，大。　十二月，庚辰，小。
正月庚申。六日。
十二月丙午。二十七日。

桓公十一年，庚辰。

正月，己酉，大。　閏正月，己卯，小。　二月，戊申，大。

三月，戊寅，小。　四月，丁未，大。　五月，丁丑，大。
六月，丁未，小。　七月，丙子，大。　八月，丙午，小。
九月，乙亥，大。　十月，乙巳，大。　十一月，甲戌，大。
十二月，甲辰，小。
五月癸未。七日。
九月丁亥。十三日。
〔九月〕己亥。二十五日。

桓公十二年，辛巳。

正月，癸酉，大。　二月，癸卯，小。　三月，壬申，大。
四月，壬寅，小。　五月，辛未，大。　六月，辛丑，小。
七月，庚午，大。　八月，庚子，大。　九月，庚午，小。
十月，己亥，大。　十一月，己巳，小。　十二月，戊戌，大。

六月壬寅。二日。

七月丁亥。十八日。

八月壬辰。七月二十三日。書八月，從赴也。【案：孔穎達正義云：「壬辰是七月二十三日，今上有七月，書于八月之下，如此類者，註皆謂之日誤。今云從赴者，以其終不可通，欲兩解故也。五年正月甲戌、己丑，陳侯鮑卒。甲戌非正月之日，而以正月起文。傳言兩赴，是赴以正月也。彼以十二月之日爲正月赴魯，知赴者或有以前月之日從後月而赴，故因此以示別意。」】

十一月丙戌。十八日。

十二月丁未。十日。

桓公十三年，壬午。

正月，戊辰，小。　閏正月，丁酉，大。　二月，丁卯，小。

三月，丙申，大。　四月，丙寅，小。　五月，乙未，大。

六月，乙丑，小。　七月，甲午，大。　八月，甲子，小。

九月，癸巳，大。　十月，癸亥，小。　十一月，壬辰，大。
十二月，壬戌，大。
二月己巳。三日。

桓公十四年，癸未。

正月，壬辰，小。　二月，辛酉，大。　三月，辛卯，小。
四月，庚申，大。　五月，庚寅，小。　六月，己未，大。
七月，己丑，小。　八月，戊午，大。　九月，戊子，小。
十月，丁巳，大。　十一月，丁亥，小。　十二月，丙辰，大。
八月壬申。十五日。
〔八月〕乙亥。十八日。
十一月丁巳。二日。

桓公十五年，甲申。

正月，丙戌，小。　二月，乙卯，大。　三月，乙酉，大。

四月，乙卯，小。　五月，甲申，大。　六月，甲寅，小。

七月，癸未，大。　八月，癸丑，小。　九月，壬午，大。

十月，壬子，小。　十一月，辛巳，大。　十二月，辛亥，小。

三月乙未。十一日。

四月己巳。十五日。

六月乙亥。二十二日。

桓公十六年，乙酉。

正月，庚辰，大。　二月，庚戌，小。　三月，己卯，大。

四月，己酉，小。　五月，戊寅，大。　六月，戊申，大。

閏六月，戊寅，小。　七月，丁未，大。　八月，丁丑，小。

九月，丙午，大。　十月，丙子，小。　十一月，乙巳，大。

十二月，乙亥，小。

經言「冬，城向。十月一月，衛侯朔出奔齊。」傳曰：「冬，城向。書，時也。」學者疑于冬城向在十月，下有十一月。而傳云「書時」，今推校閏在六月，則月却而節前，水星可在十一月而正也。功役之時，皆總指天象，不與諸歷數同也。詩曰：「定之方中，作于楚宫」，此未正中也。傳之釋經，皆通言一時，不月别也。經書「夏，叔弓如滕。五月，葬滕成公。」若無傳辭，則必謂「叔弓四月如滕。」推此言之，城向亦俱是十一月。但本事異，各隨本而書之耳。不然，丘明無緣發「書時」之傳也。【案：孔穎達正義云：「杜以『城向』與下同月，故檢『叔弓如滕』經、傳之異，『如滕』與『葬』同月，知此『城向』與『出奔』同月。但本事既異，各隨本而書之，下有月而此無爾，其實同是十一月也。但十一月水星昏猶未正，故復推校歷數，此年月却節前，水星可在十一月而正。又『方』者，未至之辭，故以『定之方中』爲比，欲向中而實未正中。十一月可以興土功也，書時，非傳誤也。劉炫規過，以爲案周語云『辰、角見而雨畢，天根見而水涸，駟見而隕霜，火見而清風戒寒』，故先王之教曰：『雨畢而除道，水涸而成梁，隕霜而冬裘具，清風至而修城郭』，故夏令曰：『九月除道，十月成梁，營室之中，土功其始。』」先儒以爲建戌之月，霜始降，房星見。霜降之後，寒風至而心星見。鄭玄云：『辰、角見，謂九月本；天根見，謂九月末。』天根謂氐星是也。自然火見是建亥之月。又春秋城楚丘是正月，而杜引詩云：『定之方中，未正中也。』定星豈正月未正中乎？據此諸文，則火見土功必在建亥之月。建戌之月，必無土功〔二〕之理。杜以爲建戌之月得城向者，非也。今案周語之文，單子見陳不除道，故譏爲此言。所舉時節，並在早月。月令『孟冬，天子始裘』，單子云：『隕霜而冬裘具。』九月已裘，是其早也。且周語之文，據尋常節氣，九月而除道，十月而興土功。杜以此年閏在六月，則建戌之月二十一日已得建亥節氣，土功之事，何爲不可？諸侯城楚丘，自在正月。衛人初作宫室，必在其前。杜云定星方欲正中，于理何失？劉廣引周語以規杜，不知杜謂月却節前，何須致難也。」】

桓公十七年，丙戌。

正月，甲辰，大。　二月，甲戌，小。　三月，癸卯，大。

四月，癸酉，小。　五月，壬寅，大。　六月，壬申，小。

〔二〕孫本「土功」作「動土」。

七月，辛丑，大。　八月，辛未，大。　九月，辛丑，小。
十月，庚午，大。　十一月，庚子，小。　十二月，己巳，大。
正月丙辰。十三日。
二月丙午。二月無丙午，日月必有誤。三月四日也。
五月丙午。五日。
六月丁丑。六日。
八月癸巳。二十三日。
冬十月朔，日有食之。
傳曰：不書日，官失之也。天子有日官，諸侯有日御。日官居卿以底日，禮也。日御不失日，以授百官于朝。
十月辛卯。二十二日。

桓公十八年，丁亥。

正月，己亥，小。　二月，戊辰，大。　三月，戊戌，小。

四月，丁卯，大。　五月，丁酉，小。　六月，丙寅，大。
七月，丙申，小。　八月，乙丑，大。　九月，乙未，小。
十月，甲子，大。　十一月，甲午，大。　十二月，甲子，小。
四月丙子。十日。
〔八月〕丁酉，公之喪至自齊。五月一日也，有日無月。
七月戊戌。三日。
十二月己丑。二十六日。

春秋釋例卷十一

經傳長歷第四十六之二

莊公

莊公元年，戊子。

正月，癸巳，大。　二月，癸亥，小。　三月，壬辰，大。

四月，壬戌，小。　五月，辛卯，大。　六月，辛酉，小。

七月，庚寅，大。　八月，庚申，小。　九月，己丑，大。

十月，己未，小。　閏十月，戊子，大。　十一月，戊午，小。

十二月，丁亥，大。

十月乙亥。十七日。

莊公二年，己丑。

正月，丁巳，大。　二月，丁亥，小。　三月，丙辰，大。

四月，丙戌，小。　五月，乙卯，大。　六月，乙酉，小。

七月，甲寅，大。　八月，甲申，小。　九月，癸丑，大。

十月，癸未，小。　十一月，壬子，大。　十二月，壬午，小。

十二月乙酉。四日。

莊公三年，庚寅。

正月，辛亥，大。　二月，辛巳，小。　三月，庚戌，大。

四月，庚辰，小。　五月，己酉，大。　六月，己卯，大。

七月，己酉，小。　八月，戊寅，大。　九月，戊申，小。
十月，丁丑，大。　十一月，丁未，小。　十二月，丙子，大。

莊公四年，辛卯。

正月，丙午，小。　二月，乙亥，大。　三月，乙巳，小。
四月，甲戌，小。　閏四月，甲辰，小。　五月，癸酉，大。
六月，癸卯，小。　七月，壬申，大。　八月，壬寅，小。
九月，辛未，大。　十月，辛丑，大。　十一月，辛未，小。
十二月，庚子，大。
六月乙丑。二十三日。

莊公五年，壬辰。

正月，庚午，小。　二月，己亥，大。　三月，己巳，小。
四月，戊戌，大。　五月，戊辰，小。　六月，丁酉，大。

七月，丁卯，小。　八月，丙申，大。　九月，丙寅，小。
十月，乙未，大。　十一月，乙丑，小。　十二月，甲午，大。

莊公六年，癸巳。

正月，甲子，大。　二月，甲午，小。　三月，癸亥，大。
四月，癸巳，小。　五月，壬戌，大。　六月，壬辰，小。
七月，辛酉，大。　八月，辛卯，小。　九月，庚申，大。
十月，庚寅，小。　十一月，己未，大。　十二月，己丑，小。

莊公七年，甲午。

正月，戊午，大。　二月，戊子，小。　三月，丁巳，大。
四月，丁亥，大。　閏四月，丁巳，小。　五月，丙戌，大。
六月，丙辰，小。　七月，乙酉，大。　八月，乙卯，小。

九月，甲申，大。　十月，甲寅，小。　十一月，癸未，大。

十二月，癸丑，小。

四月辛卯。五日。

莊公八年，乙未。

正月，壬午，大。　二月，壬子，小。　三月，辛巳，大。

四月，辛亥，小。　五月，庚辰，大。　六月，庚戌，小。

七月，己卯，大。　八月，己酉，大。　九月，己卯，小。

十月，戊申，大。　十一月，戊寅，小。　十二月，丁未，大。

正月甲午。十三日。

十一月癸未。六日。

莊公九年，丙申。

正月，丁丑，小。　二月，丙午，大。　三月，丙子，小。

四月，乙巳，大。　五月，乙亥，小。　六月，甲辰，大。
七月，甲戌，小。　八月，癸卯，大。　閏八月，癸酉，小。
九月，壬寅，大。　十月，壬申，大。　十一月，壬寅，小。
十二月，辛未，大。
七月丁酉。二十四日。
八月庚申。十八日。

莊公十年，丁酉。

正月，辛丑，小。　二月，庚午，大。　三月，庚子，小。
四月，己巳，大。　五月，己亥，小。　六月，戊辰，大。
七月，戊戌，小。　八月，丁卯，大。　九月，丁酉，小。
十月，丙寅，大。　十一月，丙申，小。　十二月，乙丑，大。

莊公十一年，戊戌。

正月，乙未，小。　二月，甲子，大。　三月，甲午，大。
閏三月，甲子，小。　四月，癸巳，大。　五月，癸亥，小。
六月，壬辰，大。　七月，壬戌，小。　八月，辛卯，大。
九月，辛酉，小。　十月，庚寅，大。　十一月，庚申，小。
十二月，己丑，大。
五月戊寅。十六日。

莊公十二年，己亥。

正月，己未，小。　二月，戊子，大。　三月，戊午，小。
四月，丁亥，大。　五月，丁巳，大。　六月，丁亥，小。
七月，丙辰，大。　八月，丙戌，小。　九月，乙卯，大。

十月，乙酉，小。　十一月，甲寅，大。　十二月，甲申，小。

八月甲午。九日。

莊公十三年，庚子。

正月，癸丑，大。　二月，癸未，小。　三月，壬子，大。

四月，壬午，小。　五月，辛亥，大。　六月，辛巳，小。

七月，庚戌，大。　八月，庚辰，小。　九月，己酉，大。

十月，己卯，大。　十一月，己酉，小。　十二月，戊寅，大。

莊公十四年，辛丑。

正月，戊申，小。　二月，丁丑，大。　三月，丁未，小。

四月，丙子，大。　五月，丙午，小。　閏五月，乙亥，大。

六月，乙巳，小。　七月，甲戌，大。　八月，甲辰，小。

九月，癸酉，大。　十月，癸卯，小。　十一月，壬申，大。

十二月，壬寅，小。

六月甲子。二十日。

莊公十五年，壬寅。

正月，壬申，小。　二月，辛丑，大。　三月，辛未，小。

四月，庚子，大。　五月，庚午，小。　六月，己亥，大。

七月，己巳，小。　八月，戊戌，大。　九月，戊辰，小。

十月，丁酉，大。　十一月，丁卯，小。　十二月，丙申，大。

莊公十六年，癸卯。

正月，丙寅，小。　二月，乙未，大。　三月，乙丑，小。

四月，甲午，大。　五月，甲子，大。　六月，甲午，小。

七月，癸亥，大。　八月，癸巳，小。　九月，壬戌，大。

十月，壬辰，小。　十一月，辛酉，大。　十二月，辛卯，小。

莊公十七年，甲辰。

正月，庚申，大。　二月，庚寅，小。　三月，己未，大。
四月，己丑，小。　五月，戊午，大。　六月，戊子，小。
閏六月，丁巳，大。　七月，丁亥，大。　八月，丁巳，小。
九月，丙戌，大。　十月，丙辰，小。　十一月，乙酉，大。
十二月，乙卯，小。

莊公十八年，乙巳。

正月，甲申，大。　二月，甲寅，小。　三月，癸未，大。
四月，癸丑，小。　五月，壬午，大。　六月，壬子，小。
七月，辛巳，大。　八月，辛亥，小。　九月，庚辰，大。

十月，庚戌，小。　十一月，己卯，大。　十二月，己酉，大。

三月，日食。不書日，官失之。

莊公十九年，丙午。

正月，己卯，小。　二月，戊申，大。　三月，戊寅，小。

四月，丁未，大。　五月，丁丑，小。　六月，丙午，大。

七月，丙子，小。　八月，乙巳，大。　九月，乙亥，小。

十月，甲辰，大。　十一月，甲戌，小。　十二月，癸卯，大。

六月庚申。十五日。

莊公二十年，丁未。

正月，癸酉，小。　二月，壬寅，大。　三月，壬申，大。

四月，壬寅，小。　五月，辛未，大。　六月，辛丑，小。

七月，庚午，大。　八月，庚子，小。　九月，己巳，大。

十月，己亥，小。　十一月，戊辰，大。　十二月，戊戌，小。
閏十二月，丁卯，大。

莊公二十一年，戊申。

正月，丁酉，小。　二月，丙寅，大。　三月，丙申，小。
四月，乙丑，大。　五月，乙未，小。　六月，甲子，大。
七月，甲午，大。　八月，甲子，小。　九月，癸巳，大。
十月，癸亥，小。　十一月，壬辰，大。　十二月，壬戌，小。
五月辛酉。二十七日。
七月戊戌。五日。

莊公二十二年，己酉。

正月，辛卯，大。　二月，辛酉，小。　三月，庚寅，大。

四月，庚申，小。　五月，己丑，大。　六月，己未，小。
七月，戊子，大。　八月，戊午，小。　九月，丁亥，大。
十月，丁巳，小。　十一月，丙戌，大。　十二月，丙辰，大。
五月癸丑。二十三日。
七月丙申。九日。

莊公二十三年，庚戌。

正月，丙戌，小。　二月，乙卯，大。　三月，乙酉，小。
四月，甲寅，大。　五月，甲申，小。　六月，癸丑，大。
七月，癸未，小。　八月，壬子，大。　九月，壬午，小。
十月，辛亥，大。　十一月，辛巳，小。　十二月，庚戌，大。
十二月甲寅。五日。

莊公二十四年，辛亥。

正月，庚辰，小。　二月，己酉，大。　三月，己卯，大。
四月，己酉，小。　五月，戊寅，大。　六月，戊申，小。
七月，丁丑，大。　閏七月，丁未，小。　八月，丙子，大。
九月，丙午，小。　十月，乙亥，大。　十一月，乙巳，小。
十二月，甲戌，大。
八月丁丑。二日。
〔八月〕戊寅。三日。

莊公二十五年，壬子。

正月，甲辰，小。　二月，癸酉，大。　三月，癸卯，小。
四月，壬申，大。　五月，壬寅，小。　六月，辛未，大。
七月，辛丑，大。　八月，辛未，小。　九月，庚子，大。

十月，庚午，小。　十一月，己亥，大。　十二月，己巳，小。

五月癸丑。十二日。

六月辛未朔，日有食之，鼓，用牲於社。

傳曰：非常也。惟正月之朔，慝未作，日有食之，于是乎用幣于社，伐鼓于朝。辛未實當七月朔也。時司曆置閏漸失其處，謬以爲六月朔。故傳正之也。【案：孔穎達正義云：「傳言『正月之朔，慝未作』者，謂周之六月，夏之四月也。此亦六月，而云『非常』，下句始言唯正月之朔，有用幣伐、鼓之禮。明此，經雖書六月，實非六月，故云非常鼓之月。長歷推此辛未爲七月之朔，由置閏失所，故誤使七月爲六月也。劉炫云：知非五月朔者，昭二十四年『五月，日有食之』，傳云『日過分而未至』，此若是五月，亦應云『過分而未至』也。今言『慝未作』，則是已作之辭，故知非五月。案二十四年『八月丁丑，夫人姜氏入。』從彼推之，則六月辛未朔，非有差錯。杜云置閏失所者，以二十四年八月以前誤置一閏，非八月以來始錯也。」】

莊公二十六年，癸丑。

正月，戊戌，大。　二月，戊辰，小。　三月，丁酉，大。

四月，丁卯，小。　五月，丙申，大。　六月，丙寅，小。
七月，乙未，大。　八月，乙丑，小。　九月，甲午，大。
十月，甲子，小。　十一月，癸巳，大。　十二月，癸亥，小。
十二月癸亥朔，日食。一日。

莊公二十七年，甲寅。

正月，壬辰，大。　二月，壬戌，小。　三月，辛卯，大。
四月，辛酉，大。　五月，辛卯，小。　六月，庚申，大。
七月，庚寅，小。　八月，己未，大。　九月，己丑，小。
十月，戊午，大。　十一月，戊子，小。　十二月，丁巳，大。

莊公二十八年，己卯。

正月，丁亥，小。　二月，丙辰，大。　三月，丙戌，小。

閏三月，乙卯，大。　四月，乙酉，小。　五月，甲寅，大。
六月，甲申，小。　七月，癸丑，大。　八月，癸未，小。
九月，壬子，大。　十月，壬午，小。　十一月，辛亥，大。
十二月，辛巳，大。
三月甲寅。二十九日。
四月丁未。二十三日。

莊公二十九年，丙辰。

正月，辛亥，小。　二月，庚辰，大。　三月，庚戌，小。
四月，己卯，大。　五月，己酉，小。　六月，戊寅，大。
七月，戊申，小。　八月，丁丑，大。　九月，丁未，小。
十月，丙子，大。　十一月，丙午，小。　十二月，乙亥，大。
【案：是年長歷本無閏，趙汸春秋屬辭引長歷，是年閏二月，當是抄撮之訛。】

莊公三十年，丁巳。

正月，乙巳，小。　二月，甲戌，大。　閏二月，甲辰，小。
三月，癸酉，大。　四月，癸卯，小。　五月，壬申，大。
六月，壬寅，小。　七月，辛未，大。　八月，辛丑，小。
九月，庚午，大。　十月，庚子，大。　十一月，庚午，小。
十二月，己亥，大。
四月丙辰。十四日。
八月癸亥。二十三日。
九月庚午朔，日食。一日。

莊公三十一年，戊午。

正月，己巳，小。　二月，戊戌，大。　三月，戊辰，小。

四月，丁酉，大。　五月，丁卯，小。　六月，丙申，大。
七月，丙寅，小。　八月，乙未，大。　九月，乙丑，小。
十月，甲午，大。　十一月，甲子，小。　十二月，癸巳，大。

莊公三十二年，己未。

正月，癸亥〔一〕，小。　二月，壬辰，大。　三月，壬戌，小。
閏三月，辛卯，大。　四月，辛酉，小。　五月，庚寅，大。
六月，庚申，大。　七月，庚寅，小。　八月，己未，大。
九月，己丑，小。　十月，戊午，大。　十一月，戊子，小。
十二月，丁巳，大。
七月癸巳。四日。
八月癸亥。五日。

〔一〕孫本「亥」作「丑」。

十月己未。二日。

閔公

閔公元年，庚申。

正月，丁亥，小。　二月，丙辰，大。　三月，丙戌，小。

四月，乙卯，大。　五月，乙酉，小。　六月，甲寅，大。

七月，甲申，小。　八月，癸丑，大。　九月，癸未，小。

十月，壬子，大。　十一月，壬午，小。　十二月，辛亥，大。

六月辛酉。八日。

閔公二年，辛酉。

正月，辛巳，小。　二月，庚戌，大。　三月，庚辰，大。

四月，庚戌，小。　五月，己卯，大。　閏五月，己酉，小。

六月，戊寅，大。　七月，戊申，小。　八月，丁丑，大。

九月，丁未，小。　十月，丙子，大。　十一月，丙午，小。

十二月，乙亥，大。

五月乙酉。七日。

八月辛丑。二十五日。

春秋釋例卷十二

經傳長歷第四十六之三

僖公

僖公元年，壬戌。

正月，乙巳，小。二月，甲戌，大。三月，甲辰，小。
四月，癸酉，大。五月，癸卯，小。六月，壬申，大。
七月，壬寅，小。八月，辛未，大。九月，辛丑，小。
十月，庚午，大。十一月，庚子，大。閏十一月，庚午，小。

十二月，己亥，大。
七月戊辰。二十七日。
十月壬午。十三日
十一月丁巳。十九日。

僖公二年，癸亥。

正月，己巳，小。　二月，戊戌，大。　三月，戊辰，小。
四月，丁酉，大。　五月，丁卯，小。　六月，丙申，大。
七月，丙寅，小。　八月，乙未，大。　九月，乙丑，小。
十月，甲午，大。　十一月，甲子，小。　十二月，癸巳，大。
五月辛巳。十五日。

僖公三年，甲子。

正月，癸亥，小。　二月，壬辰，大。　三月，壬戌，小。

四月，辛卯，大。　五月，辛酉，小。　六月，庚寅，大。
七月，庚申，大。　八月，庚寅，小。　九月，己未，大。
十月，己丑，小。　十一月，戊午，大。　十二月，戊子，小。

僖公四年，乙丑。

正月，丁巳，大。　二月，丁亥，小。　三月，丙辰，大。
四月，丙戌，小。　五月，乙卯，大。　六月，乙酉，小。
七月，甲寅，大。　八月，甲申，小。　九月，癸丑，大。
十月，癸未，小。　十一月，壬子，大。　十二月，壬午，小。
十二月戊申。二十七日。

僖公五年，丙寅。

正月，辛亥，大。　二月，辛巳，大。　三月，辛亥，小。

四月，庚辰，大。　五月，庚戌，小。　六月，己卯，大。

七月，己酉，小。　八月，戊寅，大。　九月，戊申，小。

十月，丁丑，大。　十一月，丁未，小。　十二月，丙子，大。

閏十二月，丙午，小。

正月辛亥朔，日南至。一日。【案孔穎達正義云：「冬至者，十一月之中氣。中氣者，月半之氣也。月朔而已得中氣，是必前月閏。閏前之月，則中氣在晦。閏後之月，則中氣在朔。閏者，聚殘餘分之月，其中無中氣。半屬前月，半屬後月，是去年當閏十二月。十六日已得此年正月朔大雪節，故此正月朔得冬至也。而杜長歷，僖元年閏十一月。此年閏十二月，又閏之相去，曆家大率三十三月耳。杜於此閏相去凡五十月，不與曆數同者，杜推勘春秋日月上下，置閏或稀或數，自準春秋時法，故不與常曆同。」】

八月甲午。十七日。

九月戊申朔，日食。一日。

十二月丙子朔。一日。

僖公六年，丁卯。

正月，乙亥，大。　二月，乙巳，小。　三月，甲戌，大。
四月，甲辰，大。　五月，甲戌，小。　六月，癸卯，大。
七月，癸酉，小。　八月，壬寅，大。　九月，壬申，小。
十月，辛丑，大。　十一月，辛未，小。　十二月，庚子。大。

僖公七年，戊辰。

正月，庚午，小。　二月，己亥，大。　三月，己巳，小。
四月，戊戌，大。　五月，戊辰，小。　六月，丁酉，大。
七月，丁卯，大。　八月，丁酉，小。　九月，丙寅，大。
十月，丙申，小。　十一月，乙丑，大。　傳：閏十一月，乙未，小。【案：左傳有「閏月，惠王崩」之文，故此條獨加傳字。】　十二月，甲子，大。

僖公八年，己巳。

正月，甲午，小。　二月，癸丑，大。　三月，癸巳，小。
四月，壬戌，大。　五月，壬辰，小。　六月，辛酉，大。
七月，辛卯，小。　八月，庚申，大。　九月，庚寅，大。
十月，庚申，小。　十一月，己丑，大。　閏十一月，己未，小。
十二月，戊子，大。
十二月丁未。二十二日〔二〕。

僖公九年，庚午。

正月，戊午，小。　二月，丁亥，大。　三月，丁巳，小。
四月，丙戌，大。　五月，丙辰，小。　六月，乙酉，大。

〔二〕孫本作「三十日」。

七月，乙卯，小。　八月，甲申，大。　九月，甲寅，小。
十月，癸未，大。　十一月，癸丑，大。　十二月，癸未，小。
三月丁丑。二十一日。
七月乙酉。七月無乙酉，八月二日也。日月必有誤。
九月戊辰。十五日。
〔九月〕甲子。十一日。

僖公十年，辛未。

正月，壬子，大。　二月，壬午，小。　三月，辛亥，大。
四月，辛巳，小。　五月，庚戌，大。　六月，庚辰，小。
七月，己酉，大。　八月，己卯，小。　九月，戊申，大。
十月，戊寅，小。　十一月，丁未，大。　十二月，丁丑，小。

僖公十一年，壬申。

正月，丙午，大。　二月，丙子，大。　三月，丙午，小。
四月，乙亥，大。　五月，乙巳，小。　六月，甲戌，大。
七月，甲辰，小。　八月，癸酉，大。　九月，癸卯，小。
十月，壬申，大。　十一月，壬寅，小。　十二月，辛未，大。

僖公十二年，癸酉。

正月，辛丑，小。　二月，庚午，大。　閏二月，庚子，大。
三月，庚午，小。　四月，己亥，大。　五月，己巳，小。
六月，戊戌，大。　七月，戊辰，小。　八月，丁酉，大。
九月，丁卯，小。　十月，丙申，大。　十一月，丙寅，小。
十二月，乙未，大。

三月庚午，日食。一日。

十二月丁丑。十一月十二日也。書於十二月，從赴也。

僖公十三年，甲戌。

正月，乙丑，小。　二月，甲午，大。　三月，甲子，小。

四月，癸巳，大。　五月，癸亥，大。　六月，癸巳，小。

七月，壬戌，大。　八月，壬辰，小。　九月，辛酉，大。

十月，辛卯，小。　十一月，庚申，大。　十二月，庚寅，小。

僖公十四年，乙亥。

正月，己未，大。　二月，己丑，小。　三月，戊午，大。

四月，戊子，小。　五月，丁巳，大。　六月，丁亥，小。

七月，丙辰，大。　八月，丙戌，大。　九月，丙辰，小。

十月，乙酉，大。　十一月，乙卯，小。　十二月，甲申，大。

八月辛卯。六日。

僖公十五年，丙子。

正月，甲寅，小。　二月，癸未，大。　三月，癸丑，小。

四月，壬午，大。　五月，壬子，小。　六月，辛巳，大。

七月，辛亥，小。　八月，庚辰，大。　九月，庚戌，大。

十月，庚辰，小。　十一月，己酉，大。　十二月，己卯，小。

經：五月，日有食之。傳曰：不書朔與日，官失之也。

九月壬戌。十三日。

〔九月〕己卯晦。三十日。【案：孔穎達正義云：「公羊、穀梁傳，皆以『晦』爲『冥』，謂晝日暗冥也。杜以長歷推，己卯晦，九月三十日。春秋值朔書朔，值晦書晦，無義例也。」】

十一月壬戌。十四日。

〔十一月〕丁丑。二十九日。

僖公十六年，丁丑。

正月，戊申，大。　二月，戊寅，小。　三月，丁未，大。

四月，丁丑，小。　五月，丙午，大。　六月，丙子，小。

七月，乙巳，大。　八月，乙亥，小。　九月，甲辰，大。

十月，甲戌，小。　十一月，癸卯，大。　十二月，癸酉，小。

正月戊申朔。一日。

三月壬申。二十六日。

四月丙申。二十日。

七月甲子。二十日。

十一月乙卯。十三日。

僖公十七年，戊寅。

正月，壬寅，大。　二月，壬申，大。　三月，壬寅，小。
四月，辛未，大。　五月，辛丑，小。　六月，庚午，大。
七月，庚子，小。　八月，己巳，大。　九月，己亥，小。
十月，戊辰，大。　十一月，戊戌，小。　十二月，丁卯，大。
閏十二月，丁酉，小。
十月乙亥。八日。
十二月乙亥。九日。
〔十二月〕辛巳。十五日。

僖公十八年，己卯。

正月，丙寅，大。　二月，丙申，小。　三月，乙丑，大。

四月，乙未，小。　五月，甲子，大。　六月，甲午，大。
七月，甲子，小。　八月，癸巳，大。　九月，癸亥，小。
十月，壬辰，大。　十一月，壬戌，小。　十二月，辛卯，大。
五月戊寅。十五日。
八月丁亥，葬齊桓公。經、傳俱言，八月無丁亥。誤也。

僖公十九年，庚辰。

正月，辛酉，小。　二月，庚寅，大。　三月，庚申，小。
四月，己丑，大。　五月，己未，小。　六月，戊子，大。
七月，戊午，小。　八月，丁亥，大。　九月，丁巳，小。
十月，丙戌，大。　十一月，丙辰，大。　十二月，丙戌，小。
六月己酉。二十二日。

僖公二十年，辛巳。

正月，乙卯，大。　二月，乙酉，小。　三月，甲寅，大。

閏三月，甲申，小。【案：趙汸春秋屬辭引長歷，僖二十年閏二月，當是傳寫之訛。】四月，癸丑，大。　五月，癸未，小。　六月，壬子，大。

七月，壬午，小。　八月，辛亥，大。　九月，辛巳，小。

十月，庚戌，大。　十一月，庚辰，小。　十一月，己酉，大。

五月乙巳。二十三日。

僖公二十一年，壬午。

正月，己卯，小。　二月，戊申，大。　三月，戊寅，大。

四月，戊申，小。　五月，丁丑，大。　六月，丁未，小。

七月，丙子，大。　八月，丙午，小。　九月，乙亥，大。

十月，乙巳，小。　十一月，甲戌，大。　十二月，甲辰，小。
十二月癸丑。十日。

僖公二十二年，癸未。

正月，癸酉，大。　二月，癸卯，小。　三月，壬申，大。
四月，壬寅，小。　五月，辛未，大。　六月，辛丑，小。
七月，庚午，大。　八月，庚子，小。　九月，己巳，大。
十月，己亥，大。　十一月，己巳，小。　十二月，戊戌，大。
八月丁未。八日。
十一月己巳朔。一日。
〔十一月〕丙子。八日。
〔十一月〕丁丑。九日。

僖公二十三年，甲申。

正月，戊辰，小。　二月，丁酉，大。　三月，丁卯，小。
四月，丙申，大。　五月，丙寅，小。　六月，乙未，大。
七月，乙丑，小。　八月，甲午，大。　九月，甲子，小。
十月，癸巳，大。　十一月，癸亥，小。　十二月，壬辰，大。
五月庚寅。二十五日。

僖公二十四年，乙酉。

正月，壬戌，小。　二月，辛卯，大。　三月，辛酉，小。
四月，庚寅，大。　閏四月，庚申，小。　五月，己丑，大。
六月，己未，小。　七月，戊子，大。　八月，戊午，小。
九月，丁亥，大。　十月，丁巳，小。　十一月，丙戌，大。

十二月，丙辰，大。

二月甲午。四日。

〔二月〕辛丑。十一日。

〔二月〕壬寅。十二日。

〔二月〕丙午。十六日。

〔二月〕丁未。十七日。

〔二月〕戊申。十八日。

三月己丑晦。二十九日。

僖公二十五年，丙戌。

正月，丙戌，小。　二月，乙卯，大。　三月，乙酉，小。

四月，甲寅，大。　五月，甲申，小。　六月，癸丑，大。

七月，癸未，小。　八月，壬子，大。　九月，壬午，小。

十月，辛亥，大。　十一月，辛巳，小。　十二月，庚戌，大。

閏十二月，庚辰，小。

正月丙午。二十一日。

三月甲辰。二十日。

四月丁巳。四日。

〔四月〕戊午。五日。

〔四月〕癸酉。二十日。

十二月癸亥。十四日。

僖公二十六年，丁亥。

正月，己酉，大。　二月，己卯，小。　三月，戊申，大。

四月，戊寅，小。　五月，丁未，大。　六月，丁丑，小。

七月，丙午，大。　八月，丙子，小。　九月，乙巳，大。

十月，乙亥，小。　十一月，甲辰，大。　十二月，甲戌，小。

正月己未。十一日。

僖公二十七年，戊子。

正月，癸卯，大。　二月，癸酉，大。　三月，癸卯，小。

四月，壬申，大。　五月，壬寅，小。　六月，辛未，大。

七月，辛丑，小。　八月，庚午，大。　九月，庚子，小。

十月，己巳，大。　十一月，己亥，小。　十二月，戊辰，大。

六月庚寅。二十日。

八月乙未。二十六日。

〔九月〕乙巳，公子遂帥師入杞。九月六日也，有日而無月也。

十二月甲戌。七日。

僖公二十八年，己丑。

正月，戊戌，小。　二月，丁卯，大。　三月，丁酉，小。
四月，丙寅，大。　五月，丙申，小。　六月，乙丑，大。
七月，乙未，小。　八月，甲子，大。　九月，甲午，小。
十月，癸亥，大。　十一月，癸巳，小。　十二月，壬戌，大。
正月戊申。十一日。
三月丙午。十日。
四月戊辰。三日。
〔四月〕己巳。四日。
〔四月〕癸酉。八日。
〔四月〕甲午。二十九日。
五月丙午。十一日。

〔五月〕丁未。十二日。
〔五月〕己酉。十四日。
〔五月〕癸丑。十八日。
〔五月〕癸亥。二十八日。【案：杜預集解云：「經書『癸丑』，傳書『癸亥』，經、傳必有誤。」】
六月壬午。十八日。
七月丙申。二日。
冬〔十月或十二月〕壬申。十月十日也。十二月十一日亦有壬申，有日無月，無以折正也。
〔十月或十二月〕丁丑。十月十五日也。十二月十六日亦有丁丑，有日無月，無以折正也。

僖公二十九年，庚寅。

正月，壬辰，大。　二月，壬戌，小。　三月，辛卯，大。
四月，辛酉，小。　五月，庚寅，大。　六月，庚申，小。

七月，己丑，大。　八月，己未，小。　九月，戊子，大。
十月，戊午，小。　十一月，丁亥，大。　十二月，丁巳，小。

僖公三十年，辛卯。

正月，丙戌，大。　二月，丙辰，小。　三月，乙酉，大。
四月，乙卯，小。　五月，甲申，大。　六月，甲寅，小。
七月，癸未，大。　八月，癸丑，小。　九月，壬午，大。
閏九月，壬子，大。　十月，壬午，小。　十一月，辛亥，大。
十二月，辛巳，小。
九月甲午，十三日。

僖公三十一年，壬辰。

正月，庚戌，大。　二月，庚辰，小。　三月，己酉，大。

四月，己卯，小。　五月，戊申，大。　六月，戊寅，小。
七月，丁未，大。　八月，丁丑，小。　九月，丙午，大。
十月，丙子，小。　十一月，乙巳，大。　十二月，乙亥，小。

僖公三十二年，癸巳。

正月，甲辰，大。　二月，甲戌，小。　三月，癸卯，大。
四月，癸酉，小。　五月，壬寅，大。　六月，壬申，大。
七月，壬寅，小。　八月，辛未，大。　九月，辛丑，小。
十月，庚午，大。　十一月，庚子，小。　十二月，己巳，大。
四月己丑。十七日。
十二月己卯。十一日。
〔十二月〕庚辰。十二日。

僖公三十三年，甲午。

正月，己亥，小。　二月，戊辰，大。　三月，戊戌，小。

四月，丁卯，大。　五月，丁酉，小。　六月，丙寅，大。

七月，丙申，小。　八月，乙丑，大。　九月，乙未，小。

十月，甲子，大。　十一月，甲午，小。　十二月，癸亥，大。

四月辛巳。十五日。

〔四月〕癸巳。二十七日。

八月戊子。二十二日〔一〕。

十有二月，公至自齊。乙巳，公薨于小寢。隕霜不殺草，李、梅實。乙巳，十一月十二日也。經書「十二月」，誤也。周十一月，今九月，霜當微而重，重又不能殺草，所以爲異也。舊説，公以十二月薨。文二年經書「冬，公子遂如齊納幣」，傳言「禮也」，患其

〔一〕孫本作「二十四日」。

未二十五月在喪，因以閏數，父母喪以再朞，有加，故必二十五月。故以「三年」爲稱也。若益之一月，則當有涉四年者也。畧而計閏，則當有二年而闋者。故重喪以三年數，則不數閏。輕喪以月數，乃數閏也。今十一月薨，文二年十一月則二十五月，喪事畢。十二月遣納幣，于禮無違，故傳善之。

文公

文公元年，乙未。

正月，癸巳，大。　二月，癸亥，小。　三月，壬辰，大。

傳：閏三月，壬戌，小。【案：傳有「于是閏三月」之文，故特加「傳」字。】

四月，辛卯，大。　五月，辛酉，小。　六月，庚寅，大。

七月，庚申，小。　八月，己丑，大。　九月，己未，小。

十月，戊子，大。　十一月，戊午，小。　十二月，丁亥，大。

二月癸亥，日食。一日。

傳曰：于是閏三月，非禮也。先王之正時也，履端于始，舉正于中，歸餘于終。履端于始，序則不愆；舉正于中，民則不惑；歸餘于終，事則不悖。

于僖公之末年失不置閏，誤于此年三月置閏，故時達曆者譏之。

四月丁巳。二十七日。

五月辛酉朔。一日。

六月戊戌。九日。

十月丁未。二十日。

文公二年，丙申。

正月，丁巳，小。　閏正月，丙戌，大。　二月，丙辰，大。

三月，丙戌，小。　四月，乙卯，大。　五月，乙酉，小。

六月，甲寅，大。　七月，甲申，小。　八月，癸丑，大。

九月，癸未，小。　十月，壬子，大。　十一月，壬午，小。
十二月，辛亥，大。
二月甲子。九日。
〔二月〕丁丑。二十二日。
三月乙巳。二十日。
四月己巳。十五日。
八月丁卯。十五日。

文公三年，丁酉。

正月，辛巳，小。　二月，庚戌，大。　三月，庚辰，大。
四月，庚戌，小。　五月，己卯，大。　六月，己酉，小。
七月，戊寅，大。　八月，戊申，小。　九月，丁丑，大。
十月，丁未，小。　十一月，丙子，大。　十二月，丙午，小。

四月乙亥。二十六日。

十二月己巳。二十四日。

文公四年，戊戌。

正月，乙亥，大。　二月，乙巳，小。　三月，甲戌，大。

四月，甲辰，大。　五月，甲戌，小。　六月，癸卯，大。

閏六月，癸酉，小。【案：趙汸春秋屬辭引長歷之文，「四年閏三月」當是傳寫之訛。】七月，壬寅，大。　八月，壬申，小。　九月，辛丑，大。

十月，辛未，小。　十一月，庚子，大。　十二月，庚午，小。

十二月壬寅。十二月無壬寅。五年正月四日也，日月必誤。【案：此則經文實是「冬十有二月壬寅，夫人風氏薨」，而今三家注疏本俱誤作「十有一月」。案十一月庚子朔，三日爲壬寅，不得謂無壬寅也。因各本經文俱訛，故訂其失于此。】

文公五年，己亥。

正月，己亥，大。二月，己巳，大。三月，己亥，小。

四月，戊辰，大。五月，戊戌，小。六月，丁卯，大。

七月，丁酉，小。八月，丙寅，大。九月，丙申，小。

十月，乙丑，大。十一月，乙未，小。十二月，甲子，大。

三月辛亥。十三日。

十月甲申。二十日。

文公六年，庚子。

正月，甲午，小。二月，癸亥，大。三月，癸巳，大。

四月，癸亥，小。五月，壬辰，大。六月，壬戌，小。

七月，辛卯，大。八月，辛酉，小。九月，庚寅，大。

十月，庚申，小。　十一月，己丑，大。　十二月，己未，小。

閏十二月，戊子，大。

八月乙亥。十五日。

十一月丙寅。十一月無丙寅。十二月八日也，日月必有誤。

文公七年，辛丑。

正月，戊午，大。　二月，戊子，小。　三月，丁巳，大。

四月，丁亥，小。　五月，丙辰，大。　六月，丙戌，小。

七月，乙卯，大。　八月，乙酉，小。　九月，甲寅，大。

十月，甲申，小。　十一月，癸丑，大。　十二月，癸未，小。

三月甲戌。十八日。

四月戊子。二日。

〔四月〕己丑。三日。

文公八年，壬寅。

正月，壬子，大。　二月，壬午，大。　三月，壬子，小。
四月，辛巳，大。　五月，辛亥，小。　六月，庚辰，大。
七月，庚戌，小。　八月，己卯，大。　九月，己酉，小。
十月，戊寅，大。　十一月，戊申，小。　十二月，丁丑，大。【案：是年本無閏，趙汸春秋屬辭引長歷云：文公八年閏七月，當是抄撮之訛。】
八月戊申。三十日。
十月壬午。五日。
乙酉。八日。
丙戌。九日。

文公九年，癸卯。

正月，丁未，小。　二月，丙子，大。　三月，丙午，大。

四月，丙子，小。　五月，乙巳，大。　六月，乙亥，小。

七月，甲辰，大。　閏七月，甲戌，小。　八月，癸卯，大。

九月，癸酉，小。　十月，壬寅，大。　十一月，壬申，小。

十二月，辛丑，大。

正月己酉。三日。

〔正月〕乙丑。十九日。

二月辛丑。二十六日。

三月甲戌。二十九日。

九月癸酉。一日。

文公十年，甲辰。

正月，辛未，小。　二月，庚子，大。　三月，庚午，大。

四月，庚子，小。　五月，己巳，大。　六月，己亥，小。

七月，戊辰，大。　八月，戊戌，小。　九月，丁卯，大。
十月，丁酉，小。　十一月，丙寅，大。　十二月，丙申，小。
三月辛卯。二十二日。

文公十一年，乙巳。

正月，乙丑，大。　二月，乙未，小。　三月，甲子，大。
四月，甲午，大。　五月，甲子，小。　六月，癸巳，大。
七月，癸亥，小。　八月，壬辰，大。　九月，壬戌，小。
十月，辛卯，大。　十一月，辛酉，小。　十二月，庚寅，大。
十月甲午。四日。

文公十二年，丙午。

正月，庚申，小。　二月，己丑，大。　三月，己未，大。

四月，己丑，小。　五月，戊午，大。　六月，戊子，小。

七月，丁巳，大。　八月，丁亥，小。　九月，丙辰，大。

十月，丙戌，小。　十一月，乙卯，大。　閏十一月，乙酉，小。

十二月，甲寅，大。

二月庚子。十二日。

十二月戊午。五日。

文公十三年，丁未。

正月，甲申，小。　二月，癸丑，大。　三月，癸未，大。

四月，癸丑，小。　五月，壬午，大。　六月，壬子，小。

七月，辛巳，大。　八月，辛亥，小。　九月，庚辰，大。

十月，庚戌，小。　十一月，己卯，大。　十二月，己酉，小。

五月壬午。一日。

十二月己丑。十二月無己丑。十一月十一日，日月誤也。

文公十四年，戊申。

正月，戊寅，大。　二月，戊申，小。　三月，丁丑，大。
四月，丁未，大。　五月，丁丑，小。　六月，丙午，大。
七月，丙子，小。　八月，乙巳，大。　九月，乙亥，小。
十月，甲辰，大。　十一月，甲戌，小。　十二月，癸卯，大。
五月乙亥。四月二十九日，書于五月，從赴也。
六月癸酉。二十八日。
七月乙卯。七月無乙卯，上有六月，下有八月，則誤在日。
九月甲申。十日。

文公十五年，己酉。

正月，癸酉，小。　二月，壬寅，大。　三月，壬申，小。

四月，辛丑，大。　五月，辛未，大。　六月，辛丑，小。

七月，庚午，大。　八月，庚子，小。　九月，己巳，大。

十月，己亥，小。　十一月，戊辰，大。　十二月，戊戌，小。

六月辛丑朔，日有食之，鼓，用牲于社。

傳曰：非禮也。日有食之，天子不舉，伐鼓于社；諸侯用幣于社，伐鼓于朝。以昭事神、訓民、事君，示有等威，古之道也。

〔六月〕戊申。八日。

文公十六年，庚戌。

正月，丁卯，大。　二月，丁酉，小。　三月，丙寅，大。

四月，丙申，小。　五月，乙丑，大。　閏五月，乙未，小。

六月，甲子，大。　七月，甲午，小。　八月，癸亥，大。

九月，癸巳，小。　十月，壬戌，大。　十一月，壬辰，小。

十二月，辛酉，大。
六月戊辰。五日。
八月辛未。九日。
十一月甲寅。二十三日。

文公十七年，辛亥。

正月，辛卯，小。　二月，庚申，大。　三月，庚寅，小。
四月，己未，大。　五月，己丑，小。　六月，戊午，大。
七月，戊子，小。　八月，丁巳，大。　九月，丁亥，大。
十月，丁巳，小。　十一月，丙戌，小。　十二月，乙卯，大。
四月癸亥。五日。
六月癸未。二十六日。
鄭文公二年六月壬申。莊二十三年六月二十四日。【案：莊二十三年六月癸丑朔，壬申當是二

十日。】

〔鄭文公〕四年二月壬戌。莊二十五年二月無壬戌，三月二十日也。日月必有誤也。

文公十八年，壬子。

正月，乙酉，小。　二月，甲寅，大。　三月，甲申，小。

四月，癸丑，大。　五月，癸未，小。　六月，壬子，大。

七月，壬午，小。　八月，辛亥，大。　九月，辛巳，小。

十月，庚戌，大。　十一月，庚辰，小。　十二月，己酉，大。

二月丁丑。二十四日。

五月戊戌。十六日。

六月癸酉。二十二日。

春秋釋例卷十三

經傳長歷第四十六之四

宣公

宣公元年，癸丑。

正月，己卯，小。　二月，戊申，大。　三月，戊寅，大。

四月，戊申，小。　五月，丁丑，大。　六月，丁未，小。

七月，丙子，大。　八月，丙午，小。　九月，乙亥，大。

十月，乙巳，小。　十一月，甲戌，大。　十二月，甲辰，小。

宣公二年，甲寅。

正月，癸酉，大。　二月，癸卯，小。　三月，壬申，大。
四月，壬寅，小。　五月，辛未，大。　閏五月，辛丑，小。
六月，庚午，大。　七月，庚子，小。　八月，己巳，大。
九月，己亥，小。　十月，戊辰，大。　十一月，戊戌，小。
十二月，丁卯，大。
二月壬子。十日。
九月乙丑。二十七日。
〔十月〕壬申，朝于武宫。十月五日也。既有日無月，冬又在壬申下，明傳文無較例。
十月乙亥。八日。

宣公三年，乙卯。

正月，丁酉，小。　二月，丙寅，大。　三月，丙申，小。

四月，乙丑，大。　五月，乙未，小。　六月，甲子，大。
七月，甲午，小。　八月，癸亥，大。　九月，癸巳，小。
十月，壬戌，大。　十一月，壬辰，小。　十二月，辛酉，大。
十月丙戌。二十五日。

宣公四年，丙辰。

正月，辛卯，小。　二月，庚申，大。　三月，庚寅，小。
四月，己未，大。　五月，己丑，小。　六月，戊午，大。
七月，戊子，小。　八月，丁巳，大。　九月，丁亥，小。
十月，丙辰，大。　十一月，丙戌，大。　十二月，丙辰，小。
六月乙酉。二十八日。
七月戊戌。十一日。

宣公五年，丁巳。

正月，乙酉，大。　二月，乙卯，小。　三月，甲申，大。
四月，甲寅，小。　五月，癸未，大。　六月，癸丑，小。
七月，壬午，大。　八月，壬子，小。　九月，辛巳，大。
十月，辛亥，小。　十一月，庚辰，大。　十二月，庚戌，小。

宣公六年，戊午。

正月，己卯，大。　二月，己酉，小。　三月，戊寅，大。
四月，戊申，大。　五月，戊寅，小。　閏五月，丁未，大。
六月，丁丑，小。　七月，丙午，大。　八月，丙子，小。
九月，乙巳，大。　十月，乙亥，小。　十一月，甲辰，大。
十二月，甲戌，小。

宣公七年，己未。

正月，癸卯，大。　二月，癸酉，小。　三月，壬寅，大。
四月，壬申，小。　五月，辛丑，大。　六月，辛未，大。
七月，辛丑，小。　八月，庚午，大。　九月，庚子，小。
十月，己巳，大。　十一月，己亥，小。　十二月，戊辰，大。

宣公八年，庚申。

正月，戊戌，小。　二月，丁卯，大。　三月，丁酉，小。
四月，丙寅，大。　五月，丙申，小。　六月，乙丑，大。
七月，乙未，大。　八月，乙丑，小。　九月，甲午，大。
十月，甲子，小。　十一月，癸巳，大。　十二月，癸亥，小。
六月辛巳。十七日。

〔六月〕壬午。十八日。

〔六月〕戊子。二十四日。

七月甲子，日食既。三十日。

十月己丑。二十六日。

〔十月〕庚寅。二十七日。

宣公九年，辛酉。

正月，壬辰，大。　二月，壬戌，小。　三月，辛卯，大。

四月，辛酉，小。　五月，庚寅，大。　六月，庚申，大。

七月，庚寅，小。　八月，己未，大。　九月，己丑，小。

十月，戊午，大。　十一月，戊子，小。　十二月，丁巳，大。

九月辛酉。九月無辛酉。上有八月，下有十月，誤在日。【案：孔穎達正義云：「下有十月癸酉，杜以長歷推之，癸酉是十月十六日，辛酉在前十二日耳。故云九月無辛酉，上有八月，下有十月，非月

誤也。」】

十〔二〕月癸酉。十六日。

宣公十年，壬午。

正月，丁亥，小。　二月，丙辰，大。　三月，丙戌，大。

四月，丙辰，小。　五月，乙酉，大。　閏五月，乙卯，小。

六月，甲申，大。　七月，甲寅，小。　八月，癸未，大。

九月，癸丑，小。　十月，壬午，大。　十一月，壬子，小。

十二月，辛巳，大。

四月丙辰，日食。一日

〔四月〕己巳。十四日。

五月癸巳。九日。

〔一〕孫本「十」上有「冬」字。

宣公十一年，癸亥。

正月，辛亥，小。　二月，庚辰，大。　三月，庚戌，小。
四月，己卯，大。　五月，己酉，小。　六月，戊寅，大。
七月，戊申，小。　八月，丁丑，大。　九月，丁未，小。
十月，丙子，大。　十一月，丙午，小。　十二月，乙亥，大。
十月丁亥。十二日。

宣公十二年，甲子。

正月，乙巳，小。　二月，甲戌，大。　三月，甲辰，小。
四月，癸酉，大。　五月，癸卯，小。　閏五月，壬申，大。
六月，壬寅，大。　七月，壬申，小。　八月，辛丑，大。
九月，辛未，小。　十月，庚子，大。　十一月，庚午，小。

十二月，己亥，大。

六月乙卯。十四日。

〔六月〕丙辰。十五日。

〔六月〕辛未。三十日。

十二月戊寅。十二月無戊寅。十一月九日也，日月必有誤也。【案：孔穎達正義云：「注不言月誤，長歷云日月必有誤者，案傳稱『師人多寒』，若是十一月，則今之九月，未是寒時，當月是而日誤也。」】

宣公十三年，乙丑。

正月，己巳，小。　二月，戊戌，大。　三月，戊辰，小。

四月，丁酉，大。　五月，丁卯，小。　六月，丙申，大。

七月，丙寅，小。　八月，乙未，大。　九月，乙丑，小。

十月，甲午，大。　十一月，甲子，小。　十二月，癸巳，大。

宣公十四年，丙寅。

正月，癸亥，小。　二月，壬辰，大。　三月，壬戌，小。
四月，辛卯，大。　五月，辛酉，小。　六月，庚寅，大。
七月，庚申，大。　八月，庚寅，小。　九月，己未，大。
十月，己丑，小。　十一月，戊午，大。　十二月，戊子，小。
五月壬申。十二日。

宣公十五年，丁卯。

正月，丁巳，大。　二月，丁亥，小。　三月，丙辰，大。
四月，丙戌，小。　五月，乙卯，大。　六月，乙酉，小。
七月，甲寅，大。　八月，甲申，小。　九月，癸丑，大。
十月，癸未，小。　十一月，壬子，大。　閏十一月，壬午，小。

十二月，辛亥，大。
六月癸卯。十九日。
〔六月〕辛亥。二十七日。
七月壬午。二十九日。

宣公十六年，戊辰。

正月，辛巳，小。　二月，庚戌，大。　三月，庚辰，小。
四月，己酉，大。　五月，己卯，小。　六月，戊申，大。
七月，戊寅，小。　八月，丁未，大。　九月，丁丑，小。
十月，丙午，大。　十一月，丙子，小。　十二月，乙巳，大。
三月戊申。二十九日。

宣公十七年，己巳。

正月，乙亥，小。　二月，甲辰，大。　三月，甲戌，小。

四月，癸卯，大。　五月，癸酉，大。　六月，癸卯，小。
七月，壬申，大。　八月，壬寅，小。　九月，辛未，大。
十月，辛丑，小。　十一月，庚午，大。　十二月，庚子，小。
正月庚子。二十六日。
〔正月〕丁未，蔡侯申卒。二月四日也，有日而無月也。
六月癸卯，日食。一日。
〔六月〕己未。十七日。
十一月壬午。十三日。

宣公十八年，庚午。

正月，己巳，大。　二月，己亥，小。　三月，戊辰，大。
四月，戊戌，小。　五月，丁卯，大。　六月，丁酉，大。
七月，丁卯，小。　八月，丙申，大。　九月，丙寅，小。

十月，乙未，大。　十一月，乙丑，小。　十二月，甲午，大。

七月甲戌。八日。

十月壬戌。二十八日。

成公

成公元年，辛未。

正月，甲子，小。　二月，癸巳，大。　三月，癸亥，小。

閏三月，壬辰，大。　四月，壬戌，小。　五月，辛卯，大。

六月，辛酉，大。　七月，辛卯，小。　八月，庚申，大。

九月，庚寅，小。　十月，己未，大。　十一月，己丑，小。

十二月，戊午，大。

二月辛酉。二十九日。

三月癸未。二十一日。

成公二年，壬申。

正月，戊子，小。　二月，丁巳，大。　三月，丁亥，大。
四月，丁巳，小。　五月，丙戌，大。　六月，丙辰，小。
七月，乙酉，大。　八月，乙卯，小。　九月，甲申，大。
十月，甲寅，小。　十一月，癸未，大。　十二月，癸丑，小。

四月丙戌。四月無丙戌。五月一日也。

六月壬申。十七日。

〔六月〕癸酉。十八日。

七月己酉。二十五日。

八月壬午。二十八日。

〔八月〕庚寅，衛侯速卒。據傳，庚寅，九月七日也，有日而無月也。

十一月丙申。十四日。

成公三年，癸酉。

正月，壬午，大。　二月，壬子，大。　三月，壬午，小。
四月，辛亥，大。　五月，辛巳，小。　六月，庚戌，大。
七月，庚辰，小。　八月，己酉，大。　九月，己卯，小。
十月，戊申，大。　十一月，戊寅，大。　十二月，戊申，小。
正月辛亥。三十日。
二月甲子。十三日。
〔三月〕乙亥。二十四日。
十一月丙午。二十九日。
〔十一月〕丁未。三十日。
十二月甲戌。二十七日。

成公四年，甲戌。

正月，丁丑，大。　二月，丁未，小。　三月，丙子，大。
四月，丙午，小。　五月，乙亥，大。　六月，乙巳，小。
七月，甲戌，大。　閏七月，甲辰，小。　八月，癸酉，大。
九月，癸卯，小。　十月，壬申，大。　十一月，壬寅，小。
十二月，辛未，大。
三月壬申。二月二十六日也。書于三月，從赴。
四月甲寅。九日。

成公五年，乙亥。

正月，辛丑，小。　二月，庚午，大。　三月，庚子，大。
四月，庚午，小。　五月，己亥，大。　六月，己巳，小。

七月，戊戌，大。　八月，戊辰，小。　九月，丁酉，大。

十月，丁卯，小。　十一月，丙申，大。　十二月，丙寅，小。

十一月己酉。十四日。

十二月己丑。二十四日。

成公六年，丙子。

正月，乙未，大。　二月，乙丑，小。　三月，甲午，大。

四月，甲子，小。　五月，癸巳，大。　六月，癸亥，小。

七月，壬辰，大。　八月，壬戌，大。　九月，壬辰，小。

十月，辛酉，大。　十一月，辛卯，小。　十二月，庚申，大。

二月辛巳。十七日。

四月丁丑。十四日。

六月壬申。十日。

成公七年，丁丑。

正月，庚寅，小。　二月，己未，大。　三月，己丑，小。
四月，戊午，大。　五月，戊子，小。　六月，丁巳，大。
七月，丁亥，小。　八月，丙辰，大。　閏八月，丙戌，小。
九月，乙卯，大。　十月，乙酉，大。　十一月，乙卯。小。
十二月，甲申，大。
八月戊辰。十三日。

成公八年，戊寅。

正月，甲寅，小。　二月，癸未，大。　三月，癸丑，小。
四月，壬午，大。　五月，壬子，小。　六月，辛巳，大。
七月，辛亥，小。　八月，庚辰，大。　九月，庚戌，小。

十月，己卯，大。十一月，己酉，小。十二月，戊寅，大。

十月癸卯。二十五日。

成公九年，己卯。

正月，戊申，大。二月，戊寅，小。三月，丁未，大。

四月，丁丑，小。五月，丙午，大。六月，丙子，小。

七月，乙巳，大。八月，乙亥，小。九月，甲辰，大。

十月，甲戌，小。十一月，癸卯，大。閏十一月，癸酉，小。

十二月，壬寅，大。

七月丙子。六月一日也。書七月，從赴。

十一月戊申。六日。

〔十一月〕庚申。十八日。

城中城。閏月城之。在十一月之後，十二月之前，故傳云「書，時也。」【案：孔穎達正義云：長歷推此年閏十一月，傳「城中城」文在十二月上，而云「書，時也」，即是閏月城之。閏月半後即是十二月節，故水昏已正而城之，是得時也。】

成公十年，庚辰。

正月，壬申，大。　二月，壬寅，小。　三月，辛未，大。
四月，辛丑，小。　五月，庚午，大。　六月，庚子，小。
七月，己巳，大。　八月，己亥，小。　九月，戊辰，大。
十月，戊戌，小。　十一月，丁卯，大。　十二月，丁酉，小。
五月辛巳。十二日。
丙午，晉侯獳卒。據傳，丙午，六月七日，有日無月也。
六月戊申。九日。

成公十一年，辛巳。

正月，丙寅，大。　二月，丙申，大。　三月，丙寅，小。

四月，乙未，大。五月，乙丑，小。六月，甲午，大。
七月，甲子，小。八月，癸巳，大。九月，癸亥，小。
十月，壬辰，大。十一月，壬戌，小。十二月，辛卯，大。
三月己丑。二十四日。

成公十二年，壬午。

正月，辛酉，小。二月，庚寅，大。三月，庚申，小。
四月，己丑，大。五月，己未，大。閏五月，己丑，小。
六月，戊午，大。七月，戊子，小。八月，丁巳，大。
九月，丁亥，小。十月，丙辰，大。十一月，丙戌，小。
十二月，乙卯，大。
五月癸亥。五日。

成公十三年，癸未。

正月，乙酉，小。　二月，甲寅，大。　三月，甲申，大。
四月，甲寅，小。　五月，癸未，大。　六月，癸丑，小。
七月，壬午，大。　八月，壬子，小。　九月，辛巳，大。
十月，辛亥，小。　十一月，庚辰，大。　十二月，庚戌，小。
四月戊午。五日。
五月丁亥。五日。
六月丁卯。十五日。
〔六月〕己巳。十七日。

成公十四年，甲申。

正月，己卯，大。　二月，己酉，小。　三月，戊寅，大。

四月，戊申，大。　五月，戊寅，小。　六月，丁未，大。
七月，丁丑，小。　閏七月，丙午，大。　八月，丙子，小。
九月，乙巳，大。　十月，乙亥，小。　十一月，甲辰，大。
十二月，甲戌，小。
八月戊戌。二十三日。
〔八月〕庚子。二十五日。
十月庚寅。十六日。

成公十五年，乙酉。

正月，癸卯，大。　二月，癸酉，小。　三月，壬寅，大。
四月，壬申，大。　五月，壬寅，小。　六月，辛未，大。
七月，辛丑，小。　八月，庚午，大。　九月，庚子，小。
十月，己巳，大。　十一月，己亥，小。　十二月，戊辰，大。

三月乙巳。四日。

〔三月〕癸丑。十二日。

八月庚辰。十一日。

十一月辛丑。三日。

成公十六年，丙戌。

正月，戊戌，小。　二月，丁卯，大。　三月，丁酉，小。

四月，丙寅，大。　五月，丙申，大。　六月，丙寅，小。

七月，乙未，大。　八月，乙丑，小。　九月，甲午，大。

十月，甲子，小。　十一月，癸巳，大。　十二月，癸亥，小。

四月辛未。六日。

〔四月〕戊寅。十三日。

六月丙寅朔，日食。一日。

〔六月〕癸巳。二十八日。

〔六月〕甲午晦。二十九日。

七月戊午。二十四日。

十月乙亥。十二日。

十二月乙丑。三日。

〔十二月〕乙酉。二十三日。

成公十七年，丁亥。

正月，壬辰，大。　二月，壬戌，小。　三月，辛卯，大。

四月，辛酉，小。　五月，庚寅，大。　六月，庚申，小。

七月，己丑，大。　八月，己未，小。　九月，戊子，大。

十月，戊午，小。　十一月，丁亥，大。　十二月，丁巳，小。

傳：閏十二月，丙戌，大。【案：傳有「閏月乙卯晦」之文，故此條特加傳字。】

六月戊辰。九日。

〔六月〕乙酉。二十六日。

七月壬寅。十四日。

九月辛丑。十四日。

十月庚午。十三日。

十一月壬申。十一月無壬申。公羊、穀梁傳及諸儒皆以爲十月十五日也。十月庚午圍鄭，十三日也。推至壬申，誠在十五日。然據傳曰「十一月，諸侯還自鄭。壬申至于貍脤而卒」，此非十月分明，誤在日也。

十二月丁巳朔，日食。一日。

〔十二月〕壬午。二十六日。

閏月乙卯晦。三十日。

成公十八年，戊子。

正月，丙辰，小。　二月，乙酉，大。　三月，乙卯，大。

四月，乙酉，小。　五月，甲寅，大。　六月，甲申，小。
七月，癸丑，大。　八月，癸未，小。　九月，壬子，大。
十月，壬午，小。　十一月，辛亥，大。　十二月，辛巳，小。
正月庚申。五日。
〔正月〕庚午。十五日。
〔正月〕辛巳。二十六日。【案：孔穎達正義云：「服虔本作『辛未』，晉語亦作『辛巳』。孔晁云：『以辛未盟入國，辛巳朝祖廟，取其新也。』案晉語稱『庚午，大夫逆于清原。』傳云『庚午，盟而入』，逆日即盟，非辛未也。傳與晉語皆云辛巳朝于武宫，服本自誤耳，孔晁强欲合之，非也。」】
〔正月〕甲申晦。二十九日。
二月乙酉朔。一日。
八月己丑。七日。
十二月丁未。二十七日。

春秋釋例卷十四

經傳長曆第四十六之五

襄公

襄公元年，己丑。

正月，庚戌，大。　二月，庚辰，小。　三月，己酉，大。
四月，己卯，大。　五月，己酉，小。　六月，戊寅，大。
七月，戊申，小。　八月，丁丑，大。　九月，丁未，小。
十月，丙子，大。　十一月，丙午，小。　十二月，乙亥，大。

正月己亥。正月無己亥，誤也。【案：傳云「元年春己亥，圍宋彭城。」杜預集解云：「下有二月，即此己亥爲正月。正月無己亥，日誤。」孔穎達正義申之云：「長歷推此年正月庚戌朔，其月無己亥。圍宋彭城，經在正月之下。傳文下有二月，則己亥必是正月。月不容誤，知是日誤也。」】

九月辛酉。十五日。

襄公二年，庚寅。

正月，乙巳，小。 二月，甲戌，大。 三月，甲辰，小。

四月，癸酉，大。 閏四月，癸卯，小。 五月，壬申，大。

六月，壬寅，大。 七月，壬申，小。 八月，辛丑，大。

九月，辛未，小。 十月，庚子，大。 十一月，庚午，小。

十二月，己亥，大。

五月庚寅。十九日。

六月庚辰。七月九日也。書於六月，經誤也。【案：孔穎達正義云：「經云『六月庚辰，鄭伯睔卒』，傳言『七月庚辰，鄭伯辰卒』。杜以長歷校之，此年六月壬寅朔，其月無庚辰。七月壬申朔，九日得庚辰。則傳與經合，知傳是而經誤也。此經六月七日，其文皆具，所言誤者，非徒字誤而已，乃是書經誤。以七月之事，錯書六月，故長歷云『書于六月，經誤。』言元本書之誤，非字誤也。」】

七月庚辰。九日。

〔七月〕己丑。十八日。

襄公三年，辛卯。

正月，己巳，小。　二月，戊戌，大。　三月，戊辰，小。

四月，丁酉，大。　五月，丁卯，大。　六月，丁酉，小。

七月，丙寅，大。　八月，丙申，小。　九月，乙丑，大。

十月，乙未，小。　十一月，甲子，大。　十二月，甲午，小。

四月壬戌。二十六日。

六月己未。二十三日。

〔六月〕戊寅。七月十三日也。據傳，盟在秋，經誤也。

襄公四年，壬辰。

正月，癸亥，大。　二月，癸巳，小。　三月，壬戌，大。

四月，壬辰，小。　五月，辛酉，大。　六月，辛卯，大。

七月，辛酉，小。　八月，庚寅，大。　九月，庚申，小。

十月，己丑，大。　十一月，己未，小。　十二月，戊子，大。

三月己酉。三月無己酉，二月十七日也。經書「己酉」，傳言「三月」，誤也。

七月戊子。二十八日。

八月辛亥。二十二日。

襄公五年，癸巳。

正月，戊午，小。　二月，丁亥，大。　三月，丁巳，小。

四月，丙戌，大。　閏四月，丙辰，小。　五月，乙酉，大。
六月，乙卯，大。　七月，乙酉，小。　八月，甲寅，大。
九月，甲申，小。　十月，癸丑，大。　十一月，癸未，小。
十二月，壬子，大。
九月丙午。二十三日。
十一月甲午。十二日。
十二月辛未。二十日。

襄公六年，甲午。

正月，壬午，小。　二月，辛亥，大。　三月，辛巳，小。
四月，庚戌，大。　五月，庚辰，小。　六月，己酉，大。
七月，己卯，大。　八月，己酉，小。　九月，戊寅，大。
十月，戊申，小。　十一月，丁丑，大。　十二月，丁未，小。

三月壬午。二日。

於鄭子國之來聘也。四月甲寅。五年四月二十九日也。

杞桓公卒之月乙未。此年三月十五日也。

〔三月〕丁未。此年三月二十七日也。

十二月丙辰。十日。【案：此齊滅萊之日也。經文本云「十有二月，齊侯滅萊」，而近刻左傳，前則曰「十一月，齊侯滅萊，萊恃謀也」，後則曰「晏弱圍棠。十一月丙辰，而滅之。遷萊于郳。」今考十一月丁丑朔，是月無丙辰。十二月丁未朔，十日正是丙辰。長歷繫此條于十二月，不言日誤。可見今本傳文兩言十一月，皆十二月之訛也。又程公説春秋分記，亦繫丙辰于十二月下，可見南宋時左傳本尚未訛。緣各本俱誤，謹訂于此。】

襄公七年，乙未。

正月，丙子，大。　二月，丙午，小。　三月，乙亥，大。

四月，乙巳，小。　五月，甲戌，大。　六月，甲辰，小。

七月，癸酉，大。　八月，癸卯，大。　九月，癸酉，小。

十月，壬寅，大。　閏十月，壬申，小。　十一月，辛丑，大。

十二月，辛未，小。

十月庚戌。九日。

〔十月〕壬戌。二十一日。

十二月丙戌。十六日。

襄公八年，丙申。

正月，庚子，大。　二月，庚午，小。　三月，己亥，大。

四月，己巳，小。　五月，戊戌，大。　六月，戊辰，小。

七月，丁酉，大。　八月，丁卯，小。　九月，丙申，大。

十月，丙寅，大。　十一月，丙申，小。　十二月，乙丑，大。

四月庚辰。十二日。

〔四月〕庚寅。二十二日。

五月甲辰。七日。

襄公九年，丁酉。

正月，乙未，小。　二月，甲子，大。　三月，甲午，小。
四月，癸亥，大。　五月，癸巳，小。　六月，壬戌，大。
七月，壬辰，小。　八月，辛酉，大。　九月，辛卯，小。
十月，庚申，大。　十一月，庚寅，小。　十二月，己未，大。
傳：　閏月。
五月辛酉。二十九日。
八月癸未。二十三日。
十月庚午。十一日。
〔十月〕甲戌。十五日。
十一月己亥。十日。

十二月己亥。參校上下，己亥在十一月十日。又十二月五日有癸亥，癸亥五日則書之傳，其月不得有己亥。經書十二月，誤也。【案：孔穎達正義云：「經書『十二月己亥，同盟于戲』，傳言『十一月己亥同盟于戲』，經、傳不同，必有一誤。而傳于『戲盟』之下，更言『十二月癸亥，門其三門』。己亥在癸亥之前二十四日。今以長歷推之，十一月庚寅朔，十日得己亥；十二月己未朔，五日得癸亥。故長歷參校上下，己亥在十一月十日。又十二月五日有癸亥，則其月不得有己亥。經書十二月，誤也。此誤者，唯以一字誤爲二，非書經誤也。」】

十二月癸亥。五日。

閏月戊寅。參校上下，此年不得有閏月。戊寅乃是十二月二十日也。思惟古傳文必言「癸亥，門其三門，門五日。」戊寅相去十六日，癸亥門其三門，門各五日，爲十五日。明日戊寅，濟于陰阪。于叙事及歷皆合。然則「五」字上與「門」合爲閏，後學者自然轉「日」爲「月」也。傳曰「晉人不得志于鄭，以諸侯復伐之。十二月癸亥，門其三門」，門則向所伐鄟門、師之梁及北門也。晉人三番四軍，以三番爲待楚之備，一番進攻，欲以苦鄭而來楚也。五日一移，楚不來，故侵掠而還，殆必如此。不然則二字誤。【案：孔穎達正義云：「衛氏難云：『案昭二十年朔旦冬至，其年云『閏月戊辰，殺宣姜。』又二十三年云『閏月，取前城』，並不應有閏。而傳稱閏，是史之錯失，不必皆在應閏之限。杜豈得云『此年不得有閏』，而改爲『門五日』也？若然，閏月殺宣姜，閏月取前城，皆爲『門五日』乎？』秦氏釋云：『以傳云『三分四軍』，又云『十二月癸亥，門其三門』，既言三分，則三番攻門。計癸亥至戊寅十六日。番別攻門五日，三五十五日。明日戊寅，濟于陰阪，上下符合。故杜爲此解。』蘇氏又云：『案長歷襄十年十一月丁未是二十四日，十一年四月己亥是十九日。據丁未至己亥一百七十三日。計十年十一月之後，十一年四月之前，餘兩箇殘月，唯置四箇整月。用日不盡，尚餘二十九日。故杜爲長歷于十年十一月後置閏。既十年有閏，明九年無閏也。』」】

襄公十年，戊戌。

正月，己丑，小。　二月，戊午，大。　三月，戊子，大。
四月，戊午，小。　五月，丁亥，大。　六月，丁巳，小。
七月，丙戌，大。　八月，丙辰，小。　九月，乙酉，大。
十月，乙卯，小。　十一月，甲申，大。　閏十一月，甲寅，小。
十二月，癸未，大。

三月癸丑。二十六日。【案：孔穎達正義云：「杜明言癸丑是三月二十六日。下四月戊午云『月一日』，五月庚寅云『月四日』，甲午云『月八日』者，欲證前九年『閏月』爲『門五日』。于上下日月相當，故杜備言其日也。劉炫曰：『杜言癸丑二十六日者，見與下四月一日會相近，知非二會也。』】

四月戊午。一日。

〔四月〕丙寅。九日。

五月庚寅。四日。

〔五月〕甲午。八日。

六月庚午。十四日。

八月丙寅。十一日。

九月己酉。二十五日。

十月戊辰。十四日。

十一月己亥。十六日。

〔十一月〕丁未。二十四日。

襄公十一年，己亥。

正月，癸丑，小。　二月，壬午，大。　三月，壬子，小。
四月，辛巳，大。　五月，辛亥，小。　六月，庚辰，大。
七月，庚戌，小。　八月，己亥，大。　九月，己酉，小。
十月，戊寅，大。　十一月，戊申，大。　十二月，戊寅，小。
四月己亥。十九日。
七月己未。十日。
〔七月〕丙子。二十七日。
九月甲戌。二十六日。
十月丁亥。十日。
十二月戊寅。一日。
〔十二月〕庚辰。三日。

〔十二月〕壬午。五日。

〔十二月〕己丑。十二日。

襄公十二年，庚子。

正月，丁未，大。　二月，丁丑，小。　三月，丙午，大。

四月，丙子，小。　五月，乙巳，大。　六月，乙亥，小。

七月，甲辰，大。　八月，甲戌，小。　九月，癸卯，大。

十月，癸酉，小。　十一月，壬寅，大。　十二月，壬申，小。

襄公十三年，辛丑。

正月，辛丑，大。　二月，辛未，大。　三月，辛丑，小。

四月，庚午，大。　五月，庚子，小。　六月，己巳，大。

七月，己亥，小。　八月，戊辰，大。　閏八月，戊戌，小。

九月，丁卯，大。　十月，丁酉，小。　十一月，丙寅，大。
十二月，丙申，小。
九月庚辰。十四日。

襄公十四年，壬寅。

正月，乙丑，大。　二月，乙未，小。　三月，甲子，大。
四月，甲午，小。　五月，癸亥，大。　六月，癸巳，大。
七月，癸亥，小。　八月，壬辰，大。　九月，壬戌，小。
十月，辛卯，大。　十一月，辛酉，小。　十二月，庚寅，大。
二月乙未朔，日食。一日。
四月己未。二十六日。

襄公十五年，癸卯。

正月，庚申，小。　二月，己丑，大。　三月，己未，小。

四月，戊子，大。　五月，戊午，小。　六月，丁亥，大。
七月，丁巳，大。　八月，丁亥，小。　九月，丙辰，大。
十月，丙戌，小。　十一月，乙卯，大。　十二月，乙酉，小。
二月己亥。十一日。
八月丁巳，日食。八月無丁巳。七月一日也，日月必有誤。
十一月癸亥。九日。

襄公十六年，甲辰。

正月，甲寅，大。　二月，甲申，小。　三月，癸丑，大。
四月，癸未，小。　五月，壬子，大。　六月，壬午，小。
七月，辛亥，大。　八月，辛巳，小。　九月，庚戌，大。
十月，庚辰，小。　閏十月，己酉，大。　十一月，己卯，小。
十二月，戊申，大。

三月戊寅。二十六日。

五月甲子。十三日。

六月庚寅。九日。

襄公十七年，乙巳。

正月，戊寅，小。　二月，丁未，大。　三月，丁丑，小。

四月，丙午，大。　五月，丙子，小。　六月，乙巳，大。

七月，乙亥，小。　八月，甲辰，大。　九月，甲戌，小。

十月，癸卯，大。　十一月，癸酉，小。　十二月，壬寅，大。

二月庚午。二十四日。

十一月甲午。二十二日。

襄公十八年，丙午。

正月，壬申，小。　二月，辛丑，大。　三月，辛未，小。

四月，庚子，大。　五月，庚午，小。　六月，己亥，大。
七月，己巳，小。　八月，戊戌，大。　九月，戊辰，小。
十月，丁酉，大。　十一月，丁卯，小。　十二月，丙申，大。
十月丙寅晦。三十日。
十一月丁卯朔。一日。
〔十一月〕己卯。十三日。
〔十一月〕乙酉。十九日。
十二月戊戌。三日。
〔十二月〕己亥。四日。
〔十二月〕壬寅。七日。
〔十二月〕甲辰。九日。

襄公十九年。丁未。

正月，丙寅，小。　二月，乙未，大。　三月，乙丑，小。
四月，甲午，大。　五月，甲子，小。　六月，癸巳，大。
七月，癸亥，大。　八月，癸巳，小。　九月，壬戌，大。
閏九月，壬辰，小。　十月，辛酉，大。　十一月，辛卯，小。
十二月，庚申，大。
二月甲寅。二十日。
五月壬辰晦。二十九日。
四月丁未。十四日。
七月辛卯。二十九日。
八月甲辰。十二日。
〔八月〕丙辰。二十四日。

襄公二十年，戊申。

正月，庚寅，小。　二月，己未，大。　三月，己丑，小。
四月，戊午，大。　五月，戊子，大。　六月，戊午，小。
七月，丁亥，大。　八月，丁巳，小。　九月，丙戌，大。
十月，丙辰，小。　十一月，乙酉，大。　十二月，乙卯，小。
正月辛亥。二十二日。
六月庚申。三日。
十月丙辰朔，日食。一日。

襄公二十一年，己酉。

正月，甲申，大。　二月，甲寅，小。　三月，癸未，大。
四月，癸丑，大。　五月，癸未，小。　六月，壬子，大。

七月，壬午，小。　八月，辛亥，大。　閏八月，辛巳，小。
九月，庚戌，大。　十月，庚辰，小。　十一月，己酉，大。
十二月，己卯，小。
九月庚戌朔，日食。一日。
十月庚辰朔，日食。一日。

襄公二十二年，庚戌。

正月，戊申，大。　二月，戊寅，大。　三月，戊申，小。
四月，丁丑，大。　五月，丁未，小。　六月，丙子，大。
七月，丙午，小。　八月，乙亥，大。　九月，乙巳，小。
十月，甲戌，大。　十一月，甲辰，小。　十二月，癸酉，大。
七月辛酉。十六日。
九月己巳。二十五日。

十二月丁巳。十二月無丁巳。十一月十四日也，日月必誤也。

襄公二十三年，辛亥。

正月，癸卯，大。　二月，癸酉，小。　三月，壬寅，大。

四月，壬申，小。　五月，辛丑，大。　六月，辛未，小。

七月，庚子，大。　八月，庚午，小。　九月，己亥，大。

十月，己巳，小。　十一月，戊戌，大。　十二月，戊辰，小。

二月癸酉朔，日食。一日。

三月己巳。二十八日。

八月己卯。十日。

十月乙亥。七日。

襄公二十四年，壬子。

正月，丁酉，大。　二月，丁卯，小。　三月，丙申，大。

閏三月，丙寅，小。　四月，乙未，大。　五月，乙丑，小。
六月，甲午，大。　七月，甲子，小。　八月，癸巳，大。
九月，癸亥，大。　十月，癸巳，小。　十一月，壬戌，大。
十二月，壬辰，小。
七月甲子朔，日食既。一日。
八月癸巳朔，日食。一日。

襄公二十五年，癸丑。

正月，辛酉，大。　二月，辛卯，小。　三月，庚申，大。
四月，庚寅，小。　五月，己未，大。　六月，己丑，小。
七月，戊午，大。　八月，戊子，小。　九月，丁巳，大。
十月，丁亥，小。　十一月，丙辰，大。　十二月，丙戌，小。
五月甲戌。十六日。

〔五月〕乙亥。十七日。

〔五月〕丁丑。十九日。

〔五月〕辛巳。二十三日。

〔五月〕丁亥。二十九日。

六月壬子。二十四日。

七月己巳。十二日。

八月己巳。八月無己巳。七月十二日，然則經誤也。

十月甲午。八日。

襄公二十六年，甲寅。

正月，乙卯，大。　二月，乙酉，小。　三月，甲寅，大。

四月，甲申，大。　五月，甲寅，小。　六月，癸未，大。

七月，癸丑，小。　八月，壬午，大。　九月，壬子，小。

十月，辛巳，大。　十一月，辛亥，小。　十二月，庚辰，大。
閏十二月，庚戌，小。
二月庚寅。六日。
〔二月〕辛卯。七日。
〔二月〕甲午。十日。
三月甲寅朔。一日。
八月壬午。一日。
十二月乙酉。六日。

襄公二十七年，乙卯。

正月，己卯，大。　二月，己酉，大。　三月，己卯，小。
四月，戊申，大。　五月，戊寅，小。　六月，丁未，大。
七月，丁丑，小。　八月，丙午，大。　九月，丙子，小。

十月，乙巳，大。　十一月，建申，乙亥，大。
閏十一月，建酉，乙巳，小。　後閏，建戌，甲戌，大。
十二月，建亥，甲辰，小。
五月甲辰。二十七日。
〔五月〕丙午。二十九日。
六月丁未朔。一日。
〔六月〕戊申。二日。
〔六月〕甲寅。八日。
〔六月〕丙辰。十日。
〔六月〕壬戌。十六日。
〔六月〕丁卯。二十一日。
〔六月〕戊辰。二十二日。
〔六月〕庚午。二十四日。

〔六月〕壬申。二十六日。

七月戊寅。二日。

〔七月〕庚辰。四日。

〔七月〕辛巳。五日。

〔七月〕壬午。六日。

〔七月〕乙酉。九日。

九月庚辰。五日。

〔九月〕辛巳。六日。

經書：十二月乙亥朔，日有食之。

傳曰：十一月乙亥朔，日有食之，辰在申，司歷過也。再失閏矣。

註：乙亥，十一月朔也。若是十二月朔，則爲三失閏。傳不得言「再失閏」也。以曆推之，經書十二月誤也。【案：孔穎達正義云：「傳曰『辰在申』，若是十二月，當爲辰在亥，以申爲亥，則是三失閏，非再失也。推長歷與傳合，知傳是而經誤也。」】

閏者，會集數年餘日，因置以要之。【案：此句正義引釋例，作「因宜以安之」。】故閏月無中氣，斗建斜指兩辰之間也。魯之司歷漸失其閏，至此年日食之月，以儀審望，知斗建之在申。斗建在申，乃是周家九月也。而其時曆稱十一月，故知再失閏也。【案：杜預集解云：「文十一年三月甲子，至今年七十一歲，應有二十六閏。今長歷推得二十四閏，通計少再閏。」孔穎達正義申之云：「歷法，十九年爲一章，章有七閏。從文十一年至襄十三年，凡五十七年，已成三章，當有二十一閏。又從襄十四年至今爲十四年，又當有五閏，故爲應有二十六閏也。劉炫云：『遠取文十一年三月甲子者，以三十年絳縣老人云：『臣生之歲，正月甲子朔』，以全日故。』又云：『言通計者，若據前閏以來短計，不得有再失之理。』今遠從文十一年以來計之，是爲通計也。」】于是始覺其謬，遂頓置兩閏。以應天正，以叙事期。然則前閏月爲建酉，後閏月爲建戌。十二月爲建亥，而歲終焉。是以明年經書「春無冰」，傳以爲「時災」也。若不頓置兩閏，則明年春是今之九月、十月、十一月也。今之九月、十月、十一月無冰，非天時之異，無緣總書「春」也。尋案今世所謂魯歷者，不與春秋相符，殆末世好事者爲之，非真也。今俱不知其法術，且依春秋經、傳，反覆其終始以求之，近得其實矣。春秋終始閏法，别見此下三十年也。

襄公二十八年，丁巳。

正月，癸酉，大。　二月，癸卯，小。　三月，壬申，大。
四月，壬寅，小。　五月，辛未，大。　六月，辛丑，小。
七月，庚午，大。　八月，庚子，小。　九月，己巳，大。
十月，己亥，小。　十一月，戊辰，大。　十二月，戊戌，小。
十月丙辰。十八日。
十一月乙亥。八日。
〔十一月〕丁亥。二十日。
〔十一月〕癸巳。二十六日。
十二月乙亥朔。書十二月無乙亥朔，日誤。
〔十二月〕甲寅。十七日。
〔十二月〕乙未。十二月無乙未，日誤也。【案：孔穎達正義云：「甲寅之後，四十二日始得乙未，則甲寅、乙未不得同月。長歷推此年十二月戊戌朔，甲寅是十七日，其月無乙未也。經有十一月、十二月，月不容誤，知日誤也。」】

襄公二十九年，丁巳。

正月，丁卯，大。　二月，丁酉，小。　三月，丙寅，大。

四月，丙申，大。　五月，丙寅，小。　六月，乙未，大。

七月，乙丑，小。　八月，甲午，大。　閏八月，甲子，小。

九月，癸巳，大。　十月，癸亥，小。　十一月，壬辰，大。

十二月，壬戌，小。

二月癸卯。七日。

五月庚午。五日。

九月乙未。三日。

十月庚寅。二十八日。

十一月乙卯。二十四日。

十二月己巳。八日。

襄公三十年，戊午。

正月，辛卯，大。　二月，辛酉，小。　三月，庚寅，大。

四月，庚申，小。　五月，己丑，大。　六月，己未，小。

七月，戊子，大。　八月，戊午，小。　九月，丁亥，大。

十月，丁巳，小。　十一月，丙戌，大。　十二月，丙辰，大。

二月癸未。二十三日也。會于承筐之歲，其歲文十一年。至襄三十年，七十四歲。其歲三月甲子朔，絳人稱「正月甲子朔」者，以夏正月數，故師曠于此年曰「七十三年」。【案：孔穎達正義云：「文十一年至此年爲七十四年，而止云七十三年。案文十一年正月甲子朔，爲夏之正月，是其年三月也。此年之二月癸未，是夏之十二月。計爲七十三年，猶尚年未終也。」】然則起文十一月三月甲子朔，盡襄三十年二月二十三日癸未，七十三年積二萬六千六十日也。其間有二十七閏，率三十二月有奇，則一年積閏也。今計至襄二十七年十一月乙亥朔，凡有二萬五千七百五十二，。故傳曰「再失閏」也。從乙亥朔之後，至襄三十年二月癸未，其間當九千八百五十日。而有九千九百八日，長五十八日，再失閏復于此也。雖不知春秋時歷本術，今則用此驗衆閏。從文十年，上盡隱之前年，一百七年，三十九閏。又從襄三十年，下盡哀二十七年，七十六年，二十八閏。閏之大數，皆與古今衆家法符。雖春秋安閏，小有失文，大凡二百五十年内有九十四閏，亦無違也。【案：孔穎達正義云：「假作全年算之，置七十有三年，以全日三百六十五日乘之，已得二萬六千六百四十五也。每年有四分日之一，是四年而成一日。以四除七十三年，又得十八日。并全日爲二萬六千六百六十三日，計終此十二月盡，有二萬六千六百六十三日四分日之一。今除去三日四分日之一，整取六旬，合當十二月二十七日。今杜長歷云『二十三日癸未』，是少四日。所以不與長歷同者，蓋杜爲長歷納準春秋日月，與常歷不同。故置閏遠近不定，蓋七十三年之内，于常歷校四箇大月而剩用四日，故癸未爲二十三日。若依常歷，是二十七日也。劉炫云：『所以少三日者，文十一年非首章年，其間閏有前却。故長歷此月辛酉朔，二十三日得癸未。來月庚寅朔，計至朔，長三日。長歷去年閏八月，由閏近故也。』」】

四月己亥。十六日。【案：傳云：「夏四月己亥，鄭伯及其大夫盟。」攷四月庚申朔，無己亥，十六

日乃乙亥也。程公說春秋分記「四月」下註云：「十五日，乙亥。『己亥』疑是『乙亥』之誤。」】

〔四月〕戊子。二十九日。

五月癸巳。五日。

〔五月〕甲午。六日。

七月庚子。十三日。

〔七月〕辛丑。十四日。

〔七月〕壬寅。十五日。

〔七月〕癸卯。十六日。

〔七月〕乙巳。十八日。

八月甲子。七日。

〔八月〕己巳。十二日。

襄公三十一年，己未。

正月，丙戌，小。　二月，乙卯，大。　三月，乙酉，小。

四月，甲寅，大。　五月，甲申，小。　六月，癸丑，大。
七月，癸未，小。　八月，壬子，大。　九月，壬午，小。
十月，辛亥，大。　十一月，辛巳，小。　十二月，庚戌，大。
六月辛巳。二十九日。
九月癸巳。十二日。
〔九月〕己亥。十八日。
十月癸酉。二十三日。

昭公

昭公元年，庚申。

正月，庚辰，小。　二月，己酉，大。　三月，己卯，小。
四月，戊申，大。　五月，戊寅，小。　六月，丁未，大。

七月，丁丑，小。　八月，丙午，大。　九月，丙子，小。

十月，乙巳，大。　十一月，乙亥，小。　十二月，甲辰，大。

閏十二月，甲戌，大。

正月乙未。十六日。

三月甲辰。二十六日。

五月庚辰。三日。

〔五月〕癸卯。二十六日。

六月丁巳。十一日。

十一月己酉。十二月有甲辰朔，則十一月不得有己酉。己酉，十二月六日也。經、傳言「十一月」，誤也。又「晉烝」及「趙孟適南陽」皆在甲辰朔之前，即是十一月也，然則傳文十二月誤也。【案：孔穎達正義云：「杜謂十一月誤者，正謂十一月不得有己酉。以己酉爲誤，十一月非誤也。必知然者，若以爲十二月己酉，則六日己酉子干奔晉，至晉猶見趙孟；七日庚戌，趙孟卒。便是日相切迫，無相見之理，故知十一月爲是，己酉爲誤。劉炫以爲杜云誤者，以十一月爲誤，當是十二月，而規杜氏，非也。劉炫規云：『杜言『十一月』誤，當爲『十二月』。』案下文，趙孟庚戌卒，若是郟敖今日死，趙孟明日卒，則子干奔晉，不得見趙孟而議其禄，故謂十一月是，己酉字誤也。」】傳先釋經十二月事，下乃更言十一月也。

十二月甲辰朔。一日。

〔十二月〕己酉。六日。

〔十二月〕庚戌。七日。【案：傳云：「晉既烝，趙孟適南陽，將會孟子餘。甲辰朔，烝于溫。庚戌，卒。」杜預集解云：「甲辰，十二月朔。晉既烝，趙氏乃烝其家廟，則晉烝當在甲辰之前。傳言『十二月』，誤。」孔穎達正義申之云：「杜以十二月晉既烝，趙孟始適南陽，則趙孟初行，已是十二月也。傳乃云『甲辰朔，烝于溫』。案文言之，則是來年正月朔也。服虔云：『甲辰朔，夏十一月朔也。』若是夏十一月朔，當于明年言之，而此年説之何也？杜以服言不通，故爲此解云『晉既烝，趙孟乃烝其家廟。』則晉烝當在甲辰之前，當言十一月。傳言十二月，月誤也。劉炫以爲『晉烝及趙孟適南陽，並在十一月之前，文繫十二月者，欲見烝後即行，先公後私。十二月之文，爲下甲辰朔起本，舉月遥屬下，明晉烝猶在朔前，十二月非誤也。』若必如劉言，傳當云『晉既烝，趙孟適南陽，將會孟子餘。十二月甲辰朔，烝于溫。』足明先公後私之義，何須虚張十二月于上，遥爲甲辰朔起本？傳文上下未有此例。劉炫之言，非也。」】

昭公二年，辛酉。

正月，甲辰，小。二月，癸酉，大。三月，癸卯，小。
四月，壬申，大。五月，壬寅，小。六月，辛未，大。
七月，辛丑，小。八月，庚午，大。九月，庚子，小。
十月，己巳，大。十一月，己亥，小。十二月，戊辰，大。
七月壬寅。二日。

昭公三年，辛酉。

正月，戊戌，大。二月，戊辰，小。三月，丁酉，大。
四月，丁卯，小。五月，丙申，大。六月，丙寅，小。
七月，乙未，大。八月，乙丑，小。九月，甲午，大。
十月，甲子，小。十一月，癸巳，大。十二月，癸亥，小。

正月丁未。十日。

昭公四年，壬戌。

正月，壬辰，大。　二月，壬戌，小。　三月，壬辰，小。

四月，辛酉，大。　閏四月，辛卯，小。　五月，庚申，大。

六月，庚寅，小。　七月，己未，大。　八月，己丑，小。

九月，戊午，大。　十月，戊子，小。　十一月，丁巳，大。

十二月，丁亥，小。

六月丙午。十七日。

八月甲申。八月無甲申。七月二十六日也。上有七月，下有九月，則誤在日也。【案：孔穎達正義云：「長曆推此年七月己未朔，二十六日得甲申；八月己丑朔，其月無甲申，而傳上有七月，下有九月，月不容誤，故知日誤。」】

十二月癸丑。二十七日。

〔十二月〕乙卯。二十九日。

昭公五年，甲子。

正月，丙辰，大。　二月，丙戌，大。　三月，丙辰，小。
四月，乙酉，大。　五月，乙卯，小。　六月，甲申，大。
七月，甲寅，小。　八月，癸未，大。　九月，癸丑，小。
十月，壬午，大。　十一月，壬子，小。　十二月，辛巳，大。
七月戊辰。十五日。

昭公六年，乙丑。

正月，辛亥，小。　二月，庚辰，大。　三月，庚戌，大。
四月，庚辰，小。　五月，己酉，大。　六月，己卯，小。
七月，戊申，大。　閏七月，戊寅，小。　八月，丁未，大。

九月，丁丑，小。　十月，丙午，大。　十一月，丙子，小。
十二月，乙巳，大。
六月丙戌。八日。

昭公七年，丙寅。

正月，乙亥，小。　二月，甲辰，大。　三月，甲戌，大。
四月，甲辰，小。　五月，癸酉，大。　六月，癸卯，小。
七月，壬申，大。　八月，壬寅，小。　九月，辛未，大。
十月，辛丑，小。　十一月，庚午，大。　十二月，庚子，小。
正月癸巳。十九日。
二月戊午。十五日。
四月甲辰朔，日食。一日。
鑄刑書之歲二月，或夢伯有介而行曰：「壬子，余將殺帶也。」壬子，六年三月三日也。或人以二月夢，帶以三月三日卒。「明年壬寅，余又將殺段也。」壬寅，此年正月二十八日。

八月戊辰。二十七日。

十月辛酉。二十一日。

十一月癸未。十四日。

十二月癸亥。二十四日。

昭公八年，丁卯。

正月，己巳，大。　二月，己亥，小。　三月，戊辰，大。

四月，戊戌，小。　五月，丁卯，大。　六月，丁酉，小。

七月，丙寅，大。　八月，丙申，大。　閏八月，丙寅，小。

九月，乙未，大。　十月，乙丑，小。　十一月，甲午，大。

十二月，甲子，小。

三月甲申。十七日。

四月辛丑。四日。

〔四月〕辛亥。十四日。

七月甲戌。九日。

〔七月〕丁丑。十二日。

八月庚戌。十五日。

十月壬午。十八日。

十一月壬午。十一月無壬午。壬午，十月十八日，傳誤也。

昭公九年，戊辰。

正月，癸巳，大。　二月，癸亥，小。　三月，壬辰，大。

四月，壬戌，小。　五月，辛卯，大。　六月，辛酉，小。

七月，庚寅，大。　八月，庚申，小。　九月，己丑，大。

十月，己未，小。　十一月，戊子，大。　十二月，戊午，大。

二月庚申。二月無庚申。庚申三月二十九日，必有誤也。

經書：夏四月，陳災，鄭裨竈曰：「今火出而火陳。」昭十七年，梓慎曰：「火出，于周爲五月也。」閏當在此年五月後，誤在前年。故火以四月出。【案：孔穎達正義云：「長曆以爲前年閏八月，則此年四月五日得中氣，二十日得五月節，故四月得火出。」】

昭公十年，己巳。

正月，戊子，小。　二月，丁巳，大。　三月，丁亥，小。

四月，丙辰，大。　五月，丙戌，小。　六月，乙卯，大。

七月，乙酉，小。　八月，甲寅，大。　九月，甲申，小。

十月，癸丑，大。　十一月，癸未，小。　十二月，壬子，大。

五月庚辰。五月無庚辰。四月二十五日也，日月必有誤也。

七月戊子。四日。

十二月甲子。十三日。

昭公十一年，庚午。

正月，壬午，大。　二月，壬子，小。　三月，辛巳，大。
四月，辛亥，小。　五月，庚辰，大。　六月，庚戌，小。
七月，己卯，大。　八月，己酉，小。　九月，戊寅，大。
十月，戊申，小。　十一月，丁丑，大。　十二月，丁未，小。
三月丙申。十六日。
四月丁巳。七日。
五月甲申。五日。
九月己亥。二十二日。
十一月丁酉。二十一日。

昭公十二年，辛未。

正月，丙子，大。　閏正月，丙午，小。　二月，乙亥，大。

三月，乙巳，小。　四月，甲戌，大。　五月，甲辰，小。

六月，癸酉，大。　七月，癸卯，小。　八月，壬申，大。

九月，壬寅，大。　十月，壬申，小。　十一月，辛丑，大。

十二月，辛未，小。

三月壬申。二十八日。

八月壬午。十一日。

十月壬申朔。一日。

〔十月〕丙申。二十五日。

〔十月〕丁酉。二十六日。

昭公十三年，壬申。

正月，庚子，大。　二月，庚午，小。　三月，己亥，大。
四月，己巳，小。　五月，戊戌，大。　六月，戊辰，小。
七月，丁酉，大。　八月，丁卯，小。　九月，丙申，大。
十月，丙寅，小。　十一月，乙未，大。　十二月，乙丑，小。
五月乙卯。十八日。
〔五月〕丙辰。十九日。
〔五月〕癸亥。二十六日。
七月丙寅。三十日。
八月辛未。五日。
〔八月〕壬申。六日。
〔八月〕癸酉。七日。

〔八月〕甲戌。八日。

昭公十四年，癸酉。

正月，甲午，大。　二月，甲子，大。　三月，甲午，小。
四月，癸亥，大。　五月，癸巳，小。　六月，壬戌，大。
七月，壬辰，小。　八月，辛酉，大。　九月，辛卯，小。
十月，庚申，大。　十一月，庚寅，小。　十二月，己未，大。
九月甲午。四日。

昭公十五年，甲戌。

正月，己丑，小。　二月，戊午，大。　三月，戊子，小。
四月，丁巳，大。　五月，丁亥，大。　六月，丁巳，小。
七月，丙戌，大。　八月，丙辰，小。　九月，乙酉，大。

閏九月，乙卯，小。　十月，甲申，大。　十一月，甲寅，小。
十二月，癸未，大。
二月癸酉。十六日。
六月丁巳朔，日食。一日。
〔六月〕乙丑。九日。
八月戊寅。二十三日。

昭公十六年，乙亥。

正月，癸丑，小。　二月，壬午，大。　三月，壬子，小。
四月，辛巳，大。　五月，辛亥，小。　六月，庚辰，大。
七月，庚戌，小。　八月，己卯，大。　九月，己酉，小。
十月，戊寅，大。　十一月，戊申，小。　十二月，丁丑，大。
二月丙申。十五日。

八月己亥。二十一日。

昭公十七年，丙子。

正月，丁未，小。　二月，丙子，大。　三月，丙午，小。
四月，乙亥，大。　五月，乙巳，小。　六月，甲戌，大。
七月，甲辰，大。　八月，甲戌，小。　九月，癸卯，大。
十月，癸酉，小。　十一月，壬寅，大。　十二月，壬申，小。

六月甲戌朔，日食。一日。

傳曰：祝史請所用幣，昭子曰：「日有食之，天子不舉，伐鼓于社。諸侯用幣于社，伐鼓于朝。禮也。」平子禦之，曰：「止也。唯正月朔，慝未作，日有食之，于是乎有伐鼓用幣，禮也。其餘則否。」太史曰：「在此月也。日過分而未至。三辰有災，于是乎百官降物，君不舉，避移時，樂奏鼓，祝用幣，史用辭。故夏書曰：『辰不集于房，瞽奏鼓，嗇夫馳，庶人走。』此月朔之謂也。當夏四月，是謂孟夏。」平子不從，昭子退曰：「夫子將有異志，不君君矣。」

九月丁卯。二十五日。

〔九月〕庚午。二十八日。

昭公十八年，丁丑。

正月，辛丑，大。　閏正月，辛未，小。　二月，庚子，大。

三月，庚午，大。　四月，庚子，小。　五月，己巳，大。

六月，己亥，小。　七月，戊辰，大。　八月，戊戌，小。

九月，丁卯，大。　十月，丁酉，小。　十一月，丙寅，大。

十二月，丙申，大。

二月乙卯。十六日。

五月丙子。八日。

〔五月〕戊寅。十日。

〔五月〕壬午。五月無壬午。四月二十三日也，日月必有誤。【案：五月己巳朔。壬午，其十四日也。若四月二十三日，則係壬戌日。此條長歷舛誤。】

昭公十九年，戊寅。

正月，丙寅，小。　二月，乙未，大。　三月，乙丑，小。
四月，甲午，大。　五月，甲子，小。　六月，癸巳，大。
七月，癸亥，小。　八月，壬辰，大。　九月，壬戌，小。
十月，辛卯，大。　十一月，辛酉，小。　十二月，庚寅，大。
五月戊辰。五日。
〔五月〕乙亥。十二日。
〔五月〕己卯。十六日。
七月丙子。十四日。

昭公二十年，己卯。

正月，庚申，小。　二月，己丑，大。　三月，己未，小。

四月，戊子，大。　五月，戊午，大。　六月，戊子，大。

七月，戊午，小。　八月，丁亥，大。　閏八月，丁巳，小。

九月，丙戌，大。　十月，丙辰，小。　十一月，乙酉，大。

十二月，乙卯，小。

二月己丑日，南至。一日也。此年閏當在二月之前，而在二月之後，是以日南至在二月也。

六月丙申。九日。

〔六月〕癸卯。十六日。

〔六月〕丙辰。二十九日。

〔六月〕丁巳晦。三十日。【案：孔穎達正義云：「丙辰、丁巳乃是頻日，其事既多，不應二日之

中并爲此事。今杜不云日誤者，以誤在可知，故杜不言。」】

七月戊午朔。一日。

八月辛亥。二十五日。

閏月戊辰。十二日。

十月戊辰。十三日。

十一月辛卯。七日。

昭公二十一年，庚辰。

正月，甲申，大。　二月，甲寅，小。　三月，癸未，大。

四月，癸丑，小。　五月，壬午，大。　六月，壬子，大。

七月，壬午，小。　八月，辛亥，大。　九月，辛巳，小。

十月，庚戌，大。　十一月，庚辰，小。　十二月，己酉，大。

五月丙申。十五日。

〔五月〕壬寅。二十一日。
六月庚午。二十九日。
七月壬午朔，日食。一日。
八月乙亥。二十五日。
十月丙寅。十七日。
十一月癸未。四日。
〔十一月〕丙戌。七日。

昭公二十二年，辛巳。

正月，己卯，小。　二月，戊申，大。　三月，戊寅，小。
四月，丁未，大。　五月，丁丑，小。　六月，丙午，大。
七月，丙子，小。　八月，乙巳，大。　九月，乙亥，小。
十月，甲辰，大。　十一月，甲戌，小。　十二月，癸卯，大。

傳：閏十二月，癸酉，小。【案：傳有「閏月，晉箕遺濟師，取前城」之文，故是條獨加「傳」字。】

二月甲子。十七日。

〔二月〕己巳。二十二日。

四月乙丑。十九日。

〔四月〕戊辰。二十二日。

五月庚辰。四日。

六月丁巳。十二日。

〔六月〕壬戌。十七日。

〔六月〕癸亥。十八日。

〔六月〕乙丑。二十日。

〔六月〕丙寅。二十一日。

〔六月〕辛未。二十六日。

〔六月〕乙亥。三十日。
七月戊寅。三日。
〔七月〕辛卯。十六日。
〔七月〕壬辰。十七日。
八月辛酉。十七日。
〔八月〕己巳。二十五日。
〔八月〕庚午。二十六日。
〔八月〕辛未。二十七日。
十月丁巳。十四日。
〔十月〕庚申。十七日。
十一月乙酉。十二日。
〔十一月〕己丑。十六日。
十二月癸酉朔，日食。

傳「十二月」下有「閏月」。二十三年正月壬寅朔，二十二年十二月不得有癸酉。癸酉，閏月朔也。又傳「十二月」有「庚戌」，計癸酉在庚戌前三十七日，則十二月亦不得有癸酉朔也。以此推之，十二月癸卯朔，經書癸酉，誤也。【案：孔穎達正義云：「傳『十二月』下有『閏月，晋箕遺』云云，又云『辛丑，伐京』，辛丑是壬寅之前日也，二十三年傳曰『正月壬寅朔，二師圍郊』，則辛丑是閏月之晦日也。計明年正月之朔，與今年十二月朔，中有一閏，相去當爲五十九日。此年十二月，當爲癸卯朔，經書癸酉，明是誤也。」】

〔十二月〕庚戌。八日。

閏月辛丑。二十九日。

昭公二十三年，壬午。

正月，壬寅，大。　二月，壬申，大。　三月，壬寅，小。

四月，辛未，大。　五月，辛丑。小。　六月，庚午，大。

七月，庚子，小。　八月，己巳，大。　九月，己亥，小。

十月，戊辰，大。　十一月，戊戌，小。　十二月，丁卯，大。

正月壬寅朔。一日。

〔正月〕癸卯。二日。

〔正月〕丁未。六日。

〔正月〕庚戌。九日。

〔正月〕癸丑。十二日。

四月乙酉。十五日。

六月壬午。十三日。

〔六月〕癸未。十四日。

〔六月〕丙戌。十七日。

〔六月〕己丑。二十日。

〔六月〕庚寅。二十一日。

〔六月〕甲午。二十五日。

七月戊申。九日。
〔七月〕丙辰。十七日。
〔七月〕甲子。二十五日。
〔七月〕丙寅。二十七日。
〔七月〕戊辰晦。二十九日。
八月乙未。二十七日。
〔八月〕丁酉。二十九日。
十月甲申。十七日。

昭公二十四年，癸未。

正月，丁酉，小。　二月，丙寅，大。　三月，丙申，大。
四月，丙寅，小。　五月，乙未。大。　六月，乙丑。小。
七月，甲午，大。　八月，甲子，小。　九月，癸巳，大。

十月，癸亥，小。　十一月，壬辰，大。　十二月，壬戌，小。
正月辛丑。五日。
〔正月〕戊午。二十二日。
二月丙戌。二十一日。
三月庚戌。十五日。
五月乙未朔，日食。一日。
六月壬申，八日。
〔九月〕丁酉，杞伯郁釐卒。九月五日也，有日無月。
十月癸酉。十一日。
〔十月〕甲戌。十二日。

昭公二十五年，甲申。

正月，辛卯，大。　二月，辛酉，小。　三月，庚寅，大。

四月，庚申，小。　五月，己丑，大。　六月，己未，大。

七月，己丑，小。　八月，戊午，大。　九月，戊子，小。

十月，丁巳，大。　十一月，丁亥，小。　十二月，丙辰，大。

閏十二月，丙戌，小。

七月上辛。三日。

〔七月〕季辛。二十三日。

九月戊戌。十一日。

〔九月〕己亥。十二日。

十月辛酉。五日。

〔十月〕戊辰。十二日。

〔十月〕壬申。十六日。

十一月己亥。十三日。

十二月庚辰。二十五日。

昭公二十六年，乙酉。

正月，乙卯，大。　二月，乙酉，小。　三月，甲寅，大。
四月，甲申，大。　五月，甲寅，小。　六月，癸未，小。
七月，壬子，大。　八月，壬午，小。　九月，辛亥，大。
十月，辛巳，大。　十一月，辛亥，小。　十二月，庚辰，大。
正月庚申。六日。
五月戊午。六日。
〔五月〕戊辰。十六日。
七月己巳。十八日。
〔七月〕庚午。十九日。
〔七月〕丙子。二十五日。
〔七月〕丁丑。二十六日。

〔七月〕庚辰。二十九日。
〔七月〕辛巳。三十日。
九月庚申。十日。
十月丙申。十六日。
〔十月〕辛丑。二十一日。
十一月辛酉。十一日。
〔十一月〕癸酉。二十三日。
〔十二月〕甲戌。二十四日。
十二月癸未。四日。

昭公二十七年，丙戌。

正月，庚戌，小。　二月，己卯，大。　三月，己酉，小。
四月，戊寅，大。　五月，戊申，小。　六月，丁丑，大。

七月，丁未，小。　八月，丙子，大。　九月，丙午，小。
十月，丁亥，大。　十一月，乙巳，小。　十二月，甲戌，大。
九月己未。十四日。

昭公二十八年，丁亥。

正月，甲辰，小。　二月，癸酉，大。　三月，癸卯，大。
四月，癸酉，小。　五月，壬寅，大。　閏五月，壬申，小。
六月，辛丑，大。　七月，辛未，小。　八月，庚子，大。
九月，庚午，小。　十月，己亥，大。　十一月，己巳，小。
十二月，戊戌，大。
四月丙戌。十四日。
七月癸巳。二十三日。

昭公二十九年，戊子。

正月，戊辰，小。　二月，丁酉，大。　三月，丁卯，小。

四月，丙申，大。　五月，丙寅，大。　六月，丙申，小。

七月，乙丑，大。　八月，乙未，小。　九月，甲子，大。

十月，甲午，小。　十一月，癸亥，大。　十二月，癸巳，小。

三月己卯。十三日。

四月庚子。五日。

五月庚寅。二十五日。

昭公三十年，己丑。

正月，壬戌，大。　二月，壬辰，小。　三月，辛酉，大。

四月，辛卯，小。　五月，庚申，大。　閏五月，庚寅，小。

六月，己未，大。　七月，己丑，小。　八月，戊午，大。
九月，戊子，大。　十月，戊午，小。　十一月，丁亥，大。
十二月，丁巳，小。
六月庚辰。二十二日。
十二月己卯。二十三日。

昭公三十一年，庚寅。

正月，丙戌，大。　二月，丙辰，小。　三月，乙酉，大。
四月，乙卯，小。　五月，甲申，大。　六月，甲寅，小。
七月，癸未，大。　八月，癸丑，小。　九月，壬午，大。
十月，壬子，小。　十一月，辛巳，大。　十二月，辛亥，小。
四月丁巳。三日。
十二月辛亥朔，日食。一日。

〔十二月〕庚午，日始有謫。十月十九日也。

昭公三十二年，辛卯。

正月，庚辰，大。　二月，庚戌，大。　三月，庚辰，小。
四月，己酉，大。　五月，己卯，小。　六月，戊申，大。
七月，戊寅，小。　八月，丁未，大。　九月，丁丑，小。
十月，丙午，大。　十一月，丙子，小。　十二月，乙巳，大。
十一月己丑。十四日。
十二月己未。五日。

春秋釋例卷十五

經傳長歷第四十六之六

定公

定公元年，壬辰。

正月，乙亥，小。 二月，甲辰，大。 三月，甲戌，小。

四月，癸卯，大。 五月，癸酉，小。 六月，壬寅，大。

七月，壬申，大。 八月，壬寅，小。 九月，辛未，大。

十月，辛丑，小。 十一月，庚午，大。 十二月，庚子，小

正月辛巳，七日。

〔正月〕庚寅。十六日。

六月癸亥。二十二日。

〔六月〕戊辰。二十七日。

七月癸巳。二十二日。

定公二年，癸巳。

正月，己巳，大。　二月，己亥，小　三月，戊辰，大。

四月，戊戌，小。　五月，丁卯，大。　閏五月，丁酉，小。

六月，丙寅，大。　七月，丙申，小。　八月，乙丑，大。

九月，乙未，大。　十月，乙丑，小。　十一月，甲午，大。

十二月，甲子，小。

四月辛酉。二十四日。

五月壬辰。二十六日。

定公三年，甲午。

正月，癸巳，大。　二月，癸亥，小。　三月，壬辰，大。
四月，壬戌，小。　五月，辛卯，大。　六月，辛酉，小。
七月，庚寅，大。　八月，庚申，小。　九月，己丑，大。
十月，己未，小。　十一月，戊子，大。　十二月，戊午，小。
二月辛卯。二十九日。

定公四年，乙未。

正月，丁亥，大。　二月，丁巳，大。　三月，丁亥，小。
四月，丙辰，大。　五月，丙戌，小。　六月，乙卯，大。
七月，乙酉，小。　八月，甲寅，大。　九月，甲申，小。

十月，癸丑，大。　閏十月，癸未，小。【案：趙汸春秋屬辭引長歷云：「定四年閏七月，當是傳寫之訛。」】　十一月，壬子，大。　十二月，壬午，小。

二月癸巳。正月七日也。書于二月，從赴。

四月庚辰。二十五日。

十一月庚午。十九日。

〔十一月〕己卯。二十八日。

〔十一月〕庚辰。二十九日。昭三十一年傳曰：「六年，十二月庚辰，吴入郢。」今在十一月者，並數閏。

定公五年，丙申。

正月，辛亥，大。　二月，辛巳，大。　三月，辛亥，小。

四月，庚辰，大。　五月，庚戌，小。　六月，己卯，大。

七月，己酉，小。　八月，戊寅，大。　九月，戊申，小。

十月，丁丑，大。　十一月，丁未，小。　十二月，丙子，大。

三月辛亥朔，日食。一日。

六月丙申。十八日。

七月壬子。四日。

九月乙亥。二十八日。

十月丁亥。十一日。

〔十月〕己丑。十三日。

〔十月〕庚寅。十四日。

定公六年，丁酉。

正月，丙午，小。　二月，乙亥，大。　三月，乙巳，小。

四月，甲戌，大。　五月，甲辰，小。　六月，癸酉，大。

七月，癸卯，小。　八月，壬申，大。　九月，壬寅，大。

十月，壬申，小。　十一月，辛丑，大。　十二月，辛未，小。
正月癸亥。十八日。
四月己丑。十六日。

定公七年，戊戌。

正月，庚子，大。　二月，庚午，小。　三月，己亥，大。
四月，己巳，小。　五月，戊戌，大。　六月，戊辰，小。
七月，丁酉，大。　八月，丁卯，小。　九月，丙申，大。
十月，丙寅，小。　十一月，乙未，大。　十二月，乙丑，小。
十一月戊午。二十四日。
己巳，王入于王城。十二月五日。有日無月。【案：孔穎達正義云：「此年經、傳日少，上下無可考驗。杜以長歷校之，己巳爲十二月五日。」】

定公八年，己亥。

正月，甲午，大。　二月，甲子，大。　閏二月，甲午，小。
三月，癸亥，大。　四月，癸巳，小。　五月，壬戌，大。
六月，壬辰，小。　七月，辛酉，大。　八月，辛卯，小。
九月，庚申，大。　十月，庚寅，小。　十一月，己未，大。
十二月，己丑，小。
二月己丑。二十六日。
〔二月〕辛卯。二十八日。
七月戊辰。八日。
十月辛卯。二日。
〔十月〕壬辰。三日。
〔十月〕癸巳。四日。

定公九年，庚子。

正月，戊午，大。　二月，戊子，小。　三月，丁巳，大。

四月，丁亥，小。　五月，丙辰，大。　六月，丙戌，大。

七月，丙辰，小。　八月，乙酉，大。　九月，乙卯，小。

十月，甲申，大。　十一月，甲寅，小。　十二月，癸未，大。

四月戊申。二十二日。

定公十年，辛丑。

正月，癸丑，小。　二月，壬午，大。　三月，壬子，小。

四月，辛巳，大。　五月，辛亥，小。　六月，庚辰，大。

閏六月，庚戌，小。　七月，己卯，大。　八月，己酉，大。

九月，己卯，小。　十月，戊申，大。　十一月，戊寅，小。

十二月，丁未，大。

定公十一年，壬寅。

正月，丁丑，小。　二月，丙午，大。　三月，丙子，小。
四月，乙巳，大。　五月，乙亥，小。　六月，甲辰，大。
七月，甲戌，小。　八月，癸卯，大。　九月，癸酉，小。
十月，壬寅，大。　十一月，壬申，小。　十二月，辛丑，大。

定公十二年，癸卯。

正月，辛未，大。　二月，辛丑，小。　三月，庚午，大。
四月，庚子，小。　五月，己巳，大。　六月，己亥，小。
七月，戊辰，大。　八月，戊戌，小。　九月，丁卯，大。
十月，丁酉，小。　十一月，丙寅，大。　閏十一月，丙申，小。

十二月，乙丑，大。

十月癸亥。二十七日。

十一月丙寅朔，日食。一日。

定公十三年，甲辰。

正月，乙未，小。　二月，甲子，大。　三月，甲午，小。

四月，癸亥，大。　五月，癸巳，小。　六月，壬戌，大。

七月，壬辰，小。　八月，辛酉，大。　九月，辛卯，小。

十月，庚申，大。　十一月，庚寅，大。　十二月，庚申，小。

十一月丁未。十八日。

十二月辛未。十二日。

定公十四年，乙巳。

正月，己丑，大。　二月，己未，小。　三月，戊子，大。

四月，戊午，小。　五月，丁亥，大。　六月，丁巳，小。

七月，丙戌，大。　八月，丙辰，大。　九月，丙戌，小。

十月，乙卯，大。　十一月，乙酉，小。　十二月，甲寅，大。

閏十二月，甲申，小。

二月辛巳。二十三日。

定公十五年，丙午。

正月，癸丑，大。　二月，癸未，小。　三月，壬子，大。

四月，壬午，小。　五月，辛亥，大。　六月，辛巳，小。

七月，庚戌，大。　八月，庚辰，小。　九月，己酉，大。

十月，己卯，小。　十一月，戊申，大。　十二月，戊寅，大。

二月辛丑。十九日。

五月辛亥。一日。

〔五月〕壬申。二十二日。

七月壬申。二十三日。

八月庚辰朔，日食。一日。

九月丁巳。九日。

〔九月〕戊午。十日。

〔九月〕辛巳。十月三日也。有日無月。【案：孔穎達正義云：「此年八月庚辰朔，二日則辛巳，九月不得有辛巳也。更盈一周，則六十二日，月有一大一小。十月己卯朔，三日得辛巳，是有日無月也。」】

哀公

哀公元年，丁未。

正月，戊申，小。　二月，丁丑，大。　三月，丁未，小。

四月，丙子，大。　五月，丙午，小。　六月，乙亥，大。
七月，乙巳，小。　八月，甲戌，大。　九月，甲辰，小。
十月，癸酉，大。　十一月，癸卯，小。　十二月，壬申，大。
四月辛巳。六日。

哀公二年，戊申。

正月，壬寅，小。　二月，辛未，大。　三月，辛丑，小。
四月，庚午，大。　五月，庚子，大。　六月，庚午，小。
七月，己亥，大。　八月，己巳，小。　九月，戊戌，大。
十月，戊辰，小。　十一月，丁酉，大。　閏十一月，丁卯，小。
十二月，丙申，大。
二月癸巳。二十三日。
四月丙子。七日。

六月乙酉。十六日。

八月甲戌。六日。

哀公三年，己酉。

正月，丙寅，小。　二月，乙未，大。　三月，乙丑，小。

四月，甲午，大。　五月，甲子，小。　六月，癸巳，大。

七月，癸亥，大。　八月，癸巳，小。　九月，壬戌，大。

十月，壬辰，小。　十一月，辛酉，大。　十二月，辛卯，小。

四月甲午。一日。

五月辛卯。二十八日。

六月癸卯。十一日。

七月丙子。十四日。

十月癸卯。十二日。

〔十月〕癸丑。二十二日。

哀公四年，庚戌。

正月，庚申，大。　二月，庚寅，小。　三月，己未，大。
四月，己丑，小。　五月，戊午，大。　六月，戊子，小。
七月，丁巳，大。　八月，丁亥，小。　九月，丙辰，大。
十月，丙戌，小。　十一月，乙卯，大。　十二月，乙酉，大。
二月庚戌。二十一日。
六月辛丑。十四日。
七月庚午。十四日。
八月甲寅。二十八日。

哀公五年，辛亥。

正月，乙卯，小。　二月，甲申，大。　三月，甲寅，小。

四月，癸未，大。　五月，癸丑，小。　六月，壬午，大。

七月，壬子，小。　八月，辛巳，大。　九月，辛亥，小。

十月，庚辰，大。　經：閏十月，庚戌，小。【案：是年閏月獨見于經，故加「經」字。又案：趙汸春秋屬辭引長歷「是年閏十月」，與本文合。孔穎達正義稱：「長歷是年閏十一月，蓋傳寫之訛。」】

十一月，己卯，大。　十二月，己酉，小。

九月，癸酉。二十三日。

哀公六年，壬子。

正月，戊寅，大。　二月，戊申，小。　三月，丁丑，大。

四月，丁未，小。　五月，丙子，大。　六月，丙午，小。

七月，乙亥，大。　八月，乙巳，大。　九月，乙亥，小。

十月，甲辰，大。　十一月，甲戌，小。　十二月，癸卯，大。

六月戊辰。二十三日。

七月庚寅。十六日。
十月丁卯。二十四日。

哀公七年，癸丑。

正月，癸酉，小。　二月，壬寅，大。　三月，壬申，小。
四月，辛丑，大。　五月，辛未，小。　六月，庚子，大。
七月，庚午，小。　八月，己亥，大。　九月，己巳，小。
十月，戊戌，大。　十一月，戊辰，小。　十二月，丁酉，大。
閏十二月，丁卯，小。
八月己酉。十一日。

哀公八年，甲寅。

正月，丙申，大。　二月，丙寅，大。　三月，丙申，小。

四月，乙丑，大。　五月，乙未，小。　六月，甲子，大。
七月，甲午，小。　八月，癸亥，大。　九月，癸巳，小。
十月，壬戌，大。　十一月，壬辰，小。　十二月，辛酉，大。
十二月癸亥。三日。

哀公九年，乙卯。

正月，辛卯，小。　二月，庚申，大。　三月，庚寅，小。
四月，己未，大。　五月，己丑，小。　六月，戊午，大。
七月，戊子，小。　八月，丁巳，大。　九月，丁亥，大。
十月，丁巳，小。　十一月，丙戌，大。　十二月，丙辰，小。
二月甲戌。十五日。

哀公十年，丙辰。

正月，乙酉，大。　二月，乙卯，小。　三月，甲申，大。

四月，甲寅，小。　五月，癸未，大。　閏五月，癸丑，小。
六月，壬午，大。　七月，壬子，小。　八月，辛巳，大。
九月，辛亥，小。　十月，庚辰，大。　十一月，庚戌，小。
十二月，己卯，大。
三月戊戌。十五日。

哀公十一年，丁巳。

正月，己酉，小。　二月，戊寅，大。　三月，戊申，大。
四月，戊寅，小。　五月，丁未，大。　六月，丁丑。小。
七月，丙午，大。　八月，丙子，小。　九月，乙巳，大。
十月，乙亥，小。　十一月，甲辰，大。　十二月，甲戌，小。
五月壬申。二十六日。
〔五月〕甲戌。二十八日。

七月辛酉。十六日。

哀公十二年，戊午。

正月，癸卯，大。二月，癸酉，小。三月，壬寅，大。

四月，壬申，小。五月，辛丑，大。六月，辛未，小。

七月，庚子，大。八月，庚午，小。九月，己亥，大。

十月，己巳，大。十一月，己亥，小。十二月，戊辰，大。

五月甲辰。四日。

十二月，螽。季孫問諸仲尼，仲尼曰：「某聞之火伏而後蟄者畢，今火猶西流，司歷過也。」諸儒皆以爲時實周之九月，而書十二月，謂之再失閏。若如其言，乃成三失，非但再也。今以長歷推春秋此十一月乃夏之九月，實周之十一月也。此年當有閏，而今不置閏，此爲失一閏月耳。十二月不應更有螽，故季孫問之。【案：正義引釋例，「問之」作「怪之」。】仲尼以斗建在戌，火星尚未見没，據今猶見，故言猶西流也。【案：孔穎達正義云：

「月令『季夏之月，昏火星中』，詩云：『七月流火』，毛傳云：『流，下也。』謂昏而見於西南，漸下流也。周禮司爟云：『季秋内火』，是九月之昏，火始入；十月之昏則伏。火猶西流者，言其未盡没，是夏九月也。」明夏之九月尚可有螽也。季孫雖聞仲尼此言，猶不即改。明年十二月，復螽。于是始悟，十四年春，乃置閏，欲以補正時曆也。傳于十五年書「閏月」，蓋置閏正之，欲明十四年之閏，於法當在十二年也。

十二月丙申。二十九日。

哀公十三年，己未。

正月，戊戌，小。　二月，丁卯，大。　三月，丁酉，小。

四月，丙寅，大。　五月，丙申，小。　六月，乙丑，大。

七月，乙未，小。　八月，甲子，大。　九月，甲午，小。

十月，癸亥，大。　十一月，癸巳，小。　十二月，壬戌，大。

六月丙子。十二日。

〔六月〕乙酉。二十一日。

〔六月〕丙戌。二十二日。

〔六月〕丁亥。二十三日。

七月辛丑。七日。

十二月，螽。此年猶未置閏，故十二月螽也。

哀公十四年，庚申。

正月，壬辰，小。　二月，辛酉，大。　閏二月，辛卯，小。

三月，庚申，大。　四月，庚寅，大。　五月，庚申，小。

六月，己丑，大。　七月，己未，小。　八月，戊子，大。

九月，戊午，小。　十月，丁亥，大。　十一月，丁巳，小。

十二月，丙戌，大。

四月庚戌。二十一日。

五月庚申朔，日食。一日。
〔五月〕壬申。十三日。
〔五月〕庚辰。二十一日。
六月甲午。六日。
八月辛丑。十四日。

哀公十五年，辛酉。

正月，丙辰，小。　二月，乙酉，大。　三月，乙卯，小。
四月，甲申，大。　五月，甲寅，小。　六月，癸未，大。
七月，癸丑，小。　八月，壬午，大。　九月，壬子，小。
十月，辛巳，大。　十一月，辛亥，小。　十二月，庚辰，大。
傳：閏十二月，庚戌，小。【案：是年傳有閏月之文，故此條獨加「傳」字。】

哀公十六年，壬戌。

正月，己卯，大。　二月，己酉，大。　三月，己卯，小。
四月，戊申，大。　五月，戊寅，小。　六月，丁未，大。
七月，丁丑，小。　八月，丙午，大。　九月，丙子，小。
十月，乙巳，大。　十一月，乙亥，小。　十二月，甲辰，大。

正月己卯。一日。
四月己丑。四月十八日。有乙丑無己丑，己丑五月十二日也，日月必有誤。

哀公十七年，癸亥。

正月，甲戌，小。　二月，癸卯，大。　三月，癸酉，小。
四月，壬寅，大。　五月，壬申，大。　六月，壬寅，小。
七月，辛未，大。　八月，辛丑，小。　九月，庚午，大。

十月，庚子，小。　十一月，己巳，大。　十二月，己亥，小。

七月己卯。九日。

十一月辛巳。十三日。

哀公十八年，甲子。

正月，戊辰，大。　二月，戊戌，小。　三月，丁卯，大。

四月，丁酉，小。　五月，丙寅，大。　六月，丙申，小。

七月，乙丑，大。　八月，乙未，大。　九月，乙丑，小。

十月，甲午，大。　閏十月，甲子，小。　十一月，癸巳，大。

十二月，癸亥，小。

哀公十九年，乙丑。

正月，壬辰，大。　二月，壬戌，小。　三月，辛卯，大。

四月，辛酉，小。五月，庚寅，大。六月，庚申，小。

七月，己丑，大。八月，己未，小。九月。戊子，大。

十月，戊午，大。十一月，戊子，小。十二月，丁巳，大。

哀公二十年，丙寅。

正月，丁亥，小。二月，丙辰，大。三月，丙戌，小。

四月，乙卯，大。五月，乙酉，小。六月，甲寅，大。

七月，甲申，小。八月，癸丑，大。九月，癸未，小。

十月，壬子，大。十一月，壬午，小。十二月，辛亥，大。

哀公二十一年，丁卯。

正月，辛巳，大。二月，辛亥，小。三月，庚辰，大。

四月，庚戌，小。五月，己卯，大。六月，己酉，小。

七月，戊寅，大。　八月，戊申，小。　九月，丁丑，大。
閏九月，丁未，小。　十月，丙子，大。　十一月，丙午，小。
十二月，乙亥，大。

哀公二十二年，戊辰。

正月，乙巳，小。　二月，甲戌，大。　三月，甲辰，大。
四月，甲戌，小。　五月，癸卯，大。　六月，癸酉，小。
七月，壬寅，大。　八月，壬申，小。　九月，辛丑，大。
十月，辛未，小。　十一月，庚子，大。　十二月，庚午，小。
十一月丁卯。二十八日。

哀公二十三年，己巳。

正月，己亥，大。　二月，己巳，小。　三月，戊戌，大。

四月，戊辰，小。　五月，丁酉，大。　六月，丁卯，大。
七月，丁酉，小。　八月，丙寅，大。　九月，丙申，小。
十月，乙丑，大。　十一月，乙未，小。　十二月，甲子，大。
六月壬辰。二十六日。

哀公二十四年

正月，甲午，小。　二月，癸亥，大。　三月，癸巳，小。
四月，壬戌，大。　五月，壬辰，小。　六月，辛酉，大。
七月，癸卯，小。　八月，庚申，大。　九月，庚寅，大。
十月，庚申，小。　傳：閏十月，己亥，大。【案：傳有「閏月，公如越」之文，故是條特加「傳」字。】　十一月，己未，小。　十二月，戊子，大。

哀公二十五年

正月，戊午，小。　二月，丁亥，大。　三月，丁巳，小。

四月，丙戌，大。　五月，丙辰，小。　六月，乙酉，大。
七月，乙卯，小。　八月，甲申，大。　九月，甲寅，小。
十月，癸未，大。　十一月，癸丑，大。　十二月，癸未，小。
五月庚辰。二十五日。

哀公二十六年

正月，壬子，大。　二月，壬午，小。　三月，辛亥，大。
四月，辛巳，小。　五月，庚戌，大。　六月，庚辰，小。
七月，己酉，大。　八月，己卯，小。　九月，戊申，大。
十月，戊寅，小。　十一月，丁未，大。　十二月，丁丑，小。
十月辛巳。四日。

哀公二十七年

正月，丙午，大。　二月，丙子，大。　三月，丙午，小。

四月，乙亥，大。五月，乙巳，小。六月，甲戌，大。
七月，甲辰，小。八月，癸酉，大。閏八月，癸卯，小。
九月，壬申，大。十月，壬寅，小。十一月，辛未，大。
十二月，辛丑，小。
四月己亥。二十五日。
八月甲戌。二日。

終篇第四十七

【案：此篇永樂大典全闕，其篇目則見孔穎達集解序正義。】

釋例曰：

丘明之傳，有稱周禮以正常者，諸稱「凡」以發例是也；有明經所立新意者，諸顯義例而不稱「凡」者是也。稱「凡」者五十，其别四十有九。【案：春秋序正義云：「蓋以母弟二『凡』，其義不異故也。計周公垂典，應每事設法，而據經有例，于傳無『凡』多矣。釋例四十部，無

『凡』者十五，然則周公之立凡例，非徒五十而已。蓋作傳之時，已有遺落，丘明采而不得故也。」】諸凡雖是周公之舊典，丘明撮其體義，約以爲言，非純寫故典之文也。蓋據古文覆逆而見之，此丘明會意之微致。

丘明之爲傳，所以釋仲尼春秋。仲尼春秋皆因舊史之策書，義之所在，則時加增損，或仍舊史之無，亦或改舊史之有。雖因舊文，固是仲尼之書也。丘明所發，固是仲尼之意也。雖是舊文不書，而事合仲尼之意，仲尼因而用之，即是仲尼新意。若宣十年「崔氏出奔衛」，傳稱「書曰『崔氏』，非其罪也，且告以族，不以名。」是告不以名，故知舊史無名。及仲尼修經，無罪見逐，例不書名，此舊史之文，適當孔子之意，不得不因而用之。因舊爲新，皆此類也。【春秋序正義引釋例終篇。】

諸雜稱二百八十有五。【春秋序正義引釋例終篇，案正義云：「釋例止有其數，不言其目，就文而數，又復参差。」】

去聖久遠，古文篆隸歷代相變，自然當有錯誤，亦不可拘文以害意，故聖人貴聞一以知二，賢史之闕文也。今左氏有無傳之經，亦有無經之傳。無經之傳，或可廣文。無傳之經，則不知其事。又有事由于魯，魯君親之而復不書者，先儒或强爲之説，或没而不説，疑在闕文。誠難以意理推之。【春秋序正義引釋例終篇。】

其經、傳事同而文異者，或告命之辭有差異，或氏族名號當須互見。【成七年正義引釋例。】

齊人殲于遂，鄭棄其師，亦時史即事以安文。或從赴辭，故傳亦不顯明義例也。【莊十七年正義引釋例。】

劉、賈、許因「有年」、「大有年」之經，「有鸜鵒來巢」書所無之傳，以爲經諸言「有」，皆不宜有之辭也。據經螟、螽不書「有」，傳發於魯之無鸜鵒，不以「有」字爲例也。經書十有一年、十有一月，不可謂不宜有此年，有此月也。螟、螽俱是非常之災，亦不可謂其宜有也。【桓三年正義引釋例。】

天有四時，得以成歲。雷霆以振之，霜雪以齊之，春陽以暖之，雲雨以潤之，然後能相育也。天且弗違，而況于人乎？物不可終否，故受之以同人。同人者，與人同也。解天下之至結，成天下之亹亹，肆大眚之謂也。堯曰：「咨！爾舜！有罪不敢赦，所以須待革命。有時而用之，非制所常，故書之也。【莊二十二年正義引釋例。】

年之四時，雖或無事，必空書首月，以記時變，以明歷數。莊公獨稱「夏五月」，及經四時有不具者，丘明無文，皆闕繆也。【莊二十二年正義引釋例。】

衆蛇自泉臺出，如先君之數，入于國。聲姜之薨適與妖會，而國以爲災，遂毁泉臺。書「毁」而不變文以示義者，君人之心，一國之俗，須此爲安，故不譏也。【文十六年正義引釋例。】

經、傳之見晦、朔，此時史隨其日而存之，無義例也。賈氏云：「泓之戰，譏宋襄，故書『朔』。鄢陵之戰，譏楚子，故書『晦』。雞父之戰，夷之故，不書『晦』。」左氏既無此説。案雞父之戰，經、傳備詳其例，非夷之，實晦戰，而經不書「晦」，明經不以「晦」示褒貶。【昭二十三年正義引釋例。】

北陸，虚也。西陸，昴也。【昭四年正義引釋例。案：傳云：「古者，日在北陸而藏冰。西陸朝覿而出之。」杜集解云：「謂夏十二月，冰堅而藏之。夏三月，日在昴、畢，蟄蟲出而用冰。」又案：此及下二條闕畧太甚，附録于此。】

有時而聽之則可也，正以爲後法則不經，故不奪其所諱，亦不爲之定制。【僖元年正義引釋例。案：傳云：「元年春，不稱『即位』，公出故也。公出後入，不書，諱之也。諱國惡，禮也。」正義云：「言若正爲後法，每事皆諱，則爲惡者無復忌憚，居上者不知所懲。然君親纔有小惡，即發其短，非復臣子之心。是故不抑不勸，有時聽之，以爲諱者，禮也。無隱者，直也。二者俱通以爲世教也。」】

計公衡之年，成公又非穆姜所生。不知其母何氏也。【成元年正義引釋例。案：正義云：「『宣元年，夫人婦姜至自齊』，即穆姜也。至此始十八年耳。二年傳稱『公衡爲質於楚』，公衡，成公子也。既堪爲質，則其年已長。成公若是穆姜之子，未必有成長之男。」】

中外哲學典籍大全·中國哲學典籍卷
已出版書目

《讀禮疑圖》,〔明〕季本著,胡雨章點校。

《王制通論》《王制義按》,程大璋著,吕明烜點校。

《關氏易傳》《易數鉤隱圖》《删定易圖》,劉严點校。

《易説》,〔清〕惠士奇著,陳峴點校。

《易漢學新校注(附易例)》,〔清〕惠棟著,谷繼明校注。

《春秋尊王發微》,〔宋〕孫復著,趙金剛整理。

《春秋師説》,〔元〕黄澤著,〔元〕趙汸編,張立恩點校。

《宋元孝經學五種》,曾海軍點校。

《孝經集傳》,〔明〕黄道周撰,許卉、蔡傑、翟奎鳳點校。

《孝經鄭注疏》《孝經講義》,常達點校。

《孝經鄭氏注箋釋》,曹元弼著,宫志翀點校。

《孝經學》,曹元弼著,宫志翀點校。

《四書辨疑》,〔元〕陳天祥著,光潔點校。

《小心齋劄記》,〔明〕顧憲成著,李可心點校。

《太史公書義法》,孫德謙著,吴天宇點校。

《肇論新疏》,〔元〕文才著,夏德美點校。

《張九成集》,〔宋〕張九成著,李春穎點校。

《周易口義》,〔宋〕胡瑗著,白輝洪、于文博、［韓］徐尚賢點校。

《周易外傳校注》，〔清〕王夫之著，谷繼明校注。

《周易内傳校注》，〔清〕王夫之著，谷繼明校注。

《春秋集注》，〔宋〕張洽著，蔣軍志點校。

《春秋集傳》，〔宋〕張洽著，陳峴點校。

《錢時著作三種》，〔宋〕錢時著，張高博點校。

《涇皋藏稿》，〔明〕顧憲成著，李可心點校。

《周易玩辭》，〔宋〕項安世著，杜兵點校。

《高子遺書》，〔明〕高攀龍著，李卓點校。

《周易學》，曹元弼著，周小龍點校。

《春秋屬辭》，〔元〕趙汸著，張立恩整理。

《春秋釋例》，〔晉〕杜預著，徐淵整理。

更多典籍敬請期待……